Gerold Schneider

Vergangenheit, die nicht vergehen will

Irrwege deutsch-polnischer Nachbarschaft

benno
VERLAG

Fotonachweis:
Bundesarchiv Koblenz: S. 317, (oben: ADN-ZB Archiv Nl/Bor),
318 (Zentralbild Re/Ri)
Freystädter Heimatstuben: S. 319
Ullstein Bilderdienst Berlin: S. 321 oben
Verfasser: S. 320, 322, 323

Deutsch Bibliothek - CIP Einheitsaufnahme

Schneider, Gerold:
Vergangenheit, die nicht vergehen will:
Irrwege deutsch-polnischer Nachbarschaft /
Gerold Schneider - 4. Aufl. - Leipzig: Benno-Verlag, 2001
ISBN 3-7462-1275-8

Dieses Buch entstand mit freundlicher Unterstützung des Landkreises Limburg-Weilburg, des Heimatbundes Kreis Freystadt und des Schlesischen Priesterwerkes

ISBN 3-7462-1275-8

4. Auflage 2001
Umschlaggestaltung: Ulrike Vetter, Leipzig
Satz u. Herstellung: Arnold & Domnick, Leipzig
Printed in the Czech Republic

Inhaltsverzeichnis

Im Jahre 001 der Stadt Kozuchow

Im Juli 1946 war der zweite Weltkrieg für uns zu Ende

Vor allem meinem Weggefährten Reinhard Roche schulde ich Dank, weil er vieles in seiner Erinnerung aufbewahrte, was mir längst entfallen war. Auch Magdalena Hanke möchte ich danken, denn sie half mir mit anderen lebendigen Berichten weiter. Im intensiven Gespräch, beim gemeinsamen Besuch der heimatlichen Stätten und im Gedankenaustausch mit polnischen Freunden wurde die fast versunkene und dennoch immer noch schmerzhafte Vergangenheit auf neue Weise gegenwärtig und löste so manche krampfhafte Verdrängung auf.

Zur Einführung: „In der Erinnerung liegt Erlösung“

In der Gedenkstätte Yad Vashem zu Jerusalem fand ich diese Inschrift. Neben den zutiefst beschämenden Eindrücken des millionenfachen Judenmordes durch Deutsche ging mir dieser denkwürdige Satz besonders lange nach. Gibt es doch in der Sprache der Juden, anders als im Deutschen, für „Erlösung“ und „Befreiung“ nur ein Wort. Deshalb drängt sich die Gedankenverbindung zur Bibelstelle – „Die Wahrheit wird euch freimachen“ – geradezu auf. Viele Menschen, ob Christen oder nicht, werden darin Leitsätze für ihr Leben sehen können.

In Europa aber scheint es davon eine kollektive Ausnahme zu geben: An die Nachkriegsereignisse 1945/46 im ehemaligen Ostdeutschland wollen sich Millionen Menschen nicht mehr erinnern. Die einen leiden unter dem sozialen Trauma der Vertreibung, an den damals erlittenen Mißhandlungen, Folterungen und Vergewaltigungen; die damaligen Sieger aber wollen sich ihrer Taten nicht mehr erinnern, weil sie ja dem Naziterror durch ihren opfervollen Kampf ein Ende gesetzt haben. Und so verdrängen sie beide ihre böse Vergangenheit.

Fünfzig Jahre danach wurde unter russischen Kriegsveteranen, die als siegreiche Rotarmisten Ostdeutschland eroberten, eine repräsentative Umfrage veranstaltet. Dabei forschte man auch nach Massenvergewaltigungen, Plünderungen und Folterungen. Die alten Soldaten wußten nichts mehr davon. – Diese Reaktion ist keineswegs außergewöhnlich. Auch die Nazis, die SS und die Sondereinheiten, wie auch später die KGB- oder die SED-Schergen wußten nachher nichts mehr von ihren Greueltaten. Sie hatten nur „ihre Pflicht getan“ und „Befehle ausgeführt“. –

Es gibt jedoch wiederum eine Ausnahme: Von einer Minderheit der rund 12 Millionen Vertriebenen, ihren Kindern und Enkeln, die heute noch unverdrossen ihre frühere Heimat in den ehemals deutschen Ländern Ostpreußen, Pommern, Ostbrandenburg, Schlesien und im Sudetenland besuchen, werden auch ein halbes Jahrhundert danach Bekenntnisse deutscher Schuld erwartet. Die aber wirken inzwischen wie ein erstarrtes Ritual; denn es sind ja nunmehr oft schon die Kinder und Enkel der Täter wie der Opfer, die miteinander sprechen. Von den Gesprächspartnern jedoch hört man Schuldbekenntnisse kaum, denn viele von ihnen wissen wirklich nicht, daß es jemals eine Vertreibung gegeben hat, andere haben es längst verdrängt. Wichtig aber ist, daß sie miteinander sprechen. Denn alle wünschen nichts mehr als die Versöhnung.

Echte Aussöhnung aber kann nur aus der Vergebung wachsen. Schuld vergeben ist jedoch ohne Schuld zugeben ganz unmöglich. Das wiederum setzt wahrhaftiges Erinnern voraus, was sogar die Grenzen der Selbstachtung verletzen kann. Früher gab es dafür das christliche Wort „Gewissenserforschung". Es ist leider außer Gebrauch gekommen, vermutlich auch deshalb, weil man nach christlichem Verständnis Schuld immer zuerst bei sich selbst zu suchen hat, nicht bei anderen; und weil einseitige Schuld zu den unwahrscheinlichen Ausnahmefällen gehört. Man hat das schwammige Wort „Aufarbeitung" dafür erfunden, das viel weniger verpflichtend klingt.

Verschweigen, Verdrängen, nicht daran rühren, scheint heute nicht nur die öffentliche Meinung, sondern sogar die deutsche Außenpolitik zu bestimmen. In den Gedenkreden der Fünfzig-Jahr-Feiern des Kriegsendes wurden viele Millionen Kriegsopfer betrauert; von den KZ-Opfern über die Toten der schrecklichen Bombennächte bis zu den gefallenen Soldaten blieb nie-

mand dabei vergessen. Doch die über zwei Millionen Toten, die ja nicht im Kriege, sondern bei der Vertreibung – als in Europa schon Frieden war – umgekommen sind, wurden nicht erwähnt. Ob diese selektive Trauer aus diplomatischer Höflichkeit, aus Feigheit oder aus welchen Motiven auch immer geschieht, der Versöhnung kann auf diese Weise niemand dienen. Im Gegenteil: Blockiertes Leben, verhärtetes Mißtrauen, mentale Mauern sind in der Regel die bitteren Folgen. Sogar nach Generationen können daraus Wiederholungszwänge wie Krebsgeschwüre wuchern. Bittere Beispiele gibt es dafür aus der neueren Geschichte und aus der Gegenwart genug.

So soll auch meine Niederschrift einen kleinen Beitrag zur Versöhnung mit unseren Nachbarn zu leisten versuchen. Junge Leute, denen ich manchmal in Gruppenstunden aus der Nachkriegszeit erzählte, forderten mich wiederholt auf, meine Erinnerungen aufzuschreiben. Notizen davon besaß ich schon lange. Trotzdem habe ich mit dem Schreiben lange gezögert. Eben weil in Deutschland das Wort „Erinnern“, anders als in Yad Vashem, negativ besetzt ist und oftmals kurzschlüssig als „Aufrechnen“ verleumdet wird.

Die Jugendzeit fiel für unsere Generation aus

Das Kriegsende fand für uns schon am 13. Februar 1945 statt; so glaubten wir wenigstens, als an diesem Tage die Rote Armee meine Heimatstadt Freystadt/Niederschlesien einnahm. Wir – mein Schulkamerad Reinhard Roche und ich – beide gerade 17 Jahre alt geworden und deshalb wehrpflichtig, entzogen uns der Wehrmacht, meldeten uns auch nicht beim Volkssturm; wir ließen uns von den Russen „überrollen"; so nannten wir es damals. Mit diesem Wort ist übrigens auch unser jugendlicher Leichtsinn charakterisiert, den wir damals mit Mut verwechselten. Denn wenn deutsche Militärpolizei solche Leute wie uns aufgriff, machte sie in der Regel kurzen Prozeß. Unter der häßlichen Beschuldigung, Deserteure zu sein, wurden sie in jenen Tagen, ohne viel zu fragen, sofort an die nächstbeste Wand gestellt. – Wir aber hatten großes Glück, und von diesem Tage an befanden wir uns im roten Herrschaftsgebiet. Daran hatten wir ja unsere Hoffnung geknüpft, nun endlich vom mörderischen Krieg und vom verhaßten Naziterror frei zu werden, genau wie es uns die Sender BBC London und Radio Moskau nicht selten verheißen hatten. Deshalb waren für uns Rot oder Braun unvereinbare Unterschiede, zwischen denen nicht nur weltanschauliche Abgründe lagen, sondern Frieden oder Krieg, Befreiung oder Diktatur.

Diese unsere Hoffnung aber erwies sich schon in der folgenden Nacht vom 13. zum 14. Februar 1945 als lebensbedrohende Illusion. Denn was uns in den nächsten Tagen mit Urgewalt überfiel, war um Größenordnungen schrecklicher als alles, was wir bisher erlebt hatten: Der Terror, der existenzbedrohende Hunger, die tägliche Todesgefahr, die totale Rechtlosigkeit und die vielen Kameraden, ebenso Frauen und Kinder, die rechts und links von uns elend zugrunde gingen. Sie zwangen uns eine neue Deutung des 13. Februar 1945 auf: Mit diesem Tage begann nicht der Friede, schon gar nicht die Befreiung, sondern der Krieg trat für uns in eine bis dahin unvorstellbar schreckliche Phase ein. Sie reichte sogar über das offizielle Kriegsende, den 8. Mai 1945, weit hinaus. – Anfangs war unsere Enttäuschung bodenlos; und der für uns so gewaltige Unterschied zwischen Braun und Rot schrumpfte in der Folgezeit schnell zusammen. Nationalsozialismus und Sozialismus vermischten sich wie zu einem ungenießbaren Einheitsbrei, denn die babarischen Methoden beider erwiesen sich nahezu als deckungsgleich. Die theoretischen Differenzen wurden immer unwichtiger; auch weil es den Qualen der Opfer völlig gleichgültig ist, ob niedrige faschistische oder höhere kommunistische Motive ihre Ursache sind.

Die ersehnte Freiheit und den Frieden fanden wir erst im Juli 1946, als die polnischen Behörden uns aus Schlesien „transferierten“: Wir wurden mit Güterwaggons, die das stolze Hoheitszeichen der Vereinten Nationen trugen, unter mehr als menschenunwürdigen Umständen in die britische Zone gefahren. – Erst dort war der mörderische Krieg wirklich für uns zu Ende. Doch um die von der harten Wirklichkeit verwischten Unterschiede, sowie die wirren Ereignisse ein wenig verständlicher zu machen, muß ich mit meiner Erzählung um mehr als ein Jahr früher, nämlich mit meinen Erfahrungen unter der braunen Diktatur beginnen.

Am 1. September 1943 – ich war 15 Jahre alt – wurde ich mit meiner ganzen Neusalzer Oberschulklasse zur „Flak“ – es ist die Abkürzung von „Fliegerabwehrkanone“ – eingezogen. Das war kein freiwilliger Einsatz, sondern Wehrpflicht wie bei erwachsenen jungen Männern. Viele nannten uns abfällig „Kinderflak“, und das stimmte ja auch. Trotzdem war es eine bitter ernste Angelegenheit.

Wir wurden nördlich von Stettin – in Pölitz, ganz nahe am Oderhaff – an leichten Maschinenwaffen (2 cm Flak 38) ausgebildet. Alliierte Flugzeuge kamen nicht selten, denn nur ein Stück weiter im Norden, in Peenemünde, war das Raketenversuchsgelände des Wernher von Braun*, des späteren Konstrukteurs der amerikanischen Mondrakete Saturn V. In Peenemünde experimentierte man mit der A 4-Rakete, die später als V 2 nach England geschossen wurde. Damals war das noch streng geheim. Bei uns aber gab es viele Gerüchte; denn gar nicht so selten faßten wir bei der Ausbildung mit unseren Kommando- und Meßgeräten fliegende Objekte auf, die so hoch waren, daß die Meßgeräte nicht mehr darauf ansprachen.

Zwei bis drei Monate später kam unsere Flakbatterie nach Brüx im Sudetenland, wo wir ganz nahe an einem riesigen Benzinwerk unsere Stellungen in den gefrorenen Boden hacken mußten. Wieviele Stellungswechsel, immer mit neuen schweren Erdarbeiten verbunden, diesem ersten Bau folgten, kann ich nicht mehr sagen. Auch unsere Unterkunftsbaracken mußten wir tief eingraben und mit einem Erdwall schützen.

Das Benzinwerk mit einem Bunawerk bedeckte mehrere Quadratkilometer und war fast ringsum von Arbeitslagern umgeben, in denen tausende Zwangsarbeiter, auch russische Kriegsgefangene, interniert waren. Damit wollte man die Alliierten wahrscheinlich von Luftangriffen abhalten; doch die nahmen darauf keinerlei Rücksicht. – Neben einer unserer zahlreichen Stellungen, wir sind nämlich oft „umgezogen", standen ganz in der Nähe Baracken mit russischen Kriegsgefangenen. Schnell merkten wir, daß sie hungerten, und daß sie unter aller Würde behandelt wurden. Wir waren davon tief betroffen und angewidert, weil wir in unserer ju-

---

* Der Stammsitz der von Brauns befand sich in Ottendorf, Krs. Freystadt.

gendlichen Naivität ein derartiges Maß an Menschenverachtung einfach nicht für möglich gehalten hatten. Da wir immer noch genug zu essen bekamen, paßten einige von uns Gelegenheiten ab, um den Russen Lebensmittel zuzustecken. Eine große Gefangenentruppe führte mehrere Tage ganz in unserer Nähe Erdarbeiten durch. Wir riefen die nächsten an unsere Barackenfenster und gaben jedem ein „Kochgeschirr“ voll Essen. Die deutschen Wachsoldaten sahen es zwar, aber sie duldeten es wortlos, obwohl es ziemlich viele Bewacher waren. Unsere Budenbesatzung zeigte sich ebenfalls damit einverstanden. Doch da kam ein anderer von uns, stellte sich neben mich, lockte auch einen Russen an und schüttete ihm ein mit Essen gefülltes Kochgeschirr ins Gesicht und auf die Kleidung. Zornig fiel ich über ihn her und verprügelte ihn, wobei er mit dem Kopf an eine Ecke schlug. Die Sache hatte für mich ein Nachspiel.

Man würde es sich aber zu leicht machen, wenn man aus solch einem Konflikt – wie heute manchmal üblich – schließen wollte, wer von den Jungen ein Nazi war und wer nicht. Denn wir unterschieden uns als Fünfzehn- bis Sechzehnjährige keineswegs in überzeugte Hitlerjungen einerseits und in unversöhnliche Gegner andererseits. Erstens waren damals alle in der Hitlerjugend (HJ), denn seit 1938/39 war die Mitgliedschaft Pflicht. Es gab ja sogar eine „Straf-HJ“; in die jene unverbesserlichen Jungen gezwungen wurden, die stets den HJ-Dienst schwänzten. Mich holten einmal zwei uniformierte Hitlerjugendführer während des Sonntagsgottesdienstes aus der Kirche. Sie scheuten sich nicht, im Angesicht der Gemeinde bis nach vorn zur Ministrantenbank zu gehen, und niemand von den vielen Erwachsenen wagte es, sie daran zu hindern. Die sogenannten Dienststunden der Hitlerjugend wurden eben, um die Christen zu ärgern, meistens auf den Sonntagvormittag gelegt.

Jahre später, etwa 1949, behaupteten viele rot gewendete Neulehrer in Sachsen energisch, sie seien nie in der Hitlerjugend gewesen. Ich habe sie dann immer respektvoll gefragt, wie sie denn aus Deutschland hatten fliehen können, und ob sie in der Sowjetunion oder in den USA im Exil gelebt hätten? worauf ich nie eine Antwort bekam. -

Zweitens waren wir in diesem Alter für eine persönliche politische Entscheidung viel zu jung. Denn wir besaßen dafür weder die notwendigen Vergleichsmöglichkeiten noch das politische Grundwissen. Gehört doch letzteres zu jenen unbeliebten Lehrstoffen, die man in diesem Alter mit leichter Hand zur Seite schiebt, weil man ja solch theoretischen Qualm im Leben niemals brauchen wird.

Gewiß hatten wir auch Studienräte, die uns mit der gebotenen Vorsicht zum Beispiel Menschenrechte, wie sie der Humanismus bekennt, nahebringen wollten. Meistens klang uns das aber zu abstrakt. Und wenn überhaupt jemand hinhörte, dann konnten vielleicht Christen diese Bemerkungen mit Erfahrungen der Glaubenslehre verknüpfen. Jungen aber, die von Hause aus im weltanschaulich luftleeren Raum lebten, konnten solche Bemerkungen nirgends festmachen und vergaßen sie sehr schnell. Auch die klugen Ausführungen unseres Lateinlehrers über republikanische Staatsformen in der Antike, die er immer mit vorsichtigen Anspielungen auf das Naziregime verband, verstanden nur wenige von uns. Später erst wurde uns klar, daß diese beiden Lehrer mit ihren Exkursen viel riskiert hatten.

Mit um so größerer Frechheit fällten wir politische und sonstige Urteile - ein „Vorrecht der Jugend?“ - Natürlich waren das Urteile aus dem Bauch heraus, wie man heute sagt, aus diffusen sich stets ändernden Sympathie- oder Antipathiegefühlen. Diese Affekte machten sich fast immer an Personen fest, denn jede Jugendgeneration hat offenbar ihre falschen Idole, ehe sie echte Ideale findet. Zum Beispiel gab es da einen Kapitänleutnant Prien, der mit seinem U-Boot in einen englischen Kriegshafen eindrang, mehrere große Kriegsschiffe versenkte und heil wieder herauskam. Doch da er keine Erfolgsserie daraus machen konnte, ging sein Stern ganz schnell wieder unter, und ein neuer erschien. Freilich sahen wir daran sehr oberflächlich zuerst die „sportliche Leistung". – Heute ist es ja ähnlich. Jugendliche folgen Modetrends im weitesten Sinne, und der Mehrheitsdruck der Szene, verbunden mit dem nagenden Zweifel, ob denn so viele unrecht haben können, beeinflußt ihre Entscheidungen in der Regel stärker als die der Erwachsenen.

Eins hatten die Nazis ja wirklich fertiggebracht: Sie hatten uns Jungen – und nicht nur die Jungen – streckenweise fast davon überzeugt, daß wir einen Verteidigungskrieg führten. Um diesen Glauben zu stützen, scheuten sie keine Mühe und erklärten ständig viele historische Details, vom Versailler Vertrag (1919) angefangen mit seinen verheerenden Folgen für Deutschland, über den „Bromberger Blutsonntag" (ein Massaker an Volksdeutschen in Polen kurz vor dem deutschen Angriff), bis zu den anglo-amerikanischen Terrorangriffen gegen die Zivilbevölkerung in Deutschland. Mit ermüdender Langeweile wurde stets wiederholt, daß England und Frankreich den Krieg begonnen, weil sie am 3. September 1939 Deutschland den Krieg erklärt hatten. Der deutsche Überfall auf Polen wurde dabei natürlich nicht erwähnt. Immer waren es die anderen, die das Völkerrecht, die Haager Konvention u.s.w. brutal verletzten. Deshalb nur – so wurde uns immer wieder eindringlich vor Augen gestellt – müßten wir uns bei der „Kinderflak" mit unseren Verteidigungswaffen gegen das völkerrechtswidrige Unrecht wehren. Jede Woche indoktrinierte man uns mit dieser Art Propaganda, und wir gähnten schon, wenn der „Politnik" damit anfing. Wer aber zu all diesen propagandistischen Argumenten kein solides Geschichts- und Rechtswissen besaß, und das galt damals fast ausnahmslos für uns alle, der hatte auch keine Antworten. –

Den Nazis gelang es ja damals tatsächlich, ihren maßlosen Terror in Konzentrationslagern und in besetzten Gebieten zu verheimlichen. Nur die dem System mißtrauisch oder ablehnend gegenüberstanden, erzählten darüber unter vorgehaltener Hand Gerüchte, deren Wahrheitsgehalt niemand nachweisen konnte. Sogar die „Feindsender" (BBC London und Radio Moskau) berichteten meines Wissens nicht über Konzentrations- und Vernichtungslager, was ihnen ja israelische Historiker heute noch vorwerfen; jedenfalls habe auch ich aus dieser Quelle damals nichts gehört. Freilich konnte man diese Sender nicht täglich einschalten. Doch in unserem jugendlichen Leichtsinn wagten wir es sogar in der Unterkunftsbaracke Nachrichtensendungen der BBC-London zu hören, denn die drakonischen Strafen, die dafür angedroht wurden, nahmen wir nicht so ernst. Wir wollten wissen, wie es vor allem an der Ostfront und nach den schweren Bombenangriffen in Deutschland wirklich aussah und waren jedes Mal bestürzt und betroffen, wie sehr sich die Nachrichten des Londoner Rundfunks vom deutschen Wehrmachtsbericht unterschieden. Ein Kamerad versicherte mir, als ich ihn nach Jahrzehnten wiedersah, daß ich selber ein kleines Radio mitgebracht haben sollte. Als wir einmal den Londoner Rundfunk hörten, kam der UvD (Unteroffizier vom Dienst) ganz unverhofft in unsere Unterkunft. Kurz zuvor beendete der Sender die Nachrichten, und Musik ertönte aus dem Lautsprecher. Der UvD gab irgendwelche dienstlichen Anweisungen und bemerkte, ehe er wieder ging: „Was hört ihr denn da für flotte Musik?" Wenige Minuten später, gerade als er die Tür hinter sich schloß, beendete der Sender die musikalische Einlage, und ein politischer Kommentar begann. Zweifellos setzten wir uns damit einer beträchtlichen Gefahr aus, mindestens lange Gefängnisstrafen verhängten die Nazis für das Abhören von Feindsendern, doch das nahmen wir als Sechzehnjährige auf die leichte Schulter. Noch heute aber muß ich mit Respekt anmerken, daß uns niemals einer der Kameraden verpfiff, denn es hausten über zehn Mann in unserer Bude. Trotz alledem ist es den Nazis tatsächlich gelungen, potentielle Gegner, Mitläufer und Überzeugte vor ihren Karren zu spannen.

Am meisten widersprach dem unser Freystädter Kaplan. Im Nachhinein erst wußte ich, daß er damit ständig das KZ riskierte. Doch wir Jungen nahmen seine Einsprüche auch nur mit Vorbehalten auf. Gewiß wurden wir sehr nachdenklich, als Kaplan Lachawietz[1]), unser Jugendseelsorger aus Neusalz - dort befand sich nämlich unser Gymnasium - im Sommer 1941 ins Konzentrationslager Dachau eingesperrt wurde. Für die meisten Jugendlichen war das ein schwerer seelischer Schock, und doch konnten wir uns unter dem Namen KZ nichts Genaues vorstellen. - Dann aber hörten wir wieder, vor allem in diesen ersten Kriegsjahren, Siegesmeldungen, zum Beispiel aus Norwegen, vom U-Bootkrieg im Atlantik, vom Balkan bis Griechenland, aus Frankreich und aus Nordafrika. Der Verdrängungsmechanismus, von den Nazis raffiniert eingefädelt, funktio-

---

1 Kaplan Paul Lachawietz, Neusalz/Oder. Von 1941-1945 sperrten ihn die Nazis ohne Gerichtsverfahren ins Konzentrationslager Dachau ein. Er kam mit dem Leben davon und war nach dem Kriege Pfarrer in der Nähe von Dachau. Er wurde ins KZ verschleppt, weil er im Neusalzer Krankenhaus einer jungen Mutter, die sich als fanatische Nationalsozialistin erwies, die Taufe ihres Kindes nahelegte, was diese dann als Nötigung darstellte. Bei der erklärten Feindschaft der Nazis gegen alles Christliche genügte ein solch unbewiesener Vorwurf für die jahrelange KZ-Haft. Pfarrer Hermann Scheipers kannte Kaplan Lachawietz; beide haben im KZ Dachau die Priesterweihe Karl Leisners miterlebt.

nierte bei den meisten, und bald sprach niemand mehr von Kaplan Lachawietz. Außerdem waren ja Erfolgsmeldungen für Halbwüchsige - aber leider auch für viele Erwachsene - schon immer der unwiderlegbare Beweis für die Wahrheit einer Lehre und für die Richtigkeit ihrer praktischen Ausführung. -

Als Dreizehnjähriger sah ich am Freystädter Bahnhof einen Marschblock Häftlinge in ihrem gestreiften Drilichzeug, bewacht von SS-Soldaten und Hunden. Das Elendsbild hat mich nie verlassen, doch begründete auch das nicht mehr als eine diffuse innere Distanz zum System. - Mein Onkel zeigte mir einmal die scharfe Kritik eines Jesuiten (etwa 1937 heimlich gedruckt) gegen den „Mythos des 20. Jahrhunderts", vom Nazi-Chefideologen Rosenberg verfaßt, neben Hitlers „Mein Kampf" die Bibel der Nationalsozialisten. Ich war zu jung und zu dumm dazu, um irgendetwas davon zu verstehen, außer der erbarmungslosen Feindschaft dieser Leute gegen alles, was einen christlichen Namen trug. Erst 1943/44 konnte mich mein Vater von der Dämonie dieses Systems echt überzeugen, oder waren es auch die sich häufenden Mißerfolge?

Kehren wir nach Brüx zurück: Einige unserer leichten Flakgeschütze standen auch auf hohen, brückenähnlichen Stahlkonstruktionen des Benzinwerkes. Doch die zog man bald zurück. Denn wenn auch nur in der Nähe einer solchen Brücke eine Bombe einschlug, kippte die Stahlkonstruktion mit der ganzen Geschützbedienung um; und das überlebte in der Regel keiner.

Jede Nacht mußte fast jeder von uns zwei Stunden Wache stehen. Bei sternklarem Himmel nutzten wir die Zeit oft zu astronomischen Beobachtungen; dazu verhalf uns das ausgezeichnete Nachtglas, das auf einem Stativ befestigt, extreme Vergrößerungswerte lieferte. Bei einem nächtlichen Alarm nutzte es uns trotzdem nichts; denn wir erkannten einen deutschen Nachtjäger nicht und schossen ihn ab. Bevor es aber bekannt wurde, daß wir einen Deutschen heruntergeholt hatten, gab es euphorische Lobreden – der Batteriechef, ein alter Hauptmann, spendete sogar jedem der Sechzehnjährigen einen Schnaps, und einige träumten schon vom Eisernen Kreuz zweiter Klasse. Am nächsten Morgen aber schlug die Freude in tiefe Enttäuschung um. Schließlich wurde unser erster unrühmlicher Abschuß dadurch bekrönt, daß der Pilot des Nachtjagdflugzeuges, ein junger Offizier, in unsere Stellung kam und uns als Kindergarten beschimpfte. Wir waren zutiefst beleidigt, als er uns aufforderte, heim zu Muttern zu gehen. Und einige unter uns bedauerten es, daß der Pilot glücklicherweise aus seiner zerschossenen Maschine springen und sich mit dem Fallschirm retten konnte.

Im zeitigen Frühjahr 1944 kam der erste vernichtende Bombenangriff über uns, und das Werk wurde schwer getroffen. Man versetzte uns zur schweren Flak 8,8 cm; glücklicherweise stand die viel weiter vom Benzinwerk entfernt als die leichten Waffen. Doch zur Enttäuschung der meisten Jungen bekamen wir russische Beutegeschütze, deren Rohre auf das deutsche Maß 8,8 cm aufgebohrt worden waren. Unsere alten Unteroffiziere erzählten, daß diese Kanonen von einem deutschen Rüstungswerk, von Bergmann-Borsig sagten sie, während der dreißiger Jahr gebaut und an die Sowjetunion verkauft worden waren. Als außerordentlich robust erwiesen sich diese Kanonen, und sie versagten während der zahlreichen Angriffe leider nie. Fast gleichzeitig mit unserer Versetzung wurden im weiten Abstand rund um das Werk angeblich über 2000 Rohre schwere Flak zusammengezogen. Doch zu einer ordentlichen Ausbildung an den Russenkanonen blieb kaum Zeit. Denn sehr bald begann eine Serie schwerer Luftangriffe. Wieviele wir dort durchstanden, weiß ich heute nicht mehr. Immer kamen amerikanische Bomberflotten – nicht selten 300 bis 400 viermotorige Flugzeuge – dazu einige Male mit tief fliegenden Fernjägern, „Ligthnings“ oder „Mosquitos“, die die Flugabwehr bekämpften. Bald erwies sich, daß wir Jungen noch nicht ausdauernd und kräftig genug waren, um die schweren 8,8 Granaten präzise zu laden. Denn die fast 20kg schweren Granaten mußten im genauen Zeitabstand von 3 Sekunden geladen und abgeschossen werden. Oft wurden 100 Stück in kurzer Zeit verschossen, dann allerdings glühten fast die Rohre. Eine merkwürdige Abhilfe wurde geschaffen: Jedes Geschütz bekam einen oder zwei „Hiwi´s“ (Hilfswillige) als Ladekanoniere zugeteilt. Das waren russische Kriegsgefangene, die mit erstaunlicher Genauigkeit schossen. An unserem Geschütz tat einer diese Arbeit, der so etwas wie Kampfesfieber bekam, wenn es wieder losging. Er lud auch dann noch die Kanone und schoß ab, wenn unser Geschützführer, ein Unteroffizier, längst „volle Deckung“ geschrien hatte, und wir alle im Dreck lagen. Dann brüllte er nach neuer Munition und beschimpfte uns und den Geschützführer. Wollte er die kapitalistischen Amerikaner mit solchem Eifer bekämpfen? Wir bekamen es nie heraus; der Mann aber wurde uns in seiner Kampf-Ekstase unheimlich, und wir dachten schon daran, was da wohl an der Ostfront los wäre, wenn russische Soldaten in einer solchen Weise kämpften. Übrigens bekamen diese „Hiwi's“ die gleiche Verpflegung wie wir. Bei der deutschen Armee gab es ja auch für Offiziere keine besondere Verpflegung.

Wie es dort manchmal zuging, mag nur ein Erlebnis am Rande demonstrieren: Ein Obergefreiter wurde zu unserer Großbatterie (24 schwere Geschütze) versetzt. Er kam aus dem Lazarett, war jahrelang an der Ostfront und wegen einer schweren Verwundung nicht mehr „frontdiensttauglich“. Nach dem ersten schweren Angriff sagte er erstaunt: „Das ist ja hier schlimmer als vorne an der Front. Dort weiß man wenigstens, woher es kommt. Hier weiß man überhaupt nicht mehr, woher es kommt. Hier muß ich ganz schnell wieder weg". Er blieb dann aber doch und gewöhnte sich daran.

Mein Vater riet mir, mich zu allen Lehrgängen zu melden, die angeboten wurden, um möglichst oft diesem Schlamassel zu entgehen. Er war nämlich als alter Reserveoffizier aus dem Ersten Weltkrieg auch bei der Flak in Süditalien. Ich kann hier die Lehrgänge nicht alle aufzählen, – vom Entfernungsmessen bis zum Funkmeßgerät (so hießen damals die Radargeräte), die ich ableistete. Schließlich meldete ich mich freiwillig zur Luftwaffe, damit ich zu weiteren Lehrgängen kommandiert werden konnte; und so absolvierte ich alle möglichen Segelfliegerprüfungen, von der A bis zur C und zum L 1. Die Prüfung zum L 1, „Luftfahrerschein" nannten wir ihn damals, verhaute ich dann absichtlich durch schwere Flugfehler, damit ich einige Tage auf dem Flugplatz bleiben konnte, um die Prüfung nachzuholen. Dadurch entging ich einigen schweren Angriffen, bei denen es auch Verluste gab; so einfach wurde das damals genannt. Und doch waren wir alle dadurch schwer geschockt; unsere Jugendzeit wurde damit brutal und abrupt beendet.

Meine Freiwilligenmeldung zum fliegenden Personal war keineswegs nur von der Lust am Fliegen bestimmt, obwohl ich mich bald daran begeisterte. Gehört doch das Segelfliegen, wenn man es einigermaßen beherrscht, noch vor dem Motorfliegen zu den großartigsten Erlebnissen. Doch so naiv war ich wirklich nicht mehr, daß ich mir einbildete, nur zur eigenen Freude Fliegersport zu treiben, und außerdem galt unter uns christlich orientierten Jungen Freiwilligmelden als völlig verpönt. Warum ich es dennoch tat, hatte einen besonderen Grund: Es gab nämlich im Sommer 1943 einen Vorfall mit zwei Offizieren der Waffen-SS. Sie erschienen kurz vor unserer Einberufung zur Kinderflak, ließen uns antreten und schauten sich alle Jungen genau an. Etwa an die fünfundzwanzig Jungen gefielen ihnen offenbar; die sonderten sie aus, und ich war unter diese Auserwählten geraten. Damals rissen wir freche Witze über diese Aussortierung, zumal sich die Herren SS-Offiziere nicht einmal für sportliche und sonstige Leistungen, sondern nur für die „nordischen Rassemerkmale" und für die Haarfarbe interessierten. Später aber erfuhren wir, daß sie sich Leistungsnachweise von der Schule besorgten. - Monate später, im Frühjahr 1944, schon bei der Kinderflak, lachten wir nicht mehr darüber, sondern begriffen den bitteren Ernst dieser Angelegenheit. Denn bis dahin galt die Waffen-SS als Freiwilligenverband. Ab Sommer 1944 wurde das radikal geändert, vermutlich weil sie zu wenig Freiwilligenmeldungen bekamen. Nun verschickte die SS genau wie die Wehrmacht Gestellungsbefehle. Wer aber einmal diesen gefürchteten Einberufungsbefehl in die Hand bekam, riskierte unter Umständen sogar die Todesstrafe wegen Wehrdienstverweigerung, wenn er nicht zum angegebenen SS-Truppenteil hinfuhr. Davon gab es allerdings eine Ausnahme: Wer sich schon vorher freiwillig zur Luftwaffe oder zur Marine gemeldet, und bereits einige Ausbildungslehrgänge hinter sich hatte, den ließen sie frei. Das sprach sich bei uns ganz schnell herum, und wir nahmen es sehr ernst. Tatsächlich bekam ich - noch nicht einmal 17 Jahre alt - kurz nach dem Jahr bei der Kinderflak, im Herbst 1944, eine schriftliche Ankündigung, daß ich in Kürze zu einer SS-Ausbildungseinheit in Liegnitz einberufen werden sollte. Ich schrieb sofort hin, schickte meine Meldung zur Luftwaffe und die Ausbildungsbelege mit, und der drohende Gestellungsbefehl wurde glücklicherweise zurückgezogen.

Noch aber waren wir bei der Kinderflak, und trotz der brutalen Erfahrungen bei den schweren Bombenangriffen faszinierte uns Jungen die Technik, mit der wir es täglich zu tun hatten. Da gab es zum Beispiel die großen

Radargeräte, an die jeweils 24 schwere Geschütze angeschlossen waren, heute würde man „elektronisch vernetzt“ sagen. Da staunten wir über unsere Nachbarbatterie, bestehend aus zwölf 10,5 cm Geschützen, bei denen sogar der Ladevorgang automatisch ablief, weil man die schweren Granaten in der geforderten kurzen Schußfolge nicht mehr mit der Hand laden konnte. Auf den täglich zwischen elf und zwölf Uhr erscheinenden amerikanischen Fernaufklärer konnten nur sie schießen, weil ihre Reichweite über zehntausend Meter betrug, und weil der Aufklärer etwa in dieser Höhe flog. Wenn aber bei einem Großangriff alle 2000 Geschütze unter der Leitung eines einzigen Kommandogerätes vorgelagertes Sperrfeuer schossen, war das für uns ein großartiges Schauspiel. Nur wenn man das Pech hatte, daß die Splitter der Detonationswand genau über dem eigenen Standort herunterkamen, hörte sich das wie Summen überlauter Bienenschwärme an. Doch da diese Granatsplitter keine große Energie mehr hatten, gab es höchstens leichte Verletzungen, oder auch nur ein helles Klicken am Stahlhelm.

Einmal geschah das bei Seestadtl, zwölf Kilometer westlich von Brüx. Ganz kurz nach einem Stellungswechsel, was wegen der gefürchteten Tiefangriffe durch Fernjäger ziemlich häufig geschah, standen unsere schweren Geschütze auf einem abgeernteten Getreidefeld zwischen den Kornpuppen. Noch nicht einmal Deckungslöcher hatten wir gegraben, und große Munitionsstapel tarnten wir gerade notdürftig mit Getreidebündeln. Da erfolgte plötzlich ein Angriff von über 300 viermotorigen amerikanischen Bombern, die exakt aus westlicher Richtung auf unsere Stellung zuflogen. Nachdem wir zwei Flugzeuge abgeschossen hatten, begann das vorgelagerte Sperrfeuer genau über unserer Stellung, die ja eigentlich noch gar nicht existierte. Eine Bomberwelle nach der anderen drehte ab, und einige warfen ihre Bombenteppiche ganz knapp bis vor uns ab. Glücklicherweise konnte der Fernaufklärer am Tage zuvor unsere Stelllung noch nicht entdecken, denn auch die tief fliegenden Fernjäger huschten an uns vorbei. Ich saß im „Telefonwagen“, der unter Bäumen am Straßenrand einigermaßen getarnt war, und schrieb Gefechtsmeldungen mit. Der Wagen wackelte mächtig, als ganz in der Nähe schwere Bomben detonierten. Als ein großer Splitter das Dach durchschlug und mir vor die Füße fiel, sprang ich aus dem Wagen und warf mich in den Straßengraben. Zwischen den Bäumen sah ich plötzlich etwa zehn Fallschirme hoch in der Luft, die nach Norden auf das Erzgebirge zutrieben.

Zum ersten Mal wurde mir sichtbar bewußt, daß wir ja auf Menschen schossen und nicht nur auf Maschinen. Der Leser mag darüber verwundert den Kopf schütteln, aber so naiv waren wir damals wirklich. Bald darauf kam der groteske Befehl, daß wir – etwa fünf Halbwüchsige – mit unseren alten französischen Schießprügeln, die fast länger waren als wir, losmarschieren und die abgesprungenen Flieger einfangen sollten. Wir marschierten zwar, aber nur etwa zwei Kilometer weit, bis wir in einem dichten Gebüsch gute Deckung fanden. Dort legten wir uns für ein paar Stunden hin und dösten. Denn daß wir Halbwüchsigen gegen eine Überzahl gut trainierter Flieger überhaupt keine Chance hatten, wußten wir genau. Die anschließende Meldung, daß wir sie nicht gefunden hätten, wurde uns sogar abgenommen. Übrigens waren wir nach diesem und nach anderen Angriffen fast taub und mußten uns anbrüllen, bis sich das Hörvermögen nach Stunden wieder normalisierte.

Der 20. Juli 1944

In diese Zeit fiel das Hitler-Attentat am 20. Juli 1944. Zehn Tage zuvor führte mich mein Vater in den Keller unseres Hauses zu Freystadt, öffnete einen alten Schrank, zu dem wir als Kinder bis dahin keinen Zugang hatten, und zeigte mir zum ersten Mal seine „geheime Akte", von deren Existenz ich bis dahin nichts wußte. Vater war nämlich vom 1. bis 31. Juli 44 zum Genesungsurlaub in Freystadt, weil er in Süditalien verschüttet worden war. Auch mir gewährte mein Batteriechef in der ersten Julihälfte bis zum 15.7. Urlaub. Zurück zu Vaters Akte, ein ziemlich dicker, zerschlissener Schnellhefter, der mich so tief beeindruckte, daß mir viele Einzelheiten all die Jahrzehnte in lebendiger Erinnerung geblieben sind. Zuerst enthielt er Zeitungsartikel von 1933 bis 1935, in denen er von den Nazis in niederträchtiger Art und Weise zur politischen Unperson erklärt wurde. Er war nämlich bis 1933 Zentrumsabgeordneter und weigerte sich als Lehrer beharrlich, der NSDAP beizutreten. 1934 gab es bei uns eine Haussuchung. Dann zeigte er mir Aufzeichnungen über eine Spitzelaffäre, die durch den plötzlichen Unfalltod des Spitzels, eines Lehrerkollegen, ans Licht kam. Die nichtsahnende Witwe bat nämlich meinen Vater um Hilfe beim Ordnen des Nachlasses und bei der Vorbereitung der Beerdigung; und Vater fand ebenso nichtsahnend unter den Papieren des toten Kollegen Kopien von Spitzelberichten zu seiner Person an die Gestapo. Was sich da an Häme, Wahrheit, Verleumdung und kleinkariertem Verpetzen untereinander vermischte, überforderte mich damals, später in der DDR und bei den Schwierigkeiten mit der Staatssicherheit besaß ich dadurch einen unschätzbaren Erfahrungsvorsprung.

Tief beeindruckte mich die Kopie eines Aufnahmeantrages in die NSDAP, den die Kreisleitung Freystadt meinem Vater 1941, auf dem Höhepunkt der deutschen Siege, per Feldpost geschickt hatte. Anstatt den Antrag in den Papierkorb zu werfen, schrieb mein Vater quer drüber : „An meinen Verhältnissen und an meiner Einstellung hat sich nichts geändert" – und schickte das Papier an die Kreisleitung der Partei zurück. Wie gefährlich das war, sollte sich bald zeigen. Am Tage des Hitlerattentats, dem 20. oder am Tage danach, dem 21. Juli 1944, erschien Polizei in unserem Haus und wollte Vater verhaften. Wenige Stunden zuvor aber überwies ihn sein Arzt in ein Lazarett, weil er ganz plötzlich schwere Malariaanfälle bekommen hatte. Noch wußten meine Schwestern nicht genau, daß Vater bis nach Langenau ins Glatzer Bergland gefahren werden sollte. Doch das war seine Rettung; denn so konnten sie den Polizisten sagen, daß sie nicht wüßten, in welches Lazarett man ihn eingeliefert hätte. Wieder einmal hatten sich die „dienstfreien" Schutzengel bewährt. Denn von Malaria hatte er mindestens ein Jahr lang nichts mehr gespürt. Meine älteste Schwester aber bekam bald Bescheid; so fuhr sie ihm sofort hinterher und unterrichtete ihn vom Haftbefehl.

Trotz hohem Fieber packte unser Vater seinen Koffer und fuhr zu seinem Ersatztruppenteil nach Wien, um sich wieder an die süditalienische Front zu melden, wo noch immer seine Einheit lag. Denn die Front galt damals in Deutschland so etwas wie ein „inneres Exil"; dort verhaftete man 1944 niemanden mehr, vor allem keine Frontoffiziere. In Deutschland aber und in den besetzten Gebieten sperrte man unmittelbar nach dem Hitlerattentat über 4000 Offiziere ein, und ein großer Teil von ihnen wurde verurteilt.

Es wird heute oft behauptet, daß sich die Verschwörer um den Attentäter, Graf Stauffenberg, nur aus einem verschwindend kleinen Grüppchen hoher Offiziere rekrutierten. Gleichzeitig wird es als sichere Erkenntnis dargestellt, daß ein überaus hoher Prozentsatz der Offiziere, der Armee und des Volkes bis zum bitteren Ende mehr oder weniger begeistert an Hitler geglaubt, und deshalb die Attentäter voller Verachtung verurteilt hätten. Noch im Jahre 1998 gehört es offenbar zum guten Ton in Deutschland, diese Behauptungen zu verbreiten. Etwa wie sie in der BBC-Fernsehsendung über das Ende des Naziregimes im Dezember 1997 von einem deutschen Fernsehsender (N 3) ausgestrahlt wurde. Die Darstellung strotzte für meine Begriffe derart von tendenziösen Entstellungen, daß ich schließlich abschaltete. Zum Beispiel interviewte man hauptsächlich alte Nazis, solche, die wirklich an die Naziideologie glaubten. Die Hitlerattentäter wurden wiederum nur als ein lächerlich kleiner Klüngel dargestellt, wobei auch noch hervorgehoben wurde, daß sie ihren Eid brachen! – Alles in allem fand man in diesem tendenziösen Filmstreifen ziemlich genau die Goebbel'sche Propagandaversion wieder, die wir uns in ermüdenden Wiederholungsvarianten schon 1944 anhören mußten, so daß sie selbst uns Halbwüchsigen bei der Kinderflak zum Halse heraushing.

Diese Version hat sich erstaunlicherweise bis heute am Leben erhalten. Doch selbst wenn sie weitere Jahrzehnte so verbreitet werden sollte, wird sie dadurch keineswegs wahrer. Denn Tatsache ist, daß viele ältere Offiziere, die schon den Ersten Weltkrieg durchlitten, den Nazis mit größtem Mißtrauen gegenüberstanden. Das wirkte sich bekanntlich in einer beträchtlichen Zahl militärischer Einheiten dadurch aus, daß menschenverachtende Befehle schlicht und einfach ignoriert wurden. Es spielte eine sehr wichtige Rolle dabei, daß sich viele dieser älteren Offiziere aus dem Ersten Weltkrieg kannten und einander vertrauten. Auch mein Vater hatte eine Menge solch alter Bekannter und Freunde, von denen er mir später interessante Einzelheiten erzählte. Sie standen untereinander nicht nur im freilich vorsichtigen Informationsaustausch, sondern wußten auch von Widerstandsbemühungen gegen Hitler mehr, als sie jemals zugeben konnten. Stauffenberg besaß jedenfalls eine bedeutend größere Anhänger- und Sympathiesantenschar, als man heute öffentlich eingesteht. – Aber warum eigentlich will man das heute nicht wahrhaben? Für mich ist es geradezu irrational, daß man diese Tatsachen gegen die eben beschriebenen Tendenzen mit solcher Hartnäckigkeit verteidigen muß. Ist es nicht pathologisch oder sogar stark rechtslastig, daß man fünfzig Jahre danach die Goebbel'sche Propagandavariante vom kleinen, meineidigen Offiziersklüngel noch immer hartnäckig glaubt und verbreitet?

Nach dem Kriege trug dann unser Vater das kleine rote Dreieck der Verfolgten des Naziregimes. Doch das half ihm später auch nichts. Während er in der Nazizeit nur seinen Schulleiterposten verlor, wurde er bei den Kommunisten im Februar 1953 fristlos aus dem Schuldienst entlassen. Uns – seinen Kindern – aber war seine geradlinige Haltung entschieden lieber als eine Mitläuferkarriere mit höherem Gehalt. Später wurde ja stets behauptet, daß Beamte, vor allem Lehrer, in die Nazipartei eintreten mußten. Doch das stimmt einfach nicht. Auch der Vater von Reinhard Roche, Lehrer an der Mittelschule, trat nicht in die Nazipartei ein; bei ihm wirkte die sozialdemokratische Tradition weiter, die ihn auch daran hinderte, SED-Genosse zu werden. Karriere konnte man freilich mit dieser Haltung weder bei den Nazis noch bei den Kommunisten machen.

Am 31. August 1944 endete meine Zeit bei der Kinderflak. Gut einen Monat zuvor gab es noch einen großen, nicht ungefährlichen Eklat: Der Hitlerjugend-Bannführer von Brüx, der bei uns schon einige Male hineinreden wollte, kam am Sonntagmorgen sehr zeitig und wollte mit uns Jungen die „Reichsjugendwettkämpfe“ veranstalten. Wir hatten aber einen schweren Nachtangriff hinter uns, deshalb sollte erst um 10 Uhr Wecken sein. Als wir nun merkten, daß nicht der UvD (Unteroffizier vom Dienst), sondern ein HJ-Führer das Wecken schon gegen 8 Uhr pfiff, stand nicht einer von uns auf. Dieser schneidige Heimatkrieger aber beging nun den großen Fehler, unseren Batteriechef, einen alten Flak-Hauptmann, aus dem Bett zu holen. Der weckte uns zwar, schaute dann aber ungerührt zu, wie wir auf dem nahen Sportplatz die „Reichsjugendwettkämpfe" regelrecht sabotierten. Der 100m-Lauf wurde hinkend und gewissermaßen im Kriechgang durchgeführt; die Zeiten lagen alle bei 20 Sekunden und darüber. Als dann unter anderem ein Keulenzielwurf genau auf den Aufschreibertisch knallte, gab es ein großes Gebrüll. – Antreten: Jeder Einzelne wurde nun befragt. Doch unser Hauptmann legte Wert darauf, es selbst zu tun; die HJ-Führer standen nur dabei und wurden immer zorniger. Unser Alter schritt nämlich die Front ab und fragte jeden einzeln: „Warum haben Sie keine besseren Leistungen?" Die ersten Antworten kamen sehr zögernd: „Habe mir heute beim Nachtangriff eine Zerrung zugezogen" – und der Alte nahm jede Antwort schweigend hin. Dadurch wurden wir natürlich immer frecher: Vom Rheuma bis zum Zipperlein kam fast alles vor. Während unser Batteriechef schwieg und keine Miene verzog, „erste Reihe vortreten" kommandierte, und die Einzelbefragung stur fortsetzte, konnte sich der Bannführer mit seinem Gefolge nicht mehr beherrschen. Sie verließen unter Protest unsere Einheit, drohten Konsequenzen an, warfen sich in ihr Auto und rauschten davon.

Dann aber zeigte die Brüxer Bannführung uns alle namentlich bei der Reichsjugendführung in Berlin an. Da die Kameraden als Oberschüler alle irgendeinen Dienstrang bei der HJ hatten, ich war der Einzige, der keinen aufwies, bekamen sie – außer mir – ein hochoffizielles Schreiben, daß sie wegen „ehrlosen Verhaltens" degradiert worden wären. Ich hörte bald darauf, daß sich die Spitzen der Bannführung in Freystadt berieten, zu was für einer Strafe sie mich verurteilen wollten. Sicher ist jedenfalls, wären die Nazis länger an der Macht geblieben, so hätten sie uns später nicht zum Studium zugelassen. – Das war unser würdiger Schlußpunkt bei der Kinderflak.

Nach einer ganz kurzen, fast nur symbolischen Zeit beim Reichsarbeitsdienst wurde ich zu weiteren Lehrgängen für die Fliegerei befohlen, die ich hier nicht im Einzelnen aufzählen will. Auch dazu sagte mein Vater: „Tu das; denn es ist die mit Abstand längste Ausbildungszeit. Ehe Du drankommst, ist der Krieg vorbei." – Und damit hatte er auch Recht. Das Chaotische war ja dabei, daß viel Luftwaffenpersonal, sogar erfahrene Piloten wegen Treibstoffmangels zur Infanterie versetzt wurden, die Ausbildung der jungen Leute aber forcierte man. Freilich wurden wir etwa im Dezember 1944 fast nur noch in Segelflugzeuge gesetzt und mußten Tag für Tag von früh bis abends Ziellandungen üben, ohne jede Landehilfen, sogar die Landeklappen mußten drinbleiben; und so sollten wir gezielt neben einem winzig kleinen weißen Landetuch aufsetzen, was man eigentlich nur als akrobatisches Kunststück bezeichnen konnte. Der Fluglehrer, ein alter Feldwebel machte es uns allerdings vor, denn er war ein hervorragender Pilot; deshalb verzieh ich ihm beinahe, daß er mir mitunter eine Platzrunde zu Fuß verordnete, einmal sogar mit angeschnalltem Fallschirm, weil ich den Landepunkt verfehlte. Da er mich aber öfter als die anderen auf diese Weise disziplinierte, verstärkte sich mein Eindruck, daß er mir nicht traute. Übrigens erzählte er uns, wozu diese verrückten Landeübungen dienen sollten: Die Messerschmitt-Raketenflugzeuge (Me 163) landeten antriebslos, eben wie ein Segelflugzeug, aber mit der sehr hohen Landegeschwindigkeit von weit über 200 km/h, genau wie heute der amerikanische „space shuttle“. Nur gab es eben damals nicht so lange Landepisten wie heute. Solche Raketenjäger aber sahen wir niemals. Auf dem Platz standen nur einige alte Junkers 87 mit untergehängten 4 cm- Kanonen zur Panzerbekämpfung, die aber wegen Treibstoffmangels nur ganz selten aufstiegen.

In Breslau – als die Hauptstadt Schlesiens zur Festung wurde

So wurde ich etwa am 22. Januar 1945 auf den Flugplatz nach Breslau befohlen, dort sollte ich mich in der „Zentrifuge“ melden. Doch schon Ende Januar 1945 (etwa am 26/27.1.1945) kam ich unverrichteter Dinge auf großen Umwegen aus Breslau zurück nach Freystadt/Niederschlesien. Denn meine Mutter war gerade bei hektischen Fluchtvorbereitungen. Sie wollte mit meinen vier Schwestern – die jüngste gerade ein Jahr alt – mit der Eisenbahn vor der schnell näherkommenden Front ohne Ziel einfach wegfahren. Eigentlich durfte ich gar nicht nach Freystadt in mein Elternhaus. Denn von Breslau sollte ich direkt nach Rothenburg an der Lausitzer Neiße und mich dort auf dem Flughafen melden. Das hatte man mir in Breslau schriftlich gegeben. Mein „Marschbefehl“ nach Breslau hatte sich nämlich dadurch erledigt, daß das dortige Luftwaffenpersonal sich vor der nahenden Front schon abgesetzt hatte. Das muß ich noch ein wenig ausführlicher beschreiben, weil es eigentlich eine dramatische Sache war.

Schon die Bahnfahrt nach Breslau – etwa am 24. Januar – legte sich wie ein Alptraum auf meine Seele. Ich saß – im D-Zug-Wagen fast allein – in einem der letzten Züge, die auf der Hauptstrecke über Glogau, Steinau, Wohlau nach Breslau fuhren. Denn selbst wenn russische Panzer schon in unmittelbarer Nähe standen, der Fahrplan wurde bis zum letzten Augenblick mit preußischer Genauigkeit eingehalten. Übrigens war das die Hauptstrecke nach Berlin, die erste in Deutschland, auf der schon im Jahre 1937 FD-Züge mit 160 km/h verkehrten. Auf dem Gegengleis fuhren Ende Januar 1945 viele Züge in Richtung Westen: Sie waren vollgestopft mit flüchtenden Menschen. Ich tröstete mich damit, daß die vielen Menschen mit der Eisenbahn fahren konnten, denn die Tage zuvor hatte ich nur die Elendszüge der Wagentrecks auf verschneiten und vereisten Straßen gesehen.

In Breslau angekommen, fuhr ich sofort mit der Straßenbahn in Richtung Flugplatz. Doch, wie gesagt, die Luftwaffendienststelle war schon leer und verlassen. Diesen Vorteil hatten die Spezialisten bei der Luftwaffe immer, daß sie sich vor allen anderen rechtzeitig absetzen konnten, hier die Leute von der „Zentrifuge", in der ich auf Belastbarkeit geprüft werden sollte. Es ging dabei um die bestimmten G (Gravitationskraft), die ein Mensch aushalten kann, bis er bewußtlos wird, also um extreme Beschleunigungskräfte wie heute bei den Raketenstarts. Natürlich freute mich, daß ich diesen brutalen Test nicht über mich ergehen lassen mußte. Zu meinem Glück fand ich in der fast leeren Dienststelle einen zuständigen Luftwaffenfeldwebel, der mir meine Papiere – nun auf den Bestimmungsort Rothenburg an der Neiße – umschrieb, was in diesen Zeiten wirklich lebenswichtig war. Denn junge Männer – nicht nur Soldaten – die von den überall gegenwärtigen Streifen der Militärpolizei – „Kettenhunde" genannt – ohne gültige Papiere angetroffen wurden, galten sehr schnell als Deserteure.

Bald fuhr ich zum Hauptbahnhof zurück und hörte dort, daß der Zugverkehr auf der Hauptstrecke über Glogau, auf der ich anreiste, „eingestellt" war. Einige wußten bereits zu berichten, daß die Eisenbahnbrücke über die Oder bei Steinau schon in die Luft gesprengt, und die Russen westlich der Oder einen Brückenkopf gebildet hatten. Tatsächlich rollten die Russen nach tagelangen, schweren Abwehrkämpfen bei Steinau in wenigen Tagen bis Bunzlau und Liegnitz. – Was sollte ich in einer so aussichtslosen Lage tun? Ich ging erst einmal ins Breslauer Zentrum und wanderte dort umher. Alles war erfüllt von zurückflutendem Militär, Fahrzeuge, Lkw's , von denen einer immer von einem anderen wegen Treibstoffmangels im Schlepp gefahren wurde; Schützenpanzer, Kanonen, dazwischen flüchtende Frauen, Kinder und alte Leute, die durch große Plakate aufgefordert wurden, sofort die Stadt zu verlassen. – Angst aber machten mir andere Plakate: „Breslau ist Festung", stand da in großen Lettern zu lesen, und „alle Männer zwischen 16 und 55 haben sich zur Verteidigung zu melden. Das Verlassen der Stadt ist ihnen unter schwerer Strafe verboten".

Nur ein Gedanke bewegte mich, wie ich aus diesem Hexenkessel herauskommen könnte, zumal die hektische, mit Angst geladene Atmosphäre auch noch durch das Grollen fernen Geschützdonners verstärkt wurde. Vielleicht kann man es heute nicht mehr begreifen: Ich wanderte trotzdem streckenweise mit einem guten Gefühl durch die Innenstadt. Denn vor Monaten schon hatte ich als Flakhelfer zerstörte Städte, brennende Häuserzeilen und das Elend der Ausgebombten gesehen. – In Breslau aber fand ich alles intakt wie im Frieden; „Luftschutzkeller Deutschlands" sagten wir damals. Nicht ein zerbombtes Haus war zu sehen; ein Erlebnis, das mich auf merkwürdige Weise froh machte. Doch der unüberhörbare, noch ferne Gefechtslärm stellte die bange Frage, wie es hier in einigen Tagen oder Wochen aussehen würde. – Völlig verrückt oder hilflos: Ich ging am Abend in der Nähe des Hauptbahnhofes ins Kino: „Die Frau meiner Träume," ein mit großem Aufwand gedrehter Farbfilm mit Marika Röck. Im geheizten Kino wärmte ich mich auf, denn die Außentemperatur war auf unter -10° gefallen. Ich entschloß mich im Kino endgültig, dem Befehl, in Breslau zu bleiben, nicht zu folgen.

Aus Breslau gerade noch entkommen

Obwohl gültige „Marschpapiere" in diesen Tagen wichtiger als eine Lebensversicherung waren, wußte ich auch, daß keine Militärstreife in Breslau mein umgeschriebenes Papier respektieren würde, weil der Befehl, in Breslau zu bleiben, für sie eindeutig Vorrang besaß. Wie gefährlich es war, sich aus der „Festung" abzusetzen, hörte ich inzwischen von mehreren Seiten. Ich ging also sehr spät - vielleicht gegen 23 Uhr - zum Freiburger Bahnhof, denn aus dem Hauptbahnhof fuhren keine Züge mehr ab. Die Hauptstrecken nach Westen und Osten waren, darüber gab es nun endgültig Klarheit, von den vorrückenden Russen unterbrochen worden. Nur nach Süden in Richtung Königszelt und Hirschberg fuhren noch Züge - also nur vom Freiburger Bahnhof. Doch an den Bahnhofssperren stand viel Militärpolizei. Die filterten aus den Strömen der Frauen, Kinder und alten Leute die Männer und Jugendlichen gnadenlos heraus.

Ich versuchte es gar nicht erst, durch den Haupteingang mit seinen Sperren zu gehen, sondern machte durch das stockfinstere, weil verdunkelte Bahnhofsgelände einen großen Umweg und erreichte tatsächlich einen Bahnsteig. Von der hinteren Seite des Bahnhofs schlich ich über die Ausfahrts- und Rangiergleise - immer in Angst, daß auch dort Posten stehen könnten. Auf dem abgedunkelten Bahnsteig, den ich endlich erreichte, herrschte glücklicherweise ein so großes Gedränge, daß man als junger Kerl unter den dicht gedrängten Frauen, Kindern und alten Leuten untertauchen konnte. Ich unterhielt mich mit einer Familie, daß es so aussah, als ob ich mich von ihnen verabschiedete. Als der Zug schon anfuhr, sprang ich auf ein Trittbrett, auf dem ich etliche Kilometer im schneidenden Fahrtwind stehen mußte. Denn es war noch kälter geworden. Zu meinem Glück geriet ich erst hinter Königszelt, kurz nach dem Umsteigen, in eine Kontrolle. Weil es der Militärpolizeistreife offenbar egal war, daß ich aus Breslau kam, oder weil sie vom dortigen Chaos nichts wußten, rettete mich der Marschbefehl nach Rothenburg an der Neiße.

Auf Umwegen - Nebenstrecken - kam ich nach Freystadt, wo ich meiner Mutter und meinen Schwestern half und sie auch noch am 28. Januar 1945 zur Bahn brachte. Sie fuhren mit einem der letzten Züge in Richtung Sagan. Niemand ahnte, daß das ihr endgültiger Abschied von der Heimat war. Als sie im Mai/Juni 1945 zu Fuß zurückkehren wollten, lagen sie monatelang unter elenden Umständen und immer dem Hungertod nahe in einer Scheune im Dorf Klitten bei Niesky, ganz nahe der Lausitzer Neiße. Polnische Miliz hatte die Neiße abgesperrt, und so stauten sich auf der deutschen Seite Hunderttausende Rückkehrwillige, zu denen im Juni 1945 weitere Hunderttausende kamen, die die Polen aus Schlesien ausgeplündert auf die deutsche Seite der Neiße trieben.

Doch kehren wir in die ersten Februartage des Jahres 1945 zurück. Ich traf in Freystadt zu meiner Freude zwei Klassenkameraden, die vor kurzem erst von der „Kinderflak" aus Breslau zurückgekehrt waren. Sie gehörten dem Jahrgang 1928 an, und deshalb wurden sie erst ein gutes halbes Jahr später als ich zur Flak eingezogen. Sie hatten beide das Glück gehabt, im „Luftschutzkeller Deutschlands", in Kraftborn bei Breslau, Dienst zu tun, wo sie einen Rüstungsbetrieb schützen sollten. Sie erlebten dort nur einen einzigen Luftangriff, und das ausgerechnet, als sich ihre Kanonen in Reparatur befanden. Ihr Kommandeur, ein alter Major aus Wien, sorgte sich väterlich um seine Jungen: Er organisierte sogar regelmäßigen Schulunterricht, gab ihnen alle vier Wochen Heimaturlaub übers Wochenende und mühte sich um nahrhafte Kontakte seiner Jungen mit der Zivilbevölkerung. Als in den letzten Januartagen 1945 die ersten Entlassungen aus diesem Status des Wehrmachtsgefolges zum militärischen Arbeitsdienst (RAD) anstanden, bestand er auf Abfeiern des Resturlaubs in der Heimatstadt. So ist es meinen Klassenkameraden ohne ihr Zutun gelungen, die Einberufungstermine zu vertrödeln. Als sich Reinhard beim Wehrbezirkskommando in Glogau meldete, wurde er auf den nächsten Erfassungstermin, Anfang März 1945, „vertröstet", was er sogar schriftlich bekam, und von einem alten Reserveoffizier, Studienrat im Zivilberuf, ermahnt, in der Zwischenzeit endlich zu lernen, wann Goethe und Schiller geboren wurden. So trafen wir uns in den letzten Januartagen 1945, Reinhard, Hannes und ich, in Freystadt wieder. Die in den Flakstellungen von Kraftborn zurückgebliebenen Schulkameraden sollten mit ihren leichten Maschinenkanonen die russischen Panzer aufhalten. Wie wir später hörten, sind dabei mehrere umgekommen, darunter auch Lehrlinge aus Öls.

Doch von der Oderfront bei Neusalz hörte man in Freystadt tagelang das dumpfe Grollen der Artillerie. Endlose Flüchtlingstrecks, die ihre Pferdewagen vorantrieben, Nachschubeinheiten und Trosse der Wehrmacht zogen durch die Straßen der Stadt. Die ersten Februartage waren gekennzeichnet durch Ratlosigkeit, widerstreitende Gerüchte, Ängste und eben Flucht. Überall flohen die Parteigenossen zuerst: Uniformen und Akten wurden verbrannt, Parteiabzeichen weggeworfen, wie auch andere Insignien des Systems. Wir waren noch zu dritt, und wir entwickelten die abenteuerlichsten Ideen: Zum Beispiel uns mit Pferd und Wagen im Flüchtlingsstrom zwischen den Fronten mittreiben zu lassen. Angesichts der vernichtenden Wirklichkeit waren das knabenhafte Illusionen – auch daß wir uns von einem Wehrmachtsfahrzeug Waffen und Munition geklaut hatten, erklärten wir schon wenige Tage später als blühenden Unsinn. Hannes Puschmann bekam gewissermaßen in letzter Minute einen Einberufungsbefehl zu den Kanonieren in Bunzlau. Er fuhr mit der Eisenbahn ab; ob er jedoch bei den teilweise schon unterbrochenen Bahnstrecken in seinem Einberufungsort ankommen konnte, war höchst unsicher; und so blieben nur noch wir zwei zurück.

In den letzten Tagen ging ich zu Reinhards Eltern – nur zwei Straßen weiter –, die auch nicht fliehen wollten. Reinhard entschloß sich wie ich weder zur Wehrmachts- noch zur Volkssturmsammelstelle zu gehen. Für mich kam es vor allem darauf an, Zeit wegen meines „Marschbefehls" nach Rothenburg zu gewinnen. Ich durfte mich unter keinen Umständen von einer Wehrmachtsstreife erwischen lassen, denn eigentlich hatte ich in Freystadt überhaupt nichts zu suchen. Auf der Post saß eine alte Schulfreundin, denn die Post blieb bis zum Schluß in Betrieb. Ich schrieb also – mit einer Kopie für mich – nach Rothenburg an die Luftwaffeneinheit, daß ich zu ihnen befohlen wäre, daß es aber durch die bereits ausgefallenen Verkehrsverbindungen noch dauern könnte. Die Schulfreundin stempelte mein Schreiben und hielt es dann einige Tage in den Februar hinein zurück. So hilflos auch diese Methode schien, am Ende klappte sie.

Wir wurden trotzdem immer vorsichtiger. Denn schlimme Dinge hörte man von der nahen Front. An der Oderbrücke in Neusalz sollte SS mehrere Soldaten als Deserteure, auf der Brust ein Pappschild „Ich war feige", aufgehängt haben. Doch die Menschen aus den Flüchtlingstrecks erzählten noch brutalere Erlebnisse, die sie über das Verhalten der Russen gehört hatten. Es war die Tragik aller, die sich als Antinazis fühlten, daß sie diesen

Erzählungen keinen Glauben schenkten. Viele hielten es schlicht und einfach für Greuelpropaganda. Auch mein Onkel, Alfons Rodewald, blieb in Obersiegersdorf mit seiner Frau und mit sechs Kindern zurück, weil er den Nachrichten über die Russen nicht glaubte: „Schlimmer als die Nazis sind die Russen auf gar keinen Fall" - so ähnlich sagte er öfter. Er mußte bitter dafür bezahlen, wie viele andere auch. Schon am Tage nach dem Russeneinmarsch wurde er grundlos erschossen. Seine junge Frau blieb mit sechs Kindern, das älteste 10 Jahre alt, und mit unserer Großmutter allein.

Am 11. und 12. Februar hörte man Artilleriefeuer nicht nur vom Norden, sondern auch aus der südlichen Gegend nach Sagan und Sprottau hin. Man erzählte, Freystadt sei so gut wie eingeschlossen. Es gäbe nur noch eine offene Straße in westlicher Richtung über Herzogswaldau nach Naumburg am Bober, Christianstadt und von dort weiter nach Forst. Es war uns aber klar, daß wir bleiben oder uns sofort bei einem Ersatztruppenteil melden mußten.

Am 13.2.1945, als der Kriegslärm immer näher kam, ging ich früh, noch bei Dunkelheit zu Roches. Mittags schlich ich noch einmal mit aller Vorsicht durch die Gärten in unser Haus auf der Hindenburgstraße. Durch die Grundstücke der Hindenburgstraße zog sich eine dünne Kette von Soldaten; sie standen alle in Häuserecken oder lagen mit ihren Waffen in provisorisch aufgeworfenen Deckungen. Sie riefen mich an, daß ich vorsichtig sein sollte, denn der Russe wäre von Sprottau und Sagan aus, also von Süden her, ganz nahe am Stadtrand. Später wußte ich, daß diese Soldaten die erste deutsche Frontlinie, die sog. HKL (Hauptkampflinie) bildeten. Ich schaute trotzdem in unser Haus. Keiner der deutschen Soldaten hatte es betreten, obwohl es nicht verschlossen war. Ich sah nur nach dem Rechten, versorgte die Heizung, damit sie nicht einfror, nahm noch ein paar warme Sachen und etwas Verpflegung mit, und ging dann schnell durch die Gärten, immer auf Deckung bedacht, an der sogenannten Frontlinie vorbei zu Roches zurück. Dort kam der Lärm der Front schon von Osten her.

Auf der Straße von Zyrus und Zölling stand eine unübersehbar lange Kolonne Lastwagen, Panzer T 34, Schützenpanzer. Da die Straße vom erhöhten Dorf Zyrus nach Freystadt bergab führt, konnte man die große Truppenansammlung vom Dachfenster aus gut sehen. Schnell aber rannten wir wieder in den Keller. Denn sie begannen, mit ihren 7,65 cm Panzerkanonen zu schießen. Ich sah, wie ein Geschoß in der Wand des gegenüberliegenden Hauses einschlug und ein Loch von ca. 1,50 m Durchmesser in das Wohnzimmer riß. Noch heute, nach fünfzig Jahren, ist das inzwischen zugemauerte Loch durch die andere Putzfärbung sichtbar.

Die deutschen Soldaten hatten sich offenbar schon zurückgezogen. Denn in den Gärten der Ostmarkstraße zur Bahnlinie hin, also am Stadtrand, lagen nur noch Volkssturmmänner, alte Männer und Jungen; sie schossen mit ihren leichten Waffen und mit Maschinengewehren in Richtung Cyrus, denn ihre Panzerfäuste konnten sie ja nur auf nahe Distanz verwenden. Den ganzen Tag über blieben die Russen auf der Straße von Cyrus stehen. Doch dann dunkelte es, und die Schießerei ebbte deutlich ab. Etwa gegen 22 Uhr brandete der Gefechtslärm noch einmal auf. Wie ich später hörte, war eine Wehrmachtseinheit in einem Gegenangriff vom Westen her bis zur Brandstelle, einem Platz am westlichen Stadtrand, und nach Niedersiegerdorf vorgestoßen, wo schon die Russen von Neusalz, also von Norden her eingedrungen waren.

Der Untergang der 700 Jahre alten Stadt Freystadt

Frei nach Andreas Gryphius, siehe Anhang Seite 314

Die Russen kommen

Frauen hat man geschändet, Jungfrauen in den Städten von Juda. (Klagelieder 5,11)

Wir saßen im Keller: Die Eltern Roche, die Kinder Mimi und Reinhard, ich und noch drei oder vier Nachbarn. Alle bestärkten sich gegenseitig in der Überzeugung, daß es so schlimm nicht werden könnte. Schon bei Dunkelheit hörten wir die ersten russischen Kommandos auf der Straße. Es dauerte nicht lange, da kamen zwei sowjetische Soldaten unsere Kellertreppe herunter. Sie hatten offenbar große Eile, suchten vor allem Soldaten und verschwanden wieder. Von der Straße hörten wir Gebrüll und wildes Herumknallen. Wer uns beiden Jungen nun den Rat gab, möglichst schnell zu verschwinden, weiß ich nicht mehr. Der Keller hatte einen Hinterausgang durch die Garage. Reinhard, seine Schwester Mimi und ich, schlichen durch den Garten, der unmittelbar an die Bahnstrecke nach Sagan grenzte, die glücklicherweise nicht auf einem erhöhten Bahndamm sondern etwas niedriger lag. Dahinter war ein großes Schrebergartengebiet, in dem wir untertauchten. So weit wie möglich von den Häusern entfernt, öffneten wir eine Gartenhütte, eigentlich nur einen Werkzeugschuppen. Dort verbrachten wir frierend die Nacht vom 13. zum 14. Februar.

In aller Frühe, es war noch stockfinster, wagten wir uns noch einmal in den Keller zu Roches. Alle waren hellwach und in einem ebenso verzweifelten wie völlig nervösen Zustand. Vater Roche sagte, daß die ersten Kampftruppen sich anständig verhalten hätten, aber was die ganze Nacht danach kam, wäre entsetzlich gewesen. Wir konnten es im Nachbargarten - die Häuser standen keine 10 m voneinander entfernt - selbst sehen: Da lag die schrecklich entstellte Leiche der Nachbarin, einer alten Frau, deren erwachsene Tochter sich kurz darauf erhängte. Einige Zeit vorher hatte sie die Nachricht bekommen, daß ihr Ehemann an der Ostfront vermißt war. Das geschah auf der Ostmarkstraße; ich muß es deshalb erwähnen, weil sich bei unseren Nachbarn auf der Hindenburgstraße ähnlich Schreckliches ereignete; doch davon später. Es blieb uns keine Zeit Einzelheiten zu erfahren, denn Vater Roche forderte uns dringend auf, sofort irgendwohin weiterzuziehen und uns zu verstecken.

Reinhard, seine Schwester Mimi und ich rafften schnell ein paar Lebensmittel zusammen, nahmen je eine Decke mit und zogen los. Die Finsternis am frühen Morgen war unser Glück. Wir stapften durch die Schrebergärten, dann über freie Felder bis zum Röseleiweg hin und trafen auf den dort sehr einsam liegenden Bauernhof. Zwei oder drei ältere Männer standen vor dem Haus; kaum daß sie uns sahen, von weitem schon winkten sie und forderten uns auf, sofort in Richtung Röselei weiterzugehen, wenn uns unser Leben lieb wäre, und uns irgendwo zu verstecken. Denn die Russen hätten bei ihnen unvorstellbar gehaust. Hier hörten wir zum ersten Mal von Morden und von Vergewaltigungen. So verbrachten wir den Tag in dem unübersichtlichen und bergigen Waldgelände der Röselei. Als Kinder gingen wir dort oft zum Rodeln hin. Denn es gab dort eine gute Rodelbahn, an deren unteren Ende, am Waldrand, die „Schäferei" stand. Das war ein Jahrhunderte altes Haus zwischen uralten Bäumen - von einfachen Leuten bewohnt - und von dort hatte man einen wunderschönen Ausblick auf die etwa 4 Kilometer entfernte Stadt. Nun mußten wir unsere schöne Rodelbahn, die durch den herrlichen Hochwald steil bergab führte, zu Fuß laufen, obwohl noch Schnee lag, der aber seit kurzem schon taute. Es gab uns etwas Sicherheit, daß wir nirgends Auto- oder gar Panzerspuren, kaum Fußabdrücke entdeckten. Irgendwann aber, so sagten wir uns, würden die Russen auch dieses abgelegene Waldgebiet durchkämmen.

Die Röselei, ich weiß es nicht, wie sie heute auf polnisch heißt, ist ein Teil des niederschlesischen Landrückens, einer bezaubernden Hügellandschaft. Deshalb waren wir als Kinder auch so oft dort. Wir erinnerten uns an diesem düsteren 14. Februar vieler froher Erlebnisse unserer Kindheit, erzählten uns auch von den ganz besonderen Steinen, die wir in der Röselei suchten; Adlersteine nannten wir sie als Kinder. Es waren Steine mit schwarzen, meist sternförmigen Einschlüssen; mit viel Phantasie konnte man sie vielleicht auch als Adler deuten. Begeistert tauschten wir dann die schönsten Steine untereinander. – So sprachen wir lange über unsere nun verlorene Kindheit, wollten uns wohl auch von den schrecklichen Ereignissen ablenken, denn wir hatten viel Zeit, weil wir stundenlang die Schäferei beobachteten, und uns erst bei beginnender Dunkelheit an das alte Haus heranwagten. – Heute ist es nicht mehr da; Bäume wachsen dort, als ob niemals Haus und Hof dort gestanden hätten. So ist es übrigens auch in vielen niederschlesischen Dörfern. Nur wer sie früher genau kannte, weiß wie sehr diese Dörfer in den vergangenen fünfzig Jahren „ausgelichtet" worden sind. Wo früher einmal stolze Bauernhöfe standen, wachsen heute Bäume. Mitunter kann man die verschwundenen Höfe nur noch an einigen übrig gebliebenen, verwilderten Obstbäumen erkennen.

Als wir das Haus endlich betreten wollten, erschreckten wir uns sehr. Reinhard hatte als erster in dem kleinen Kellerfenster einen schwachen Lichtschein gesehen. Wieder beobachteten wir, ich weiß es nicht mehr wie lange. Schließlich wagten wir uns hinein. Die Küche und das Wohnzimmer waren noch nicht einmal vollständig ausgekühlt. Mobiliar stand noch drin, doch Schränke und Kommoden hatten die Besitzer fast leergeräumt. Kaum ein Teller stand im Küchenschrank. Alles aber fanden wir ordentlich, der Fußboden sauber, nichts durcheinandergeworfen; was wir als Beweis deuteten, daß Russen dieses einsame Haus noch nicht gefunden hatten. An den kleinen Fenstern hingen sogar dichte Vorhänge, die wir sofort schlossen, denn wir mußten mit dem Licht unserer Taschenlampe sehr vorsichtig umgehen. Doch zuerst schlichen wir ängstlich wegen des Lichtscheins in das uralte, tiefe Kellergewölbe, das gewiß jeden Artilleriebeschuß ausgehalten hätte. Dort stand auf einem Hocker eine völlig heruntergebrannte Kerze, die gerade noch ein bißchen flackerte. Die Bewohner mußten also vor vielen Stunden schon geflohen sein. –

Draußen aber verstärkte sich ein anderer Lichtschein, der von weiter her kam. Wir traten vor das Haus und sahen zu unserem Entsetzen, wie die eng bebaute Altstadt von Freystadt in hellen Flammen stand. Das über 700 Jahre alte Städtchen besitzt noch heute einen doppelten Stadtmauerring aus dem 14. Jahrhundert, in dem die Häuser – viele aus der Barockzeit – eng gedrängt stehen. Bald brannte auch der Rathausturm wie eine riesige Fackel. Angst um unsere alte Kirche bewegte uns, weil sie nur fünfzig Meter vom Rathaus entfernt steht; doch sie wurde vom Stadtbrand nicht erfaßt. Wir hörten noch den durchdringend scheppernden Klang der Rathausglocke, wie sie im Feuer herabfiel, und fragten uns, ob die Russen die Stadt vorsätzlich angezündet hätten. Es gab zwar beim Einmarsch der Russen auch Brände in der Innenstadt. Doch nun waren die Kämpfe schon seit über 24 Stunden vorbei. Wir kannten beide die Walter'sche Stadtchronik, in der die historischen Stadtbrände beschrieben sind, der letzte große Brand im Jahre 1637.

Der Studienrat im Glogauer Wehrbezirkskommando hätte statt auf Goethes und Schillers Geburtsdaten besser auf den berühmten Barockdichter Schlesiens verwiesen: Der Glogauer Andreas Gryphius (1616–1664) hatte schon dreihundert Jahre früher dieselben Erlebnisse am selben Ort, den „Untergang der Stadt Freystadt" in sechsfüßigen Jamben (Alexandrinern) gereimt.[2]

Später erfuhren wir, daß der Stadtbrand eine Strafmaßnahme der Russen war. Ein Hitlerjunge hatte auf der Sprottauer Straße - vor dem Kommunikandenstift - einen russischen Panzer T 34 mit einer Panzerfaust abgeschossen. Dieser Junge soll erst 13 Jahre alt gewesen sein. Es wurde auch erzählt, daß Hitlerjungen einen sowjetischen Parlamentär, der mit einer weißen Fahne in die Stadt kam, niedergeschossen hätten. Daran haben wir nicht gezweifelt. - Doch auch andere schlesische Innenstädte brannten die siegreichen Soldaten der Roten Armee lange nach den Kämpfen nieder. Augenzeugen erzählten uns übrigens später, daß alle Löschversuche vergeblich waren, einmal weil es kein Wasser mehr gab, zum anderen weil Russen die Bemühungen gegen das Feuer anzukämpfen, behinderten.

Wir gingen traurig in die alte Schäferei zurück und legten uns todmüde auf die leeren Bettgestelle, einigermaßen sicher, daß die Russen in der Stadt ihr Freudenfest feierten und bestimmt nicht in unsere verwunschene Gegend kommen würden. Das war die Nacht vom 14. zum 15. Februar 1945. Zeitig wachten wir auf. Früh-

---

2 „Über den Untergang Freystadts" von *Andreas Gryphius* - gekürzter Text: siehe Anhang Seite 314 - Gryphius erlebte den Stadtbrand 1637 von der Schönbrunner Straße aus, wo er im Vorwerk wohnte. Nach dem Kriege sind die Gebäude des Vorwerks abgerissen und durch eine Wiesenfläche ersetzt worden. (Die Schönbrunner Straße ist eine Nebenstraße zwischen Niedersiegersdorf und der Lorenzstraße in der Nähe des Bahnübergangs, unweit vom Kalkreuther Schloßpark).

stück? Wir wagten es nicht, im Herd Feuer zu machen. Im Rucksack hatten wir Hartwurst, ein bißchen Kuchen, kein Brot – eben nur das, was wir bei Roches in Eile einstecken konnten. Irgendwann an diesem Morgen verließ uns Reinhards Schwester, weil sie nach Hause wollte. Wir aber gingen in den Wald, und ich kann es nicht mehr sagen, wie wir den Tag verbrachten. Wir sprachen darüber, auf welchen Wegen wir im weiten Bogen die Stadt umgehen könnten, diskutierten schließlich den Gedanken, im Westen, bei Naumburg am Bober, wieder die deutsche Front zu erreichen, die es ja eigentlich gar nicht gab.

Nach stundenlangem Aufenthalt in dem ziemlich dichten Wald der Röselei gingen wir in unübersichtlichem Gelände bis zur äußersten Grenze der großelterlichen Rodewald-Felder, die sich in relativ schmalem Streifen drei bis vier Kilometer nach Westen bis zum Rodewaldhof erstreckten. Da der einzige Feldweg teilweise als Hohlweg durch die Hügellandschaft des niederschlesischen Landrückens führt, fast immer durch Buschwerk, Bäume und Hecken gedeckt ist, schlichen wir ihn entlang auf den Rodewaldhof zu. Am frühen Nachmittag kamen wir an die schwierigste Stelle, dort wo der Feldweg die Fernstraße nach Sprottau kreuzt, die viel später bei den Polen sogar Europastraße wurde. Lange beobachteten wir den Verkehr und bekamen es mit der Angst zu tun. Mit ganz unterschiedlichen Abständen fuhren einzelne russische Autos, ganze Kolonnen und bespannte Wagen auf der Straße. Nicht selten schossen russische Soldaten von ihren Wagen aus einfach so in die Gegend. Wir waren keine 200 Meter von der Straße entfernt, als ein russischer Wagentreck hinter dem nächsten Hügel auftauchte. Wir legten uns schnell auf die Erde, auf eine schneefreie Stelle und schlugen die graubraunen Decken über uns. Und so wurden wir tatsächlich nicht gesehen.

Auf der anderen Seite der Straße nahm uns Wald auf, – Himbeerwald nannten wir ihn als Kinder. Am südlichen Waldrand entdeckte ich zwei tote deutsche Soldaten. Es gab keine Chance, sie zu begraben, denn sie lagen viel zu nahe an der Straße; ihre Waffen waren zwar dort, aber einen Feldspaten hatten sie nicht. Im Juni 1946 – über ein Jahr später – kam ich wieder an diese Stelle, diesmal unter Bewachung eines polnischen Milizionärs, da lagen die beiden toten Soldaten immer noch dort; doch es waren nur noch die mit Uniformfetzen dürftig bedeckten Knochengeripppe übrig geblieben. Waldameisen hatten ihr Werk getan. Wieder gab es für mich durch den drängelnden Milizionär keine Möglichkeit, sie zu begraben. –

Damals aber gingen wir schnell weiter. Das Gelände wurde günstiger für uns, weil es ziemlich viele Deckungsmöglichkeiten bot. Wir mußten zwar noch die Bahnlinie Freystadt – Sagan kreuzen; doch das war weniger gefährlich als vorher die Straße. Vom Wald aus, der etwa 500 Meter vom Rodewaldhof entfernt liegt, beobachteten wir lange die Bewegung im Hof und in den Nachbargrundstücken. Es erschien uns alles ruhig. Als es dunkelte, erreichten wir die vom Waldrand nur etwa 100 Meter entfernte offene Feldscheune. Fast bis unter das Dach war sie mit der vorjährigen Ernte gefüllt. Die schlesischen Bauern droschen ihr Getreide hauptsächlich im Winter. Dort wollten wir übernachten. Als wir die sauber gestapelten Getreidebündel, eher einer Wand ähnlich, emporkletterten, hörten wir oben Laute und bekamen es mit der Angst zu tun. Doch stellte sich schnell heraus, daß Mädchen und junge Frauen aus den Höfen des Dorfes hier eine Zuflucht gefunden hatten. Sie erzählten uns erschüttert und halbverwirrt, wie die russischen Soldaten bei ihnen gehaust hatten, von brutalen Vergewaltigungen, von wahllosen Erschießungen. Auch daß mein Onkel Alfons Rodewald am Tage zuvor erschossen wurde, erfuhr ich von ihnen. Das war die Nacht vom 15. zum 16. Februar.

Die Frauen und Mädchen gingen früh am Morgen sehr zeitig bei völliger Dunkelheit ins Dorf zurück, denn es war kalt. Sie müssen im Dorf von uns erzählt haben. Irgendwie ist unser Versteck Reinhards Vater zu Ohren gekommen. Wir wollten tagsüber bis zum Einbruch der Dunkelheit in der Scheune bleiben. Freilich hatten wir Angst davor, daß Russen in die Nähe kommen und das Getreide anzünden könnten. Denn von unserem erhöhten Ausguck sah man im Umkreis mehrere sehr große Brandherde. Erst viele Monate später wurde die Feldscheune mit der Getreideernte eines ganzen Jahres angezündet und brannte wie eine riesige Fackel ab.

Am späten Nachmittag aber hörten wir plötzlich die bekannte Stimme von Vater Roche. Er rief uns herunter und berichtete uns von schrecklichen Ereignissen. Mindestens 70, in der großen Mehrzahl alte Männer und junge Frauen sind zum Teil nach brutalen Folterungen erschossen worden. Kaum eine Frau oder ein Mädchen – von 10 bis über 70 Jahren – kam ohne Vergewaltigungen davon, oft standen 20 und mehr Russen vor einer Frau Schlange, bis sie „drankamen". Unsere knapp 13 jährige Nachbarstochter, Jutta Rieger, wurde so oft im Beisein ihrer Mutter vergewaltigt, daß sie sich nachher auf den Dachboden schleppte und erhängte. Sie war das einzige Kind des Malermeisters Rieger, der wenige Monate zuvor an Krebs verstorben war. Auf der Hindenburgstraße war Jutta fast unsere einzige Spielgefährtin. Denn etliche Kinder aus Nazifamilien durften mit den Schneider-Kindern und der Jutta Rieger nicht spielen. Vater Rieger war eben kein Nazi, und Frau Rieger hatte sich bewußt dafür entschieden, nicht vor den Russen zu fliehen, weil sie die Nazipropaganda für verlogene Greuelpropaganda hielt. Sie hat schrecklich dafür gebüßt.

Auf dem Rodewaldhof

Sie richteten unter jung und alt ein Blutbad an; junge Männer, Frauen und Kinder kamen um, man erstach Mädchen und Säuglinge. (Makk 5,13)

Vater Roche berichtete von großen Plakaten, auf denen alle Männer von 16 bis 55 aufgefordert wurden, sich sofort bei der sowjetischen Kommandantur im „Deutschen Haus" zu melden und sich registrieren zu lassen. Wer diesen Befehl nicht befolgte, wurde mit der Todesstrafe bedroht. Wir gingen erst gemeinsam in den Rodewaldhof, denn er war nach der Erschießung meines Onkels wirklich feindfrei. Der Hof – sonst immer sauber und gepflegt – sah ganz fürchterlich aus. Als ob man den Inhalt von mehreren Kleiderschränken auf dem Pflaster und auf dem Misthaufen verteilt hätte. Dazwischen große Mengen vernichtete Lebensmittel, zerbrochene Einweckgläser, tote Schweine, aus denen man nur Stücke herausgeschnitten hatte, aufgeschlitzte Getreidesäcke, Pferdekadaver, tote Hühner zwischen Erntemaschinen und Gerät. Die beiden Traktoren waren verschwunden, das Auto natürlich auch, und von den vierzig Stück Rindvieh im Kuhstall hörte man nicht einen Ton. Es war tot oder weggetrieben worden. Das Chaos kann man nicht beschreiben, weil der deutschen Sprache die Worte dafür fehlen, das hebräische Wort Tohuwabohu wäre vielleicht dafür angemessen. – Später sahen wir, daß es auf allen Höfen, in und um Wohnhäuser und auf den Straßen ebenso aussah. Fabriken allerdings hatte man überall verschont.

Wir gingen in das Haus. Alle Türen standen offen. Keinen Menschen fanden wir. In den Zimmern aber das gleiche Chaos wie draußen. Man mußte über Berge von

Hausrat, Wäsche, zerstörte Lebensmittel, dazwischen stinkende menschliche Exkremente und über alle möglichen Sachen steigen. Wir gingen die Treppe hoch, weil wir unten niemanden fanden. Am langen Flur im Obergeschoß waren etwa sechs Zimmer angeschlossen. Im hintersten Zimmer fanden wir die Familie: Tante Gretel – mit einer unglaublichen Fassung hieß sie mich und Reinhard willkommen, ebenso meine Großmutter. Beide Frauen weinten nicht, sondern schienen alle Kräfte darauf zu konzentrieren, die Familie am Leben zu erhalten: Sechs Kinder, der älteste 10 Jahre und die jüngste, vielleicht 7 Monate alt – Mechthild: Sie starb einige Monate später bei der wilden Vertreibung der Deutschen durch die polnische Miliz im Juni 1945 an Hunger und Entkräftung. Noch heute liegt ihr kleiner Leichnam in irgendeinem Straßengraben zwischen Sommerfeld (Lubsko) und Forst verscharrt. Die Stelle weiß keiner mehr; denn die schwerbewaffnete Miliz trieb damals die Menschen – fast nur Frauen, Kinder und alte Leute, die Männer waren in Gefangenschaft – erbarmungslos weiter der Lausitzer Neiße entgegen bis nach Forst. Viele alte Leute und Kinder kamen auf diesem Gewaltmarsch elend um.

Um die deutschen Soldatengräber sorgt sich heute in vorbildlicher Weise die deutsche Kriegsgräberfürsorge. Soldatengräber stehen ja unter völkerrechtlichem Schutz. Von den Gräbern der Vertriebenen an den Straßenrändern Niederschlesiens aber will niemand mehr etwas wissen, weder in Deutschland noch in Polen. So liegen die Toten noch heute dort, wo sie im Juni/Juli 1945 flüchtig verscharrt wurden. Übrigens ist die Zahl der Flucht- und Vertreibungsopfer mehr als doppelt so hoch als die der im Kriege gefallenen Soldaten aus dem gleichen Vertreibungsgebiet. Darüber gibt es einigermaßen gesicherte Zahlenangaben, die Mitte der sechziger Jahre im Auftrag der Bundesvertriebenenministeriums ermittelt und dokumentiert worden sind.[3] Heute sind sie verdrängt und vergessen. Wer es wagt, sie auch nur zu erwähnen, wird in der deutschen Öffentlichkeit sogleich als revanchistischer Aufrechner vorgeführt. – Auch meine Großmutter, eine sehr agile Frau, die nie einen Arzt brauchte, starb einige Zeit darauf in Potsdam.

Doch zurück zum Abend des 16. Februar 1945: Kinder und Mutter berichteten mir von der Erschießung ihres Vaters, meines Onkels Alfons: In den Tagen vor dem Russeneinmarsch lagerten hunderte Flüchtlinge im Haus und im Hof. Die durchziehenden Trecks blieben immer nur eine Nacht, und in der hektischen Atmosphäre jener Tage war vieles im Haus oder auf dem Hof vergessen worden und liegengeblieben. Die Russen fanden bei der ersten Hausdurchsuchung irgendwo einige Patronen Pistolenmunition. Sie forderten von meinem Onkel die dazugehörende Pistole. Er hatte aber keine – er hat nie eine besessen. Das glaubten sie nicht und gaben ihm eine Nacht lang Bedenkfrist: „Wenn Du Deine Pistole nicht bringst, wirst Du erschossen." In dieser Nacht wachte er mit seiner Familie im Keller. In dieser Nacht bekam er weiße Haare. Am frühen Morgen führten sie ihn ab. Von den bittenden und weinenden Kindern ließen sie sich nicht rühren. Sie trieben ihn in eine nahe Ziegeleigrube und erschossen ihn dort. Weil sie seinen Ehering nicht abziehen konnten, schnitten sie ihm den Ringfinger ab.

---

3 Dokumentation der Vertreibung der deutschen Bevölkerung aus den Gebieten östlich der Oder-Neiße. Band I/1 Hrsg. Bundesvertriebenenministerium Kap. II : „Die Verluste der deutschen Zivilbevölkerung östlich der Oder-Neiße im Verlaufe der Vertreibung", Weltbild Verlag Augsburg 1992, S. 158/159E. Für den Zeitraum ab Kriegsende (Mai 1945) sind dort 1,6 Millionen umgekommene Zivilpersonen angegeben (außer Sudetengebiet); das sind über 15,8% der Gesamtbevölkerung des ehemaligen Ostdeutschland. Verglichen mit der Zahl der gefallenen deutschen Soldaten aus dem gleichen Vertreibungsgebiet, ist die Zahl der Vertreibungsopfer mehr als doppelt so hoch.

Sein zehnjähriger Sohn Eberhard holte mit Großmutter die Leiche seines Vaters; er transportierte sie mit einer Schubkarre, weil nichts anderes mehr zur Verfügung stand. Fast gleichzeitig plünderten die Russen das Wohnhaus und den Hof.

Später - vor allem in der Sowjetzone - hörte man sehr oft von der außerordentlichen Kinderliebe der russischen Soldaten. Ich habe ja selbst diese Legende weitererzählt. Doch erlebt habe ich diese Eigenschaft der Russen nicht, jedenfalls in Schlesien nicht. Dort sind viele Kinder elend verhungert und umgekommen, weil ihre jungen Mütter ohne Rücksicht auf die Kinder von sowjetischen Soldaten umgebracht wurden. Möglicherweise kristallisierte sich die russische Tugend der Kinderliebe erst einige Monate später heraus - in Mitteldeutschland und in Berlin - als der erste Haß schon verraucht war.

Im gleichen Zimmer - mit der ganzen Familie - durften wir übernachten. Um Mitternacht schreckten uns laute Schritte auf der Treppe, schlagende Türen und Gebrüll auf. Zwei Russen standen plötzlich in unserer Tür, leuchteten mit ihren Lampen alle an und gingen wortlos wieder herunter. Am Morgen marschierten nun Reinhard und ich bangen Herzens in die Stadt. Bald sahen wir rote Plakate, mit denen alle Männer unter Todesstrafe zur Registrierung ins Hotel „Deutsches Haus“ aufgefordert wurden. Wir trösteten uns mit dem Hotel: Das kann ja so schlimm nicht werden. Da wir noch eine Stunde Zeit hatten, machten wir einen kleinen Umweg in unser Wohnviertel an unseren Häusern vorbei. Auch dort sah es so schlimm aus, daß mir für die Schilderung dieser Zustände die Worte fehlen. Was allein an Hausgeräten, an Wäsche und dazwischen an toten Menschen und Tieren auf den Straßen und Wegen lag, ist nicht zu beschreiben. Darüber fuhren ungerührt russische Armeeautos. Ich konnte sogar einen Blick in unser Haus werfen - nur einen Blick freilich. Denn einmal kam ich nur bis in unsere Diele, an der Wohnzimmer und Küche anschlossen, zum anderen mußte man sehr vorsichtig sein, um nicht von einer Streife gefaßt zu werden. Meine Mutter hortete als Bauerntochter immer viele Vorräte – schon deshalb, weil sie überzeugt davon war, daß es nach dem Kriege schwere Notzeiten geben würde. Auf einem riesigen Berg von Mutters Wäschebeständen, – dem Stolz einer schlesischen Hausfrau –, alles durcheinandergeworfen, zertreten und verdreckt auf dem Fußboden, hatten sie Weckgläser jeglichen Inhalts zerbrochen und verteilt, zerschlagene Bilder, zerrissene Bücher, zertrümmertes Küchengeschirr, eingetretene Schranktüren, dazu die bereits verdorbenen Speisereste vom Siegesmahl der russischen Soldaten. Wie eine Krönung auf diesem Berg Unrat mehrere Haufen stinkenden menschlichen Kots. Ich ging fassungslos weg, so schnell ich konnte. – Zu unserer Nachbarin, Frau Rieger, traute ich mich nicht; hatte ich doch vom schrecklichen Ende unserer Spielgefährtin Jutta schon erfahren.

Später hörte ich dann, daß meine Großmutter die Verwüstung in unserem Haus wieder in Ordnung brachte. In wochenlanger Arbeit wusch und reinigte sie Wäsche- und Kleidungsstücke, reparierte, was noch verwendbar erschien, sortierte es ein, reinigte das Haus vom Keller bis zum Boden und ließ auch notwendige Reparaturen durchführen. Bald mußte sie jedoch erkennen, daß sie diese enorme Arbeit nur für die einrückenden Polen erledigt hatte, die das geordnete Haus mit weniger als einem Federstrich beschlagnahmten, und es für immer als ihr rechtmäßiges Eigentum betrachteten. Meine Großmutter verfügte über einen reichen Bestand an Sprichworten, eines davon sagte sie uns, ihren Enkeln, viel öfter, als wir es hören wollten: „Unrecht Gut gedeihet nicht!“ Wenn sie heute den Zustand „unseres“ Hauses und „ihres“ Rodewaldhofes sehen könnte, würde sie ihr weises Sprichwort bestätigt finden. –

Mit Reinhard ging ich in die Stadt in Richtung des Ringes zum Hotel. Die Straßen waren streckenweise nur mit Mühe begehbar. Über einem Zaunpfahl noch auf der Amtsstraße hing eine neue Jacke, mit auffälligem Preisschild und Markenzeichen wie eine Werbung; unmittelbar davor, auf der Straße und im Rinnstein, lag eine ganze Wagenladung neuer Textilien im schmutzigen Schneematsch breitgefahren. – Aus einigen Häusern hatte man offenbar das gesamte Mobiliar aus den Fenstern geworfen. Dann aber belästigte uns immer intensiverer Brandgeruch, und bald sahen wir die Verwüstung: Ganze Straßenseiten in der eng bebauten Innenstadt waren abgebrannt, auf der Glogauer Straße die ganze linke Seite, die ganze Klosterstraße und andere mehr. In vielen Brandruinen schwelte und rauchte es noch. Freystadt hatte im Mittelalter mehrere verheerende Stadtbrände erlebt, wie die alte Chronik berichtet. Dieser aber – in der Nacht vom 14. zum 15. Februar 1945 – steht den historischen Bränden nicht nach. Bald erfuhren wir auch, daß sie den Deutschen, die Löschmaßnahmen ergriffen, jedes Löschen mit Strafandrohungen verboten hatten. Einige, die beim Löschen dann ertappt wurden, sollen sogar erschossen worden sein. Ich besitze darüber aber keine gesicherte Aussage. Das Brandbild jedoch – immer komplette Straßenzeilen – verleiht dieser Behauptung eine gewisse Wahrscheinlichkeit.

Der Beginn der russischen Internierung / Gefangenschaft

Wir meldeten uns im Hotel „Deutsches Haus". Hier fehlt mir ein Stück Erinnerungsfilm. Es gab Verhöre, Beschuldigungen, Registrierung; ob es auch Prügel gab, weiß ich nicht mehr. Möglicherweise war das erste Erlebnis sowjetischer Methoden so drastisch, daß ich es zum Teil verdrängte. Wir wurden schließlich in ein „Hotelzimmer“ gestoßen und erfuhren zum ersten Mal, wie die Russen so etwas handhaben: Kein Möbelstück stand da mehr drin, immerhin aber existierte noch der Holzfußboden, in anderen Fällen hatten sie den vorher auch herausgerissen. Ohne Möbel, Pritschen, Hocker und dergleichen kann man nämlich 40 bis 50 Mann in einen Raum von 25 m^2 zwängen. Später erlebten wir es auch mit mehr. Eine Menge Freystädter Männer drängelten sich schon in diesem Raum zusammen, der Fuhrunternehmer Marschner, der Molkereibesitzer Günter und viele andere mehr.

Wir erfuhren in den nächsten Stunden viel vom schrecklichen Geschehen der letzten Tage. Doch diese konzentrierten Schilderungen konnten wir kaum verkraften; sie überforderten nicht nur die Phantasie, sondern auch das Gedächtnis. Ich weiß nur noch von Männern, die teils weinend, teils in ohnmächtigem Zorn erzählten, daß sie Frauen, Töchter und Schwiegertöchter verloren hatten. Keine kam ohne Vergewaltigungen davon. Nur ganz wenigen gelang es, sich zu verstecken. Viele sind zu Tode vergewaltigt und gefoltert, manche Mädchen auf so bestialische Weise ermordet worden, daß die Erzählung selbst alten, harten Soldaten die Schamröte ins Gesicht trieb, und sie dem Bericht Einhalt geboten. Namen von Frauen und Mädchen wurden genannt, die meisten kannten wir aus der Schule. Auch Namen von Frauen waren darunter, die sich gewehrt hatten und deshalb den vergleichsweise gnädigen Tod durch Erschießen erlitten. Wieder waren kleine Mädchen von 10 bis 14 Jahren dabei, die mit unvorstellbarer Brutalität zugrunde gerichtet wurden. Viele Familien hatten sich daraufhin das Leben genommen.

Nun hörte ich auch Einzelheiten von der Erschießung unseres Pfarrers, Johannes Guzy: Er war am 15. Februar – offenbar auf einen Notruf hin – in das katholische

Krankenhaus und (oder) in das Kommunikandenstift (ein Kinderheim) geeilt; beide Gebäude standen unmittelbar nebeneinander. Von den Massenvergewaltigungen und Massenmorden in der Stadt wußte er schon Bescheid. Trotzdem folgte er dem Ruf in das Stift, weil dort wiederholt plündernde und marodierende Rotarmisten eindrangen. Die etwa zwanzig Grauen Schwestern (Schwestern von der heiligen Elisabeth) hielten sich eng zusammen. Als wiederum Russen im Gebäude auftauchten, stellte sich Pfarrer Guzy vor die Schwestern und wollte die Rotarmisten zurückdrängen. Sofort schoß einer der Soldaten und traf ihn in Unterkiefer und Mundhöhle. Zwei Tage später verstarb er. Sein evangelischer Mitbruder, Pastor Thimm besuchte ihn an seinem Sterbebett – schon ein solcher Besuch war lebensgefährlich – und nahm dann auch die Beerdigung auf dem katholischen Friedhof vor. Es sollen daran nur drei oder vier Personen teilgenommen haben. Später erst hörte ich, daß fast gleichzeitig Pastor Wichmann, der Pfarrer der altlutherischen Gemeinde, erschossen wurde, ebenfalls weil er junge Frauen vor Schändung bewahren wollte. Die Männer, obwohl nur wenige Katholiken unter uns waren, sprachen mit großem Respekt von Pfarrer Guzy. Sie wußten fast alle, daß Guzy mutig von der Kanzel herab Untaten der Nazis beim Namen genannt hatte, daß er deshalb ständig von der Gestapo überwacht wurde, und daß er sich für polnische Gottesdienste eingesetzt hatte. Sie konnten es nicht fassen, daß er ein solches Ende finden mußte.

All dieses und noch mehr erfuhren wir in diesem Zimmer des Deutschen Hauses. Man sagte dort, es wären ungefähr eintausendzweihundert Freystädter zurückgeblieben und nicht geflohen. Mindestens einhundertdreißig kamen in den wenigen Tagen der Besetzung elend um, darunter bedeutend mehr junge Frauen als Männer. Die Zahlen dieses Elends wurden übrigens in den Jahrzehnten danach niemals genau erforscht und dokumentiert. Das liegt aber auch daran, weil die meisten der Betroffenen über dieses maßlose Leid nicht mehr sprechen wollten. Viele verdrängten es bis zum heutigen Tag. – Als ich diese Zeilen niederschrieb, fragte ich eine ältere Dame nach diesen Ereignissen, denn sie war damals ein ganz junges Mädchen und erlebte den Russeneinmarsch in Freystadt. Sie lehnte ziemlich schroff ab, darüber zu sprechen und bat mich, sie niemals mehr darüber zu befragen.

Von der Kinderliebe der sowjetischen Soldaten wurde ja bereits berichtet. Dennoch will ich hier noch einmal festhalten, daß die Ausschreitungen russischer Soldaten ab Mitte April 1945 in Mitteldeutschland und Berlin im Vergleich zu Schlesien beinahe als milde zu bezeichnen sind. Das mag für Betroffene zynisch klingen. Doch Tatsache ist, daß während der drei Monate, von Februar bis April 1945, als die Front an der Oder-Neiße-Linie relativ stabil war, mindestens ein Teil des Hasses sich abkühlte. Eine unbekannte Anzahl junger Frauen und Mädchen, die der Hölle in Ostdeutschland durch deutsche Gegenstöße oder sonstwie entkommen konnten, gingen nach Berlin, besorgten sich Waffen und kämpften dort verbissen bis zur Kapitulation gegen die Russen. Sie waren angeblich von den russischen Soldaten gefürchtet, denn sie gaben keinen Pardon.

Von da an verließen uns die politischen Gespräche nicht mehr. Denn die Männer, die sich im „Deutschen Haus“ zusammenfanden, waren zum allergrößten Teil deshalb in Freystadt geblieben, weil sie von den Nazis nichts wissen wollten oder in Einzelfällen sogar gefährdet waren. Wir beide – Reinhard und ich – waren, wenn ich mich recht erinnere, die einzigen 17-jährigen. Wir bekamen Anerkennung zu hören, daß wir es gewagt hatten, uns den „Kettenhunden“ zu entziehen. Einige wußten aus eigenem Erleben zu bestätigen, daß man Deserteure, selbst wenn dieser Tatbestand nur vermutet wurde, sofort aufhängte und nicht mehr wie früher erschoß.

Die Enttäuschung aber beherrschte unser Denken und Fühlen, ja sie war bei fast allen vernichtend groß. Denn die meisten dieser Männer hatten von der Roten Armee wirklich Befreiung vom Terror des Nationalsozialismus erhofft, sonst wären sie nicht in Freystadt geblieben. An einen kann ich mich besonders gut erinnern, einen Reichsbahner, Weichenwärter mit Namen Schulze; ich kannte ihn durch meinen Vater. Wir nannten ihn schon zur Nazizeit mit gewissem Respekt „Kommunistenschulze". Er hatte großes Glück, daß ihn die Nazis nicht in einem Konzentrationslager verschwinden ließen. Schulze steckte trotz allem voller Optimismus: „Denkt daran, wie die Nazis in Rußland gewütet und gemordet haben." So sagte er immer wieder - und: „Wenn die erste Rache einmal vorbei ist - und die wird schnell vorbei sein - dann beginnen wir mit dem sozialistischen Aufbau." Dabei machte er sich die größten Sorgen um die Schienenanlagen auf dem Bahnhof: „Die deutschen Soldaten haben alle Weichen gesprengt", die „Herzstücken der Weichen", sagte er, und: „Woher werden wir neue nehmen?" Er bestritt lange mit seinen sozialistischen Hoffnungen die Unterhaltung, bekam aber auch Widerspruch. Viele bestätigten, daß wir bei allem, was hier geschieht, bedenken müssen, was Deutsche den Russen und den Polen Furchtbares angetan haben. „Deutschland hat den Krieg angefangen, und die Nazis sind eine Verbrecherbande, insbesondere die SS."

Von entsetzlichen deutschen Greueltaten in Polen wurde berichtet. Doch wiederum zeigte sich auf Rückfragen hin, daß die Erzähler ihr Wissen nur aus zweiter oder aus dritter Hand hatten; keiner war unter ihnen, der es selbst erlebte; oder wollte das keiner zugeben? - Einer sagte: „Die Sondereinheiten und die SS haben mit eiskalter Berechnung tausendfach gefoltert und gemordet, nicht einmal aus Haß, sondern nüchtern geplant, konsequent ihrer antichristlichen Weltanschauung folgend. Nach außen aber spielten sie sich als hochanständige Menschen auf und waren sogar selber davon überzeugt. Diese dämonische Heuchelei macht ihre Taten womöglich noch schlimmer. Im Gegensatz dazu begegnet uns bei den Sowjetsoldaten nur glühender Haß." Natürlich bekam dieser Kamerad Widerspruch, weil die unterschiedlich bösen Motive den Schmerzen der Gefolterten und Umgebrachten gleichgültig sind. – „Doch sind wir vom Regen in die Traufe gekommen", wurde entgegnet, und die Hoffnung, nun die Nazis endlich losgeworden zu sein, sei von Schlimmerem zerstört worden.

Einer, der in Rußland gekämpft hatte, sagte: „Wenn einer von uns eine russische Frau vergewaltigte, und er wurde angezeigt, dann kam er vors Kriegsgericht. In den meisten Fällen wurde er zum Strafbataillon verurteilt, und das bedeutete praktisch den Tod. Denn Strafbataillone wurden nur in aussichtslosen Situationen eingesetzt und lebten alle nicht lange." Ein anderer wußte von einem Kriegsgerichtsverfahren bei Dubrowno im großen Dnjepr-Bogen aus dem Spätherbst 1943 zu berichten. Ein deutscher Soldat hatte ein russisches Mädchen vergewaltigt und war von diesem angezeigt worden. Wir wollten es nicht glauben, doch er versicherte es aus eigenem Erleben: Der Soldat wurde vom zuständigen deutschen Kriegsgericht zum Tode durch Erschießen verurteilt. Berufung gab es nicht; innerhalb von 24 Stunden haben sie ihn „umgenietet", so sagte er wörtlich.

Jahrzehnte später las ich die Dokumentation eines amerikanischen Historikers, Prof. de Zayas von der Princeton-Universität USA. Er weist darin viele Todesurteile an deutschen Soldaten nach, die im zweiten Weltkrieg von deutschen Militär- und Feldgerichten wegen Vergewaltigung, Raub und Mord im Feindgebiet verhängt wurden; die meisten wurden durch Erschießen, einige durch den Strang vollstreckt.[4]

Wieder ein anderer beschrieb den Unterschied so: „Die SS hat ihre Untaten wo irgend möglich verheimlicht. Die Russen aber machen es hier alle und öffentlich. Wenn ein einfacher Landser ein Huhn klaute und erwischt wurde, bekam er drei Tage Bau, wenn er es nicht bezahlt hatte." – Dem wurde wiederum scharf widersprochen und gesagt: „Du bist schon vor zwei Jahren in Rußland verwundet worden. Seitdem ist es mit der Moral der Truppe steil bergab gegangen." Und wieder gab es Entgegnungen von Zeitzeugen. Das alte Sprichwort aus dem Freiheitskrieg gegen Napoleon (1813), der ja von Schlesien ausgegangen war, machte die Runde: „Besser den Franzosen als Feind, als den Russen als Freund im Lande." –

Diese abgrundtiefe Enttäuschung lag wie ein dunkler Schleier über unseren Gesprächen und verband sogar gegensätzliche Standpunkte miteinander. Keinen gab es unter uns, der rechthaberisch behauptete: „Wir haben es euch ja vorhergesagt, was kommt." Alle aber hatten in den Wochen zuvor in parteiamtlichen Zeitungen Berichte von entsetzlichen Greueltaten gelesen, doch – wie bereits gesagt – es wurde nicht geglaubt. Nun aber erwies sich die Wirklichkeit als viel schrecklicher, als gedruckte Worte es jemals vermitteln konnten. Fast ein jeder hatte deutschsprachige Sendungen von Radio Moskau und von der englischen BBC gehört, obwohl das Hören von Feindsendern mit der Todesstrafe bedroht worden war. Beide Sender hatten immer wieder betont, daß die Alliierten uns Deutsche vom Nazi-Joch befreien wollten. Nicht nur den Unschuldigen, sondern

---

4 *Alfred M. De Zayas,* „Die Wehrmachtsuntersuchungsstelle", Universitas Langen Müller 1984, S. 68 u.a.

auch den Mitläufern wurde Freiheit und Demokratie verheißen, was beide Sender allerdings sehr verschieden interpretierten. Nun rang in uns die fundamentale Enttäuschung mit dem tatsächlich vorhandenen Gefühl, von den Nazis endlich frei zu sein. Dieser seelische Konflikt, der die meisten innerlich fast zerriß, zog sich wie ein roter Faden durch die Gespräche.

Der Zufall wollte es, daß ich durch das Fenster auf die gegenüberliegende Seite der Glogauer Straße, auf das ehemals jüdische Textilgeschäft Graetz sehen konnte. Nach der berüchtigten „Reichspogromnacht", am 9. November 1938, schickte mich mein Vater an einem dunklen Abend mit einem großen Korb Lebensmittel in dieses Haus und versuchte mir vergeblich klarzumachen – mein elfter Geburtstag lag ja erst wenige Wochen vor mir – wie gefährlich dieser Gang war. Der Weg aber prägte sich mir so fest ein, daß ich mich heute noch an nebensächliche Einzelheiten erinnern kann; wie ich mich in der Glogauer Straße durch den dunklen Hausflur über Glasscherben und Unrat tastete, den Korb abstellte und wieder aufnahm, schließlich die jüdische Familie mit ihren bildschönen Töchtern Ruth und Ilse in einem ganz kleinen, notdürftig eingerichteten Raum des Hinterhauses fand und meinen Korb ablieferte. Vater Graetz saß in einem Sessel mit hoher Lehne, die Mutter mit ihren Töchtern auf einer Holzbank. Sie sprachen eine ganze Weile mit mir und erzählten von dem schrecklichen Geschehen, forderten mich aber bald auf zu gehen, weil niemand mich hier bemerken dürfte; denn das wäre vor allem für meinen Vater und für die Familie sehr gefährlich. Das verstand ich zwar nur zur Hälfte, denn, so dachte ich eben als Schuljunge, was soll schon daran gefährlich sein, jemandem einen Korb mit Geschenken zu bringen? –

Daran mußte ich nun, nicht einmal sieben Jahre später, intensiv denken, weil die Welle der Gewalt furchtbar auf uns zurückschlug. Selbst das biblische Gebot „Auge um Auge, Zahn um Zahn“ galt nicht mehr, das ja durchaus geeignet ist, Gewalt nicht ins Ungemessene wachsen zu lassen. Nur noch die dramatische Demonstration des biblischen Wortes, „Wer Wind sät, wird Sturm ernten“, erlebten wir. Über das Schicksal der Familie Graetz gab es später erst widersprüchliche Gerüchte. Einige Freystädter wußten, daß ihnen die Auswanderung nach Südamerika geglückt wäre, andere berichteten, daß die Töchter im Konzentrationslager Bergen-Belsen ermordet wurden. Erst nach dem Zusammenbruch des sozialistischen Systems, 1989, konnte ich den Suchdienst in Yad Vashem zu Jerusalem nach dem Schicksal dieser jüdischen Familie befragen. Doch auch von dort erhielt ich bisher keine sicheren Nachrichten.

Als um die Mitte der 60er Jahre die Nachkriegsgeneration herangewachsen war, zog sie ihre Väter erbarmungslos zur Verantwortung und sprach sie für den technisch organisierten, millionenfachen Völkermord an Juden, Russen und Polen schuldig. Den Vorwurf, nichts gegen die Nazidiktatur getan zu haben, mußte ich mir von jungen Leuten, mit der Gnade der späten Geburt, auch anhören. Meine stereotype Antwort: „Damit sprichst Du mich schuldig, daß ich zu feige war, ein Martyrer zu werden, mich an die Wand stellen, mich zum Tode durch den Strang, oder bestenfalls ins Konzentrationslager einsperren zu lassen.“ Die jungen Menschen hielten diese Konsequenz für eine feige Ausrede, eine an den Haaren herbeigezogene Schutzbehauptung, und als Heuchelei galt es, wenn man ihnen antwortete, daß wir vom organisierten Völkermord der Nazis nur Gerüchte gehört und nichts Zuverlässiges erfahren hatten.

Tatsächlich aber war es unsere Tragik, daß wir an sichere Nachrichten über Konzentrationslager nicht herankamen. Die Nazipropaganda filtrierte alle Informationen so raffiniert, bedrohte das Abhören von „Feindsendern", wie gesagt, mit der Todesstrafe, und außerdem konnten sich damals viele Menschen hochwertige Radiogeräte für Kurzwellenempfang noch nicht leisten, so daß wir unsere Gegnerschaft zum Nationalsozialismus im Wesentlichen nur am sehr schmalen Band eigener Erfahrungen und an Erlebnissen von Freunden festmachen konnten. Die beschränkten sich eben „nur", und dazu nur selten, im Anblick bewachter Häftlingskolonnen oder heruntergekommener, hungernder Kriegsgefangener und Zwangsarbeiter; wobei die Zuschauer sich stets damit beruhigten, daß es unseren Gefangenen nicht besser erginge, und daß auch deutsche Nachbarn, junge Frauen und nicht wehrfähige Männer zu schwerer Arbeit zwangsverpflichtet wurden.

Der Informationsrest bestand dann aus Gerüchten, unter vorgehaltener Hand ausgetauscht, über Verbrechen der SS im „Feindgebiet", über Partisanenerschießungen und über Konzentrationslager. Niemand aber konnte den Wahrheitsgehalt dieser Gerüchte überprüfen, und überdies klangen sie oft derart phantastisch, daß die meisten Freunde sie mit Kopfschütteln – „Das ist doch unmöglich" – quittierten. Wir hörten natürlich trotz der Strafandrohungen „Feindsender"; doch die berichteten so gut wie nichts über Massenmorde in den Konzentrationslagern. Es gibt ja heute auch in Israel ausreichend historische Zeugnisse darüber, daß sich die sogenannten Feindmächte damals keineswegs durch Judenfreundlichkeit hervortaten.

Ich kann mich sehr genau daran erinnern, daß auch mein Vater, der den Antisemitismus der Nazis tief verabscheute, die Gerüchte, die über das Morden in den Konzentrationslagern umliefen, mit Skepsis beurteilte. Er sagte, daß der Wahrheitsgehalt von Gerüchten sich bei jedem Weitererzählen verändert, und daß man ihnen deshalb nicht vertrauen könnte. Freilich zitierte er damals schon den heiligen Augustinus, der vor 1600 Jahren(!) jede Regierung eine Verbrecherbande nannte, die ihre gesetzgeberische Macht nicht an den Geboten Gottes orientiert, wobei er stets das Tötungsverbot und das Wahrheitsgebot aufsagte. Dennoch hielt auch er das entsetzliche Ausmaß der Naziverbrechen nicht für möglich.

In dieser von den Diktatoren raffiniert gesteuerten Ignoranz lebten wir ja nicht nur in der Nazizeit, sondern auch die Monate und Jahre danach im russischen Lager und unter der polnischen Herrschaft. Von Nachrichten, Zeitungen, zuverlässigen Informationen jeder Art waren wir so total abgeschnitten, wie es sich heute ein Mitteleuropäer überhaupt nicht mehr vorstellen kann. Kein einziger Deutscher in Schlesien besaß damals noch ein Radio, weil sie schon von den Russen beschlagnahmt, und ihr Besitz auch von der polnischen Verwaltung streng verboten wurde. So erreichten uns politische Nachrichten nur über Gerüchte. – Erst als wir im Juli 1946 nach Westdeutschland „ausgesiedelt“ wurden, schlugen die Nachrichten über den schrecklichen Umfang der Naziverbrechen mit voller Wucht auf uns ein. –

Auch von Ursache und Wirkung wurde an diesem Abend im „Deutschen Haus“ gesprochen. Wir, die Deutschen hätten die verbrecherischen Ursachen gesetzt, nun aber würden wir unter den verheerenden Wirkungen leiden. Und während der fünfzig Jahre, die inzwischen vergangen sind, ist selbst deutschen Spitzenpolitikern offenbar nichts Neues und Besseres eingefallen. Schon lange habe ich mich gefragt, wie man das naturwissenschaftliche Begriffspaar, Ursache und Wirkung, derart kurzschlüssig auf das geschichtliche Handeln von Menschen übertragen kann. Denn es ist doch schlicht und einfach falsch, daß auf Terror mit naturgesetzlicher Notwendigkeit ein noch brutalerer Terror folgen muß. Sind Menschen nicht freie Wesen, die über ihre Reaktionen entscheiden und sich dafür verantworten müssen? Oder hat der marxistische Freiheitsbegriff von der „Notwendigkeit" schon derart tödliche Metastasen getrieben? Gehört es nicht zu den Fundamenten der europäischen Kultur, daß selbst gegen Schuldige nicht alles erlaubt ist? Hier aber wurden Schuldlose zu Racheopfern. - Der Einzige unter uns, der uns aufzurichten versuchte, war unser Kommunisten-Schulze. Doch nur wenige Monate später - ich werde darauf zurückkommen müssen - urteilte auch er anders. So gingen die Gespräche weit in die Nacht hinein, bis wir uns schließlich auf den blanken Fußboden legten.

Zu essen gab es nichts im „Deutschen Haus". Jeder von uns konnte sich noch aus seinem Rucksack versorgen. Noch hatten uns die Russen nicht alles weggenommen. An diesem Abend wurde noch vorbildlich geteilt, aber nicht lange mehr. - Am 18. Februar, am späten Nachmittag, Abmarsch. Niemand wußte wohin: Zum Arbeitseinsatz irgendwo in der Nähe? Mit Maschinenpistolen bewaffnete Soldaten eskortierten uns. So ging es nach Osten, über die Lorenzstraße, am Bahnhof vorbei in Richtung Zyrus und Zölling. Auf offener Straße wurden wir mehrfach angehalten und in Reih und Glied formiert. Der Anlaß jedesmal: „Urri, Urri", also die Suche nach Uhren, verbunden mit Todesdrohungen, falls jemand seine versteckte.

Der lange Marsch

Die vom Herrn Erschlagenen liegen an jenem Tag von einem Ende der Erde bis zum andern. Man beklagt sie nicht, man sammelt sie nicht und begräbt sie nicht; sie werden zum Dünger auf dem Acker. (Jer 25,33)

Am Straßenrand in Zyrus, dort wo am 13. Februar die Panzer- und Fahrzeugkolonne der Russen stand, sahen wir die ersten toten deutschen Soldaten liegen. Niemand konnte sie begraben. Bald erfuhren wir, daß das Begraben deutscher Soldaten ausdrücklich untersagt war, während man die russischen Gefallenen schon bestattet hatte. Überall Schrott, weggeworfene Waffen und Zeichen des Kampfes. Zwischendurch mußten wir immer wieder in den Straßengraben, weil uns russische Nachschubkolonnen entgegen kamen. Als wir endlich in Zölling eintrafen, war es schon dunkel. In einem Bauernhof - unterhalb der uralten Wallfahrtskirche, rechts von der ansteigenden Straße - wurden wir zum Nachtquartier eingesperrt. Auf der Kopfsteinpflasterstraße sah ich noch verstreut herumliegende, zertretene Meßgewänder und Kirchengerät aus der nahen Wallfahrtskirche, deren Bau vor über 750 Jahren von der heiligen Hedwig veranlaßt wurde.

Das Dorf - ein wohlhabendes Bauerndorf - schien völlig leer. Wenn sich jemand von den Bewohnern dort noch aufhielt, so hatte er sich gut versteckt. Einer unserer Kameraden, ein Bauer aus Herwigsdorf, machte sich auf die Suche nach etwas Eßbarem. Denn im Wohnhaus war - wie in den Freystädter Häusern - ein schreckliches Durcheinander. Wir mußten erst Platz schaffen, um uns auf den Fußboden legen zu können. Unser Kamerad wurde tatsächlich fündig: Kartoffeln, die sogleich in einem herumliegenden Topf aufgesetzt wurden, und - er fand sogar die Räucherkammer unter dem Dachboden, die die Russen beim Plündern nicht entdeckt hatten. Wir versorgten uns mit Speck, Schinken und Wurst, und das war für den langen Marsch, von dem wir allerdings noch nichts wußten, unsere Rettung.

Am nächsten Morgen ging es sehr zeitig weiter. Nach einigen Kilometern erreichten wir die Reichsstraße 5 (Berlin- Breslau) und marschierten in Richtung Polkwitz weiter; denn in Glogau wurde noch geschossen. Auf dieser Fernstraße sah man schreckliche Dinge. Auch hier gefallene deutsche Soldaten am Straßenrand. Einer - ich erinnere mich genau - lag mitten auf der Straße, von den schweren LKW's völlig plattgewalzt, mindestens 1 Meter breit und 2,5 Meter lang. Menschenfleisch mit Uniformfetzen vermischt, und ein von Panzerketten plattgedrückter Stahlhelm. Die russischen Wachsoldaten hatten wieder einmal eine sadistische Anwandlung und erlaubten nicht, daß wir auswichen. Wir mußten über den Toten laufen - einige versuchten zu springen, andere gingen auf Zehenspitzen. Wochen später - so habe ich es gehört, aber nicht selbst erlebt - sollen die Russen zurückgebliebene Frauen gezwungen haben, große Gruben zu schaufeln, wo die toten Soldaten hineingeworfen wurden.

Nach zwanzig Kilometern begannen die Russenbewacher uns anzutreiben. Das Wort „Dawai" und danach immer einer der russischen Mutterflüche sollten uns von da an viele Monate begleiten. Endlich in Polkwitz angekommen, wurden wir wieder in einen verlassenen Bauernhof getrieben. An dieser Hauptstraße, die schon früher Heerstraße hieß und von Friedrich II. gebaut wurde, müssen schwere Kämpfe getobt haben. Fürchterliche Trümmer und Spuren sahen wir. Aus dem Wohnhaus des Bauernhauses sollten wir die letzten Möbel herausräumen, damit wir auf dem Fußboden Platz hatten. Ich rannte unter dem Dawai des Postens vom Wohn- in das Schlafzimmer: Erschrocken sah ich im Ehebett eine Tote liegen, eine ganz junge Frau in weißer Bettwäsche und geronnenem Blut. Das totenbleiche Gesicht unterstrich sogar ihre Schönheit. Das Bett mit der Toten mußte stehenbleiben, alle anderen Möbel raus, so befahl fluchend der Russe. Es gab keine Möglichkeit, ihren Namen festzustellen, keine Möglichkeit, sie zu begraben, so verbrachten wir dort mit ihr die Nacht.

Als ich Jahrzehnte später den Bericht von Robert Jungk las, „Schlesien - ein Totenland", er hatte ihn im November 1945 in der Schweiz und in USA veröffentlicht, standen mir diese - bereits verdrängten - Bilder der

Vernichtung erneut vor Augen. Robert Jungk, während der siebziger Jahre bekannt als Futurologe, war während der dreißiger Jahre als junger Jude dem Morden in Hitlers Konzentrationslagern nur knapp entkommen. Er unternahm im Sommer 1945, kurz nach der ersten wilden Vertreibung, eine Reise durch Schlesien. Er schrieb über die Zustände in Schlesien, wie er sie wenige Monate nach dem Einmarsch der roten Armee erlebte:

„ Wer die polnische Zone (d.i. Schlesien) verlassen hat und in russisch okkupiertes Gebiet gelangt, atmet geradezu auf. Hinter ihm liegen leer geplünderte Städte, Pestdörfer, Konzentrationslager, öde, unbestellte Felder, leichenbesäte Straßen, an denen Wegelagerer lauern und Flüchtlingen die letzte Habe rauben... Hinter der Oder-Neiße-Linie beginnt das Land ohne Sicherheit, das Land ohne Gesetz, das Land der Vogelfreien, das Totenland... Es geht hier um noch viel mehr als „nur" um das Leben einiger Millionen Deutscher, es geht um die moralische Reinheit und Stärke der antifaschistischen Bewegung in der Welt. Wenn alle diejenigen, die Hitler und Mussolini unter großen Opfern bekämpften, um eine bessere Welt aufzubauen, es zulassen, daß ihr Kampf jetzt von Rowdies und Chauvinisten ausgenutzt und beschmutzt wird, dann sehen wir keine große Hoffnung für die Zukunft. Man hat mit Recht den Deutschen vorgeworfen, daß sie ... so lange die Augen vor den Greueltaten des Nazismus verschlossen hätten. Sollen die Vorkämpfer der Demokratie später einmal den gleichen Vorwurf auf sich sitzen lassen müssen? Auch wir werden „Mitschuldige" sein, wenn wir nicht täglich und stündlich die Schandtaten, die heute im Namen der Demokratie und der Freiheit begangen werden, enthüllen".[5]

---

5 Zitiert nach *Ekkehard Kuhn,* „Schlesien Brücke in Europa", Ullsteinverlag 1996 S. 9.

Robert Jungk mußte doch in der westlichen Welt, weil er dem Konzentrationslager gerade so entkommen war, als glaubwürdiger Zeuge gelten. Dennoch bewirkte seine Veröffentlichung wenig. Viele Amerikaner schenkten ihm keinen Glauben, viele – auch Westdeutsche – warfen ihm Übertreibungen vor, vermutlich weil solch wahnsinniger Terror die Vorstellungskraft zivilisierter Menschen um Größenordnungen überstieg. Im 26. Juni 1945 beschlossen sogar die Vereinten Nationen, den deutschen Vertriebenen einen „Flüchtlingsstatus" im Sinne der Charta der UN nicht zuzuerkennen.

Am nächsten Morgen ging es weiter auf der Heerstraße in Richtung Steinau an der Oder. Hier hatten die Russen schon um den 24. Januar 1945 einen Brückenkopf westlich der Oder gebildet. Hier hatte die deutsche Wehrmachtsführung alle verfügbaren Reserven hingeworfen, um die russischen Truppen zurückzudrängen. Die Reste des Kampfes wurden immer dichter. Viele abgeschossene und ausgebrannte Panzer, darunter – wenn auch wenige deutsche – zerschossene Autos, stehengebliebene Kanonen und dazwischen überall tote deutsche Soldaten in ihren Winteruniformen, aber alle ohne Stiefel. Kurz vor dem Oderübergang blieben wir in einer verlassenen Gärtnerei. Im Vorgarten lagen zwei tote Soldaten hinter ihrem Maschinengewehr, der eine hatte noch die Patronengurte in der Hand, als ob sie gerade noch geschossen hätten. Ein Stück weiter stand ein deutsches Sturmgeschütz, aus der offenen Einstiegsluke ragten Füße mit zerlöcherten Socken heraus, ein trostlos-groteskes Bild, das sich mir fest einprägte. – Es waren Temperaturen von etwa 7° über Null; trotzdem lag überall Verwesungsgeruch spürbar in der Luft.

In der Gärtnerei hatten die Russen vergrabene Wertgegenstände gefunden und ausgebuddelt. Es sah schlimm aus. Eine Kassette voller Reichsmarkscheine lag noch herum, Hundert- und Fünfzigmarkscheine überall verstreut. Dort benutzten wir Hundertmarkscheine als Klopapier, weil wir keins hatten und glaubten, daß deutsches Geld von den Russen als ungültig erklärt worden wäre. Tatsächlich brachten sie ja nicht nur ihre Rubel, sondern auch das sogenannte „Besatzungsgeld" mit, das wir aber erst viel später kennenlernten. –

Wieder übernachteten wir in einem Bauernhaus, das erst ausgeräumt werden mußte. Ein Erlebnis aus diesem Hof, an den die Gärtnerei anschloß, ist noch ganz lebendig: Die Ställe waren leer, die Wohnungseinrichtung verwüstet, im Vorgarten lagen zwei tote deutsche Soldaten. Auf dem Hof sahen wir unter toten Hühnern ein Schwein, nur die Hinterbeine mit den Schinken waren herausgeschnitten; das alles mit unbeschreiblichem Dreck umgeben. Hinter dem Hof stand eine noch lebende Kuh, abgemagert und heruntergekommen. Möglicherweise war es das einzige lebende Stück Vieh in diesem Ort. Die erschlugen und schlachteten wir; doch das mußte sehr schnell gehen, damit die Russen uns nicht erwischten. Denn unsere Wachsoldaten hielten sich im Haus auf und suchten sich dort ein Quartier zurechtzumachen. Als wir uns einige gute Stücke herausgeschnitten hatten, verschwanden wir schnell in den Hof. Ich sagte einem der Kameraden: „Das Beste haben wir vergessen – die Rinderzunge". Verrückt wie wir waren, gingen wir beide zurück. Und während wir viel zu langsam, weil ohne Sachkenntnis, die Zunge herausschneiden wollten, kam plötzlich ein russischer Soldat – sichtlich angetrunken – stellte uns an die hintere Scheunenwand und warf uns vor, „Wehrwölfe" (russischer Ausdruck für deutsche Partisanen) zu sein oder fliehen zu wollen. Er entsicherte gerade seine Waffe und lud sie durch, als ein russischer Sergeant dazukam und ihn zurückbrüllte. Der übergab uns dann unseren Wachsoldaten. Das ging haarscharf am Tod durch Erschießen vorbei, denn damit waren die Russen ganz schnell. Natürlich gab es nun dafür Schläge. Das war bei den Russen so üblich. Die meisten Bewacher führten ja außer der Maschinenpistole stets ihren Gummiknüppel mit sich, meistens nur ein kurzes und dickes Stück Elektrokabel. – Übrigens benutzten wir, weil auch die meisten Hausbrunnen verseucht waren, als Trinkwasser die braune Brühe aus den überschwemmten Bächen. Jeder wußte, daß da auch irgendwo tote Menschen und Tiere drinlagen.

Die Oder, die an dieser Stelle ziemlich breit ist, überquerten wir auf einer russischen Pontonbrücke. Einige unter uns konnten sich gar nicht genug wundern, mit welch einfachen, ja primitiven Mitteln die Russen eine Behelfsbrücke über die Oder gebaut hatten, die sogar Panzer tragen konnte. Auf der Ostseite, besser auf der rechten Seite der Oder, erlebten wir wiederum den Greuel der Verwüstung; streckenweise erschien er uns noch schlimmer als auf der linken Seite. Wir marschierten nun in Richtung Militzsch, Trachenberg. Zivilbevölkerung schien es kaum noch zu geben, obwohl man hier außer toten Soldaten auch tote Frauen, sogar Kinder herumliegen sah.

Das Gebiet östlich der Oder eroberten die russischen Truppen schon wenige Tage nach ihrem großen Durchbruch an der Weichsel um den 20. Januar. Da war, wie viele Augenzeugen bestätigten, ihr Rachedurst noch größer. Die Überlebenden hatten sich jedenfalls versteckt. An einem halb zerstörten Bauernhof vorbeigehend, trafen wir eine Frau, die uns mit vollen Händen Lebensmittel schenkte: „Wer weiß, ob ich morgen noch etwas brauche“ – so ähnlich sagte sie.

Unterwegs in einem verwüsteten Dorf, in dem nur wenig Kampfschäden oder verbrannte Höfe zu sehen waren, dafür aber um so mehr plündernde und marodierende Rotarmisten, die wie üblich vieles aus den Häusern räumten und auf die Straße warfen, trafen wir einen schwarzen amerikanischen Soldaten, einen hünenhaften Kerl in der typisch amerikanischen Feldbluse. Aus einem deutschen Gefangenenlager befreit, befand er sich nun auf dem Weg nach dem Westen. Er sprach uns auf englisch an, begleitete uns ein ganzes Stück, und unsere Wachsoldaten ließen ihn schweigend gewähren. Schließlich war er ein von ihnen hochgeachteter Bundesgenosse. Mißtrauisch liefen sie neben dem Amerikaner und uns her, sie spitzten ihre Ohren, aber sie verstanden nichts von dem, was wir redeten. Der Amerikaner rang nach Worten, um seine Abscheu vor dieser plündernden Soldateska auszudrücken. Er suchte nach Vergleichen und fand keine. Er sei schon jahrelang im Krieg, so sagte er, nicht nur in Europa. Doch so Entsetzliches habe er noch niemals gesehen. So etwas übersteigt das Vorstellungsvermögen und die Phantasie auch des härtesten Soldaten. – Als er sich verabschiedete, bekundete er uns sein Mitleid und seine Sympathie. Den russischen Soldaten sagte er nicht einmal einen Abschiedsgruß. – Ein gutes Rezept hat er uns hinterlassen: Gegen Zahnschmerzen hilft folgendes: Einen Porzellanteller umdrehen, auf dieser Fläche Zeitungspapier verbrennen, die Asche wegspülen und den nassen, bräunlichen Rückstand auf Zahn und Zahnhals streichen. Gelegentlich soll's geholfen haben.

Es wurde damals oft die Auffassung geäußert, daß Menschen, die ständig Tod, Folter und Vernichtung erleben müssen, stumpf gegen das Leid und gefühllos werden oder sogar verrohen. Ich würde es nicht so negativ sagen, weil ich es anders erlebt habe: Es scheint mir eher so, daß Menschen einen Schutzschild um ihre Seele bauen, sonst würden sie das Elend nicht ertragen können. Bei den meisten von uns aber versagte diese seelische Barriere, als wir im Straßengraben und auf dem Feldrand die zerstörten Reste eines Flüchtlingstrecks sahen, den die russischen Panzerspitzen bei ihrem Vormarsch im Januar überrollt hatten. Es war unfaßbar für uns, daß zwischen den Wagentrümmern, den Tierkadavern, mitten unter den Habseligkeiten tote Frauen, schrecklich verstümmelte, nackte Mädchen und Kinder lagen. Und niemandem kam es, während all der Wochen, die seitdem vergangen waren, in den Sinn, die Leichen wenigstens zuzudecken. Ich kann diese entsetzlichen Erlebnisse auch heute nur knapp andeuten. – Wegen einer entgegenkommenden Truppenkolonne mußten wir ganz eng am Straßenrand gehen und auf herumliegende Habseligkeiten treten. Da lag unter vielen Dingen ein Fotoapparat in einer Ledertasche. Es war mehr eine sinnlose Reflexbewegung, daß ich ihn aufhob. Ein russischer Offizier sah das sofort, kam herbeigerannt, schlug mir fluchend den Apparat an den Kopf, und nahm ihn dann an sich. Ein lächerliches Gerät erregte sofort seine Aufmerksamkeit, die nackten Leichen am Feldrand nicht. –

An diesem Tage beklagten wir unsere ersten Verwundeten. Unsere Kolonne marschierte auf einer Straße, die durch einen Wald führte, in dem besonders viel zerstörtes Kriegsmaterial herumlag. Wir mußten an den Rändern der Straße gehen. Plötzlich gab es eine Detonation und Schreie. Der Mann vor mir war auf einen Sprengkörper getreten, vielleicht handelte es sich um eine kleine Tretmine. Ich, unmittelbar hinter ihm, fiel unter dem Druck und vor Schreck in den Graben. Der Kamerad trug schwere Verletzungen davon; nicht nur sein Unterkiefer und das Gesicht waren aufgerissen, sondern er hatte auch viele Splitter am ganzen Körper abbekommen. Sein Vordermann bekam viele Splitter im Rücken ab, ich – sein Hintermann – blieb völlig unversehrt. Doch mein Hintermann erlitt einige Verletzungen durch Splitter. In solchen Situationen fällt es nicht schwer, sich bei seinem Schutzengel zu bedanken. Einer von uns hatte noch etwas Verbandsmaterial. Alle drei konnten noch zur Not laufen – also weiter. Doch lange lebte der Verletzte nicht mehr.

Abends erreichten wir Trachenberg, ein ganzes Stück nördlich von Breslau, das wir ja umgehen mußten. Denn in Breslau wurde noch hart gekämpft. Inzwischen waren andere Kolonnen von internierten Deutschen, wie auch von Kriegsgefangenen zu uns gestoßen. In Trachenberg mußten wir vor einer großen Schule, die inzwischen mit Stacheldraht eingezäunt war, antreten, und wir erlebten den ersten Appell auf russische Art. Sie verfügten tatsächlich über Namenslisten, doch mit entstellten Namen und ganz unvollständig. Es dauerte Stunden, bis alle aufgerufen und die fehlenden notiert waren. Wir konnten einfach nicht glauben, daß die Russen uns alle, eine schwer zu schätzende Zahl von vielen Hunderten, vielleicht auch über tausend, in dieser Schule unterbringen wollten. Wir wußten noch nichts von der Ausstattung sowjetischer „Gulags“: Ein Klassenzimmer von ca. 50 bis maximal 60 m² war außer einem ganz schmalen Mittelgang mit Holzbohlen in drei Etagen mit etwa 80 cm „Deckenhöhe“ voneinander aufgeteilt. In einem solchen Raum konnte man auf diese Weise einige hundert Mann unterbringen. Die provisorischen Etagen aber blockierten die Fenster, so daß sie sich nicht mehr öffnen ließen. Deshalb haben dann einige Kameraden nachts die Fenster eingeschlagen, damit wir in dieser Enge nicht erstickten. Wir Jungen mußten auf dem Fußboden übernachten – die erste Deckenlage keine 60 cm über unseren Köpfen. Einige Tage blieben wir in dieser Schule; zu essen gab es kaum etwas. – Hier beklagten wir unseren ersten Toten, einen Schneidermeister aus Freystadt. Zum Sterben trugen ihn irgendwelche Leute in den Kohlenkeller dieser Schule und setzten ihn dort in einen alten Korbsessel. Ich ging hinunter und blieb längere Zeit bei ihm, bis er gestorben war. Eine Beerdigung wurde uns rundweg abgeschlagen. Ich weiß bis heute nicht, ob ihm irgendwer diesen letzten Dienst erweisen konnte. Denn bald, etwa drei oder vier Tage später, wurden wir in Eisenbahnwaggons verladen. Dort starb neben uns, Reinhard und mir, der Nächste. Die Bewacher hatten ihm die Zuckerkrankheit nicht geglaubt. Von nun an war der Tod unser ständiger Begleiter. Wie viele Tage die Bahnfahrt dauerte, weiß ich nicht mehr. Die Zeit verlor langsam an Bedeutung für uns. Auch orientieren konnten wir uns kaum noch. Nur selten hörte man Ortsnamen, von nun an nur noch polnische. Die einzige Erinnerung ist: Wir legten den nächsten Toten bei einem Halt auf den Bahndamm, weil es der Posten so anordnete. Das geschah irgendwo in der Nähe von Lodz. Zu essen gab es nur sehr selten, ein kleines Stück Brot und kaum Wasser. Die meisten waren seelisch völlig am Boden und dämmerten nur noch vor sich hin, weil keiner mehr daran zweifelte, daß unser Zug nach Rußland fuhr. Doch eines Tages bog der Zug ab in Richtung Süden. Deutsche Ortsnamen kehrten wieder. Schließlich hielt der Zug auf einem Güterbahnhof in der Nähe von Gleiwitz. Nun ging es wieder rund auf russische Art und Weise. Mit ständigem Dawai-Gebrüll wurden wir ausgeladen, formiert und in Marsch gesetzt. Wir marschierten über die ziemlich neue Autobahn, das östliche Ende der A 4, die 1939 durch das dicht besiedelte Industriegebiet gebaut worden war, und die heute übrigens in keiner deutschen Karte mehr verzeichnet ist, nicht einmal im sonst so genauen ADAC-Atlas.

Der Marsch endete in einem großen Wohngebiet, das weiträumig mit hohen Stacheldrahtzäunen und Wachtürmen von anderen Stadtteilen hermetisch abgetrennt war. Offenbar hatte man alle Bewohner ausgewiesen und so aus den Familienhäusern ein riesiges Durchgangslager gemacht. Als wir dort nach stundenlangem Zählappell die Quartiere bezogen, nahmen wir erste Kontakte auf. Zivilisten und Soldaten jeder Prägung aus ganz Schlesien und darüberhinaus waren hier bunt zusammengewürfelt. Die Wohnungen der Mehrfamilienhäuser, in die uns ein Wachposten einwies, fanden wir völlig leergeräumt und unerträglich dicht mit Männern belegt. Ein Kamerad, der ein bißchen russisch sprechen konnte, sagte dem Wachsoldaten, daß in dieses Haus keiner mehr hineinginge. Der Soldat lachte nur und trieb uns dennoch in das Haus hinein. Sogar auf den Dachböden lagen sie nachts Mann an Mann. Entsprechend chaotisch erwiesen sich die sanitären Verhältnisse, und Läuse begannen sich rasant zu vermehren. Bei Tage hielt man sich deshalb meist draußen auf.

Ich kann mich sehr genau an einen evangelischen Pfarrer erinnern, der uns auf einem der Dachböden Wortgottesdienste und Bibelstunden hielt; der Andrang war so groß, daß niemals alle daran teilnehmen konnten. Etwa zwanzig bis dreißigtausend Männer sollten bereits in diesem Lager zusammengepfercht sein. Ständig kamen neue hinzu. Ständig aber gingen auch Eisenbahntransporte ab: Wohin, wußte niemand. Natürlich nach Rußland, lauteten die Gerüchte, „Latrinenparolen" war damals der Fachausdruck dafür. Doch da die Russen schon damals die Eisenbahnstrecken bis ins oberschlesische Industriegebiet, sogar bis auf diesen Güterbahnhof bei Gleiwitz auf die breitere russische Spurweite umgebaut hatten, gab es kaum einen Zweifel, wo die Transporte hinfuhren. Es war ungefähr Mitte März 1945. Gar nicht so weit von uns, in Leobschütz, Neustadt und Neiße tobten noch schwere Kämpfe, denn die Front hatte sich dort stabilisiert. Doch wir hegten nicht die geringste Hoffnung auf Befreiung, weil wir die ungeheure Übermacht der Roten Armee an Soldaten und an Kampfmitteln täglich erlebten.

Zwischendurch wurden wir auch zu Sonderkommandos zusammengestellt: Munition sammeln und sortieren; in einem eingezäunten Gebiet wurden am Straßenrand und in Gebäuden Granaten gestapelt, so wie in Wäldern Holzstapel liegen. Bauleute waren unter uns, die in die mit Granaten vollgestapelten Häuser nicht mehr hineingehen wollten, weil sie meinten, daß die Geschoßdecken unter dem Gewicht der Munitionsstapel einstürzen müßten. – Wir staunten, über welch riesige Munitionsvorräte die Russen verfügten. Glücklicherweise ist dort nichts passiert, außer der täglichen Angst, daß eine losgehen könnte. –

Noch mehr aber fürchteten wir, zu einer Sonderabteilung gesteckt zu werden, die gefallene russische Soldaten umbetten mußte. Nach den Kampfhandlungen waren sie an verschiedenen Stellen schnell begraben worden und sollten nun auf einem zentralen Ehrenfriedhof bestattet werden. Viele tausend sowjetische Soldaten, eine für uns unschätzbare Zahl, hatten im Kampf um das oberschlesische Industriegebiet ihr Leben gelassen. Seitdem aber war schon über ein Monat vergangen, und der Verwesungszustand der Leichen entsprechend fortgeschritten. Unsere Kameraden, die diese schlimme Arbeit machen mußten, bekamen nicht einmal Handschuhe, geschweige denn irgendwelche anderen Schutzmittel vor Infektionen. Wir beklagten ihr brutales Schicksal und lebten in ständiger Angst, zu diesem gefürchteten Arbeitskommando eingeteilt zu werden. Bald aber isolierten die Russen die Leichenbrigade von uns, und brachten sie in einem abgesperrten Block unter, wahrscheinlich wegen Seuchengefahr. Wir hörten deshalb auch nichts mehr von ihnen. Was mit den deutschen Gefallenen geschah, erfuhren wir nur durch Gerüchte; natürlich waren Massengräber ihr Schicksal.

Wiederum eine andere Gefangenengruppe mußte Schützengräben ausheben. Wir wunderten uns darüber, daß die russische Führung offenbar noch immer eine deutsche Gegenoffensive nicht für ausgeschlossen hielt. Der größere Teil der Gefangenen aber verbrachte die Tage in der Enge des Lagers und wartete auf den Abtransport. Viele tausend sind von dort in die Sowjetunion transportiert worden. –

Auch der älteste Sohn der Familie Kijora, Wolfgang, war unter ihnen. Frau Kijora war Jüdin; deshalb schlossen die Nazibehörden ihr kleines Geschäft auf der Saganer Straße und entzogen damit der Familie die Existenzgrundlage. Seitdem lebten die Eltern arm und völlig zurückgezogen. Noch schlimmer aber erging es ihrem etwa achtzehnjährigen Sohn Wolfgang, der als Halbjude diskriminiert, deshalb öffentlich als „wehrunwürdig" erklärt und sogar von jeder Art Berufsausbildung ausgeschlossen wurde. Mutter und Sohn hatten, wie man in unseren Kreisen sagte, einen guten Schutzengel, daß sie vor dem Konzentrationslager bewahrt blieben. Nun aber nach der „Befreiung" – wir konnten es einfach nicht fassen – verschleppten die Kommunisten den jungen Kijora in einen sowjetischen Gulag. Alle Proteste erwiesen sich als völlig sinnlos. Aus der Sowjetunion ist er nicht zurückgekehrt, gilt immer noch als vermißt, ist also mit an Sicherheit grenzender Wahrscheinlichkeit in einem sowjetischen Lager umgekommen.

Im sowjetischen Gulag – Sklaverei im 20. Jahrhundert

Wohin ich blicke, sehe ich Gewalt und Mißhandlung...
darum ist das Gesetz ohne Kraft,
und das Recht setzt sich gar nicht mehr durch.
(Habakuk 1,3)

Das Lager bei Laband

Eines Tages wurden „Spezialisten" gesucht: Schlosser, Schweißer, Metallarbeiter und so weiter. Reinhard und ich hatten uns mit Helmut Günther zusammengetan. Wir drei und andere Freystädter beschlossen uns zu melden. Denn gerüchtweise war es durchgesickert, daß wir dann nicht in einen Güterzug verladen werden sollten. – Jahre später erfuhren wir, als die ersten zurückkehrten, daß die Transporte aus diesem Lager nach Rußland gingen.

Tatsächlich wurden wir, eine riesige Kolonne von etwa 3000 Mann, in Marsch gesetzt. Nach wenigen Stunden standen wir vor einem Lagertor. Es war offenbar ein ehemalig deutsches Zwangsarbeiterlager, vielleicht auch ein Außenlager von Auschwitz: Akkurat preußisch mit zwei sehr hohen Stacheldrahtzäunen eingegrenzt, beachtlichen Wachttürmen an allen Ecken, mit einem richtigen Tor und Torwärterhaus, und drin die in Reih und Glied aufgestellten Lagerbaracken. Am großen Appellplatz stand die Küchenbaracke, die Baracke mit den riesigen Duschräumen und mit der Entlausung, außerdem befand sich da ein großes betoniertes Becken für das Löschwasser. Nur wunderten wir uns, daß vor dem Tor ein hoher und großer Stapel an Mobiliar, Schränken und Bettgestellen aufgeschichtet war, offenbar die ganze ehemals deutsche Lagereinrichtung. Bald wußten wir, wozu das dienen sollte. Denn die Deutschen hatten in einem Barackenraum vielleicht an die 40 bis 50 Männer untergebracht. Weil die Russen all die unnötigen und platzraubenden Möbelstücke vollständig ausgeräumt hatten, konnten sie weit über einhundert Mann in einen einzigen Barackenraum stecken.

Viele Jahre später las ich in „Archipel Gulag", von Alexander Solschenyzin, über das sowjetische und das deutsche „Lagerregime", die er mit sarkastischem Zynismus gegenüberstellt. Er bescheinigt den Deutschen, daß sie Anfänger gewesen wären und in ihren Lagern einen viel zu großen Aufwand getrieben hätten. Wir, so schreibt er, brauchten keine Verbrennungsöfen, niemand wird uns jemals dafür beschuldigen können. Dazu zeichnet er unter anderen das grausame Bild des Lagers Orotukan an der Kolyma, wo man die Gefangenen bei -40° und noch härterer Kälte einfach in große, unbeheizte Zelte steckte: Von einigen Tausend waren nach ein bis zwei Monaten nur noch wenige übrig.[6] Soweit Solschenyzin, den wir natürlich erst Jahrzehnte später kennenlernten, denn damals saß er ja auch noch in einem Lager. –

Bald wußten wir, daß sich „unser" Lager in der Nähe von Laband, einem Industrieort südwestlich von Gleiwitz, befand. Ganz in der Nähe am Kanal, der bis in die Oder führte, standen die gewaltigen Hallen eines ziemlich neuen Stahlwerkes und viele Produktionshallen, am Eingangstor wurden sie von einem Bürohochhaus überragt. Das sollte für viele Monate unsere Arbeitsstelle werden. Darauf brauchten wir auch nicht lange zu warten. Schließlich hatten wir ja überhaupt keine Mühe mit der

---

6 *Alexander Solschenyzin,* Archipel Gulag, Folgeband „Arbeit und Ausrottung, Seele und Stacheldraht", Rohwolt Verlag 1978. S. 350 folgende, auch S. 203 folgende und weitere Stellen.

Einrichtung der Baracke, denn wir kamen in die völlig leeren Räume und hatten tatsächlich gerade genug Platz, um uns nebeneinander auf den – natürlich verschmutzten – Fußboden zu legen. Und damit waren wir tatsächlich noch glücklich dran. Denn ich habe wiederholt von Gefangenen gehört, die in ihrem Barackenraum alle nur auf einer Körperseite liegen konnten, weil der Mensch auf diese Liegeart weniger Platz einnimmt. Wenn sie nun nachts ihre Schlafstellung verändern, also sich umdrehen wollten, mußte der Stubenälteste alle wecken und kommandieren, daß sie sich auf die rechte oder die linke Seite drehen sollten. So einfach machten es sich die Russen. Und man kann es kaum glauben: Man gewöhnte sich daran. Möglicherweise sagten sich die Russen: Keine unnötige Sorge. Dieser Zustand dauert ja nicht lange, weil erfahrungsgemäß die ersten bald sterben. –

Schon um 4.00 Uhr in der Frühe großes Wecken. Antreten zum Essenempfang, bestehend in einem dreiviertel Liter heißem, trübgrauem Wasser, in dem, wenn man Glück hatte, eine oder höchstens zwei Kartoffelscheiben schwammen, die man dann genußvoll auf der Zunge zergehen ließ. Ich sah einen, der kein Eßgefäß besaß. Er hatte sich einen Spucknapf, denn solch ein Ding durfte nach preußischen Ordnungsvorstellungen auch in deutschen Lagern nicht fehlen, gereinigt und aß nun daraus. Andere benutzten alte Konservenbüchsen.

Nach einem ausführlichen Morgenappell folgte der Marsch in das nahe Stahlwerk. Dort wurden wir in Brigaden eingeteilt, was natürlich nicht klappte. Sowjetische Ingenieuroffiziere sollten uns die Demontagearbeiten anweisen. Die überall gegenwärtigen Wachsoldaten, ein jeder mit Maschinenpistole, Dawai-Gitarre sagten wir, und mit dem obligatorischen Gummiknüppel ausgerüstet, trieben uns an. Das Werk war natürlich nicht in Betrieb, es sollte abgebaut und nach Rußland verladen werden. Mit Verladearbeiten, von Stahlträgern bis zu

Rohmaterial und Halbzeugen fingen wir auch an. Die Russen hatten eine Strecke ihrer Eisenbahnspurweite schon in das Werk hinein gebaut. Und da standen große vier- und sechsachsige Waggons.

Wahrscheinlich kann sich heute ein europäischer Transportarbeiter nicht mehr vorstellen, mit welch primitiven Mitteln wir tonnenschwere Lasten auf die Waggons hievten. Denn Autokräne und ähnlich unnützen Luxus hatten sie offenbar schon abtransportiert. Wir lernten es wieder, wie die alten Ägypter beim Bau der Pyramiden mit Hilfe von Hebebäumen, mit Rollen und Seilen, an denen vierzig oder mehr Männer mit aller Kraft zogen, zu arbeiten, denn schließlich waren wir ja auch nur Sklaven. Nur daß die Sklaven des Altertums vor zweitausend Jahren einen entscheidenden Vorteil hatten: Man zahlte für sie in der Regel einen ziemlich hohen Kaufpreis, was sich freilich je nach Angebot und Nachfrage auch änderte. Im alten Rom konnte deshalb in schlechten Zeiten ein guter Arbeitssklave durchaus soviel kosten, wie man heute vergleichsweise für ein Auto ausgibt, gesuchte Fachleute handelte man noch teurer. Doch aus diesem Grunde wurden sie damals auch entsprechend gefüttert und gepflegt. Außerdem galten Sklaven in der Antike nicht als total rechtlos. Aus grauer Vorzeit kann man noch heute in der Bibel, im dritten Buch Mose, Gesetze und Verpflichtungen zum Schutz der Arbeitssklaven nachlesen.[7] Was wären wir für einen solchen, freilich minimalen Rechtsschutz dankbar gewesen.

Unser Leben als Arbeitssklaven aber galt für die Russen als völlig wertlos. Das sollten wir sehr schnell erfahren. Denn sehr bald ereigneten sich schwere Unfälle.

---

7 3. Buch Mose (Levitikus) 25,39–54; Rechte israelitischer Sklaven. – „wie Taglöhner“ (39) – Auslösungsbestimmungen (49–50) – „wie ein Lohnarbeiter“ (50) – „Anrechnung der Dienstzeit“ (50) u.a.m.

Knochenbrüche waren noch das Geringste. Irgendwo unter den Gefangenen fand sich ein erfahrener Sanitäter, der einen Bruch auf primitive Art schienen konnte. Verbandsmaterial gab es bald überhaupt nicht mehr. Irgendwelche Medikamente sowie Verbandsmaterial zu besorgen, erwies sich bald als völlig ausgeschlossen. In der Krankenbaracke fanden sich zwar ein kleiner Vorrat an Papierbinden und einige wenige Medikamentenreste aus der deutschen Zeit des Lagers; sie wurden jedoch in wenigen Wochen aufgebraucht. Natürliche Heilmethoden mußten nun gewissermaßen neu erfunden werden, genauso wie es Solschenyzin später im „Archipel Gulag" beschrieb. Da aber Erfahrungen in dieser Art Heilkunde einen längeren Lernprozeß erforderten, starben Männer an Unfallverletzungen, die man normalerweise sogar im Krieg als Todesursachen ausschließen konnte, weil da die medizinische Versorgung noch einigermaßen funktionierte.

Das Stahlwerk in Laband

Mit der Stahlwerkshalle möchte ich den Leser zuerst bekannt machen, denn sie war mit Abstand das größte Produktionsgebäude mit einer Grundfläche von angeblich zwei bis drei Hektar und einer Giebelhöhe von ca. 30 Metern, einige schätzten sogar 35 Meter. Drin standen 12 Siemens-Martin-Öfen und einige Elektrostahlöfen. Dort wurde zu deutscher Zeit zumeist aus Schrott der Stahl gekocht und in große Blöcke gegossen. Vier große Kranbrücken ragten hoch in der Halle nebeneinander auf. Breit wie Landstraßen dienten sie als Auflager für die gewaltigen Brückenkräne, die auf überdimensionierten Schienen durch die ganze Halle rollten. Diese Kräne verfügten von Auflager zu Auflager über eine beträchtliche Spannweite. Die meisten konnten 25 t hochheben. Doch da liefen auch größere Brückenkräne, der eine mit 180t und der andere mit 100t Tragkraft. Sie waren breit wie Oderbrücken, und dienten früher dazu, den flüssigen Stahl in Blöcke zu gießen. Unterirdisch auf Förderrollen wurden die glühenden Stahlblöcke dann in die große Schmiedehalle gefahren. Dort hatte man daraus Geschützrohre und andere Teile geschmiedet, gezogen, gedreht und aufgebohrt. In anderen Hallen wußten wir nicht so genau Bescheid. Jedenfalls wurde erzählt, daß in diesem Werk das 8,8 cm Flakgeschütz von der Stahlschmelze bis zum Fertigprodukt hergestellt wurde. Natürlich fertigte man dort auch andere Teile, zum Beispiel Kanonenrohre verschiedener Kaliber; jedenfalls fanden wir davon noch große Stapel, die wir verladen mußten. Die Maschinen, die wir später in anderen Hallen demontierten, waren vom Feinsten, was es damals gab, sogar komplizierte und programmierbare Drehbänke und anderes mehr.

Interessanterweise war das Werk völlig in Ordnung, als wir dort anfingen. Keinerlei Zerstörungen, weder durch Kampfschäden, noch durch mutwillige Beschädigungen, noch durch Plünderungen sahen wir. Sogar in den Umkleide- und Aufenthaltsräumen der Arbeiter fanden wir eine vorbildliche Ordnung vor, in den Blechschränken hingen Arbeitskombinationen, lagen Arbeitshandschuhe geordnet, sogar persönliche Gegenstände und vieles andere mehr. Natürlich bedienten wir uns damit, denn wir besaßen nichts dergleichen. Nur viele Arbeitsgeräte, Werkzeuge jeder Art schienen die Russen – wie gesagt – schon abtransportiert zu haben, was für die Demontagearbeiten verheerende Auswirkungen hatte. Unter den Gefangenen befanden sich ja auch einige Meister und Ingenieure, die sich freilich den russischen Ingenieuroffizieren nicht zu erkennen gaben. Einem von ihnen gelang es, irgendwie in das Bürohochhaus des Werkes hineinzukommen, in dem sich auch die Konstruktionsbüros befanden. Er erzählte mir entsetzt, daß dort die übliche Verwüstung herrschte. Die Aktenschränke zerstört und übereinandergeworfen; jede Menge Konstruktionszeichnungen zerrissen oder auf dem Fußboden zusammengetreten. Er meinte, daß anscheinend die Russen diese wichtigen Unterlagen vor den eigenen Soldaten nicht schützen konnten. Doch auch das mußten wir bald ausbaden.

In der Schmiedehalle wurden wir zuerst eingesetzt. Da stand eine riesige Ziehpresse, auf der wahrscheinlich die glühenden Stahlblöcke zu Geschützrohren gezogen wurden. Wenn ich mich recht erinnere, war sie gegen 25 Meter lang. Sehr dicke Wellen, etwa 40 bis 50 cm stark, waren in unglaublich massiven Stahlblockfundamenten gelagert, die den Hallenboden um gute fünf Meter überragten. Wir sollten sie demontieren. Das aber machten sich die Russen überraschend einfach. Der gewaltige Rohling eines Geschützrohres - noch voll und nicht aufgebohrt - wurde an einen 25 t-Kran gehängt, starke Seile am Rohrende befestigt, 40 Mann zum Ziehen an die Seile eingeteilt, und so wurde mit dem Rohr schwungvoll gegen die Wellenköpfe im Lager gedonnert, um sie herauszutreiben. Tagelang zogen wir an den Seilen, und die Schläge waren gewaltig. Doch die Wellen rührten sich nicht um einen Millimeter. Dahinter standen die Posten mit ihren Knüppeln und Peitschen und trieben uns handgreiflich an. Als sich diese Arbeit von Tag zu Tag als nutzloser erwies, droschen sie um so eifriger auf uns ein, um uns zu kräftigerem Ziehen anzutreiben. Doch auch das nutzte nichts. Unser Ingenieur sagte, das wäre alles völlig sinnlos, die Konstruktionszeichnungen müßten her. Doch die gab es nicht mehr. Schließlich wurden Schweißer in eine Krangondel verfrachtet, in die passende Höhe gezogen und sollten nun die großen Lagerböcke autogen aufschneiden. Tagelang haben sie immer neue Gas- und Sauerstofflaschen verbraucht und kamen nur sehr langsam voran. Für einen Neuaufbau, so sagte unser Ingenieur, eigneten sich die aufgeschnittenen Lagerböcke nicht mehr; man könnte sie nur noch verschrotten. Die russischen Ingenieure vertraten dazu offenbar eine andere Meinung. Denn auch diese tonnenschweren Teile wurden mit einem überdimensionalen Aufwand auf russische Waggons verladen.

Am schlimmsten aber waren dort die Stemmarbeiten: Die Lagerfundamente steckten in gewaltigen Betonsockeln. Wir bekamen lange Meißel und Vorschlaghämmer; einer also mußte den Meißel halten, der andere mit dem Vorschlaghammer auf den Meißel schlagen. Daß er das nicht zu vorsichtig tat, darauf achteten die Posten. Man kann sich leicht vorstellen, welch schlimme Verwundungen dabei vorkamen, wenn einer mit dem Vorschlaghammer nicht genau traf. Die Schmerzensschreie der Verletzten übertönten dann sogar den Arbeitslärm. Natürlich schafften wir es nach Wochen trotzdem. Doch was dann auf die überschweren Waggons verladen wurde – alles mit der Hand – war nur noch Schrott. Ebenso verfuhr man mit den großen vertikalen Schmiedepressen. Jedes Werkstück, jede Kiste und jede Maschine bekam die große Aufschrift „Taschkent“. Jahrzehnte später erfuhr ich, daß in Taschkent während der Nachkriegszeit niemals ein Stahlwerk aufgebaut wurde! Von diesen eigentlich sinnlosen Arbeiten ließe sich noch viel erzählen.

Doch gehen wir ins Lager zurück. Das geschah immer erst zwischen 19 und 20 Uhr. Es wurde von früh um 5 oder um 6 Uhr an durchgearbeitet, je nachdem wie lange der Morgenappell dauerte. Eine Mittagspause oder gar den unnötigen Luxus eines Mittagessens gab es nicht. Am Lagertor angekommen, war immer erst Zählappell, der ja bei den Russen genau wie bei den Nazis als ganz unverzichtbar galt. Das dauerte und dauerte, weil einige der Wachsoldaten nicht so richtig zählen konnten.

Wir lernten schnell: „ras, dwa, tri, schetiri ...“ So mancher Wachsoldat kam schon ab 20 durcheinander, fluchte und fing eben wieder von vorn an - nicht selten mehrmals.

Lebensbedrohlicher Hunger

In Hungerzeiten rettet er dich vom Tod,
im Krieg aus der Gewalt des Schwertes.(Hiob 5,20)

Müde und kaputt standen wir dann sehr lange an der Küche an, weil es seit der Wassersuppe am frühen Morgen nun die nächste Suppe gab - mit einigen, wenigen Kartoffelstückchen mehr. Wenn wir wirklich einmal Fleischbröckchen herausfischten, dann bestanden sie entweder aus Innereien oder aus stinkenden Abfällen von irgendwelchen Schlachthöfen; „Suppenjauche“ nannten einige Kameraden diesen Fraß. Dazu gab es jeden Abend Brot, schlecht durchgebacken und so feucht, daß man leicht aus einem kleinen Stück Wasser herausdrücken konnte: Ein Kilo-Kastenbrot für fünf oder sechs Mann, - mal weniger mal mehr - meistens weniger. Viele stellten fest, daß da Sägespäne eingebacken waren. Zur sogenannten Morgensuppe gab es kein Brot. Niemals wurde dieser frugale Speiseplan in all den Monaten geändert, auch sonn- und feiertags nicht. Nur besondere Spezialisten, das aber waren wenige, bekamen später eine Mittagssuppe, während alle anderen leer ausgingen.

Viele ekelten sich vor dem ungenießbaren Zeug und ließen es stehen. Doch nicht lange, denn sehr bald wurde der Hunger drückend und nach einiger Zeit lebensgefährlich. Nun wurden auch Kartoffelschalen gekocht und mit Heißhunger verschlungen, Ratten wurden gefangen und geschlachtet, und niemand ekelte sich davor:

„Essen feine Leute nicht Nutrias als Delikatesse, das ist doch auch nur eine Art von Ratten?“ – Als sich im Frühling das erste Grün am Wegrand zeigte, rissen es viele im Vorbeigehen samt Wurzel aus und aßen es ungewaschen, ob es Gras, jede Art von Unkraut oder, welch ein Glücksfall, sogar Löwenzahn war.

Bald grassierten Mangelkrankheiten, Hungerödeme, „Dystrophie“, sagten die Russen, und andere mehr. Schon im Frühsommer begann das große Sterben. In der Nähe des Lagertores wurde eine große Grube ausgehoben, später dann weitere Gruben, denn den Luxus von Einzelgräbern leisteten sich die Russen nicht. Nun fand auch der hohe Stapel der aus dem Lager entfernten schmalen Spinde eine ungeahnte Verwendung – als Särge für die Toten. Doch schon im Sommer 1945 waren die Schränke aufgebraucht; nun wurden die Toten einfach in eine der Gruben geworfen, die man nur von Zeit zu Zeit, wenn der Verwesungsgeruch sich gar zu sehr aufdrängte, mit Erde abdeckte.

Nach kurzer Zeit bekamen die ersten von uns dicke Beine: Wassersucht. „Wie ein Elefant siehst Du aus“ spotteten wir erst; doch der Spott verging uns schnell. Der nächste Schritt waren offene Wunden an den Beinen, die nicht mehr zuheilten: Hungerödeme. Da es keine medizinische Versorgung gab, war damit der Tod vorprogrammiert. Dazu kamen sehr oft Durchfall und vor allem die Ruhr; nur wenige überlebten sie. Merkwürdigerweise starben jene, die bei der Gefangennahme ausgesprochen wohlgenährt aussahen, am schnellsten. Zuerst magerten sie in kurzer Zeit zum Skelett ab, verloren bald alle Widerstandskräfte und gaben sich selbst auf, während die Dürren in der Regel über ein sichtlich größeres Durchhaltevermögen verfügten. Ebenso deutlich wurde dieser Ausleseprozeß bei Männern, die sich wie Raubtiere gierig auf jeden Essensrest stürzten, ja sogar darum kämpfen konnten, und wenn es dabei um einige schmutzige Kartoffelschalen ging, sie hatten den letzten Rest ihrer Selbstachtung aufgegeben. Andere jedoch unterwarfen sich diesem erbarmungslosen Diktat des Hungers nicht, sie widerstanden, bewahrten ihre Würde und vermochten sogar in äußerster Not mit kranken Kameraden zu teilen.

In der Nazizeit war eines der beliebtesten Sprichworte: „Wie die Verpflegung, so die Bewegung." Hier jedoch erkannten wir zum ersten Mal in unserem Leben, daß es zum Überleben nicht nur auf die Kalorienmenge ankommt, sondern daß ebenso die innere Haltung, die geistig-moralischen Qualitäten dem Menschen Zähigkeit und ungeahnte Ausdauer verleihen können. Denn Kameraden, die das beherzigten, hatten bedeutend bessere Überlebenschancen. Wir sprachen nicht selten über diesen „moralischen" Ausleseprozeß, weil diese Erkenntnis ganz neu für uns war. Damit verbunden diskutierten wir auch darüber, daß das Leben im Vernichtungslager die wahren inneren Qualitäten eines Menschen gnadenlos offenbart, weil es alle Verstellungskünste bloßlegt, alle Masken herunterreißt. „Hier zeigt ein jeder sein wahres Gesicht", sagte Helmut und meinte: „Wenn das noch lange so mit uns weitergeht, werden wir möglicherweise auch Kannibalismus erleben müssen."

Zu Anfang erschrak man zutiefst, wenn sich in einer offenen Wunde, von der man Schmeißfliegen kaum vertreiben konnte, plötzlich dicke Maden tummelten. Zuerst war das ein ekelhafter Anblick, und man fürchtete, daß nun der Tod ganz nahe wäre. Es dauerte eine ganze Weile, bis wir lernten, daß Maden keineswegs schädlich sind, sondern sogar den Heilungsprozeß beschleunigen; – mir passierte das auch. – Gewiß gab es noch, wie schon erwähnt, die alte Krankenbaracke aus deutscher Zeit. Sie hatte sogar zweistöckige Bettgestelle, auf die immer mehrere Personen gewiesen wurden: Wo des einen Kopf lag, da mußte der zweite seine Füße hinlegen. Auf diese Weise sparte man Platz, so daß noch ein dritter Mann auf die Pritsche befohlen werden konnte. Doch die Strohsäcke und Decken aus der deutschen Zeit des Lagers hatte man längst entsorgt, so daß die Kranken auf den rohen Brettern lagen.

Man kann es nicht beschreiben, was den unten Liegenden geschah, wenn einer auf der oberen Pritsche die Ruhr bekam, und das waren sehr viele. Denn auch, wenn sie sich noch selbst bis zur Latrine schleppen konnten, rann ihnen der flüssige Kot an den Beinen herunter. Vergeblich suche ich nach einem angemessenen Wort für den Dreck auf dem Barackenfußboden: Man mußte sich sehr vorsichtig auf ihm bewegen, damit man auf diesem glitschigen Untergrund, einer widerlichen Mischung aus Dreck, Kot, Blut und Urin, nicht ausglitt. Denn viele der Kranken konnten aus Schwäche zum Gang aufs Klo nicht einmal mehr aufstehen, bei anderen passierte es eben unterwegs. Der Gestank in dem großen Barackenraum war so unerträglich, daß ich ständig gegen den aufsteigenden Brechreiz ankämpfen mußte; denn ich bin da einige Male hineingegangen. Besonders lebendig kann ich mich erinnern, wie ich einen ganz jungen Kameraden aus unserer Baracke dort besuchte, mit dem ich eine Weile zusammengearbeitet hatte, und der wie ich etwa siebzehn Jahre alt war. Er hatte die Ruhr, war zum Skelett abgemagert und in kurzer Zeit so rapide gealtert, daß ich Mühe hatte, ihn wiederzuerkennen. Aufstehen konnte er nicht mehr, und so lag er völlig hilflos in unbeschreiblichem Schmutz; selbst sprechen fiel ihm sehr schwer. Ich blieb eine ganze Weile bei ihm. Ganz kurz darauf starb er.

Bei meinem letzten Besuch in dieser Stätte des Todes sah ich Kranke sogar zwischen den Pritschen auf dem soeben schon beschriebenen Fußboden liegen. Einige Schwerverletzte auf anderen Pritschen stöhnten und schrien vor Schmerzen. Zwei alte Sanitäter aus der Wehrmacht waren von den Russen zu Krankenwärtern ernannt worden; sie hatten längst resigniert. Denn sie besaßen nichts, weder Verbandszeug, noch Desinfektionsmaterial, keine Medikamente, nicht einmal Reinigungsmittel für den Barackenfußboden. In meiner Naivität sagte ich einem von ihnen, daß man den stöhnenden und schreienden Männern doch ein Schmerzmittel geben müßte, und wurde dafür zornig ausgelacht. Die Kranken bekamen ja nicht einmal ein paar Gramm Brot zusätzlich, sondern den gleichen Fraß wie wir. Niemals erlebten wir, daß einer der Schwerkranken in eine der Kliniken der nahen Großstadt überführt wurde. Wer hätte ihn auch überweisen sollen? Denn es gab in unserem Lager keinen Arzt. Nur im Abstand einiger Wochen kam eine junge russische Ärztin, ging in ihrer sauberen Offiziersuniform sichtlich angewidert durch die Baracke, blieb nicht einmal bei einem der Kranken stehen und verschwand schnell wieder. Kein einziger ist uns in Erinnerung, der aus der Todesbaracke geheilt in eine unserer Unterkünfte zurückkehrte, wie auch kein Einziger freiwillig in die Krankenbaracke ging, nur wenn er halb bewußtlos von anderen hineingetragen wurde. Lieber schleppten sich die Männer zur Arbeit, ließen sich, wenn sie nur noch mit Schwierigkeiten laufen konnten, unterwegs von Kameraden stützen und brachen dann auf der Arbeitsstelle zusammen. Für viele unter uns galt es als Wunder, daß unter solch fürchterlichen Bedingungen keine andere Seuche ausgebrochen ist außer der Ruhr.

Meine Besuche in der Krankenbaracke, vor allem dieser letzte, gehören zu den beispiellos herausfordernden Erlebnissen, an deren Realität man später selbst zweifeln möchte, auch wenn das Gedächtnis jede Einzelheit präzise registriert hat. Erzählt man sie, so kann man das nur mit großen inneren Schwierigkeiten. Schreibt man sie gar auf, ringt man um jedes Wort – immer in der Sorge, irgendeiner Übertreibung zum Opfer gefallen zu sein.

Deshalb habe ich für diesen Abschnitt deutlich mehr Zeit gebraucht als für viele andere. Zu unwahrscheinlich kamen mir unter normalen, bürgerlichen Lebensverhältnissen die brutalen Erlebnisse in dieser Krankenbaracke vor. Ständig mußte ich einhalten, mich besinnen und fragen, ob ich denn meinem Gedächtnis wirklich trauen könnte, obwohl es mir diese Einzelheiten meines letzten Besuches bei dem sterbenden Kameraden fast wie einen Film aufbewahrt hat.

Niemals bemerkten wir, daß irgendein Russe aus der Lagerverwaltung oder sonst einer, die Namen der Toten schriftlich festhielt. Mit großer Wahrscheinlichkeit ist das all die Monate hindurch nicht geschehen. Lange versuchte ich, Namen von Verstorbenen auswendig zu lernen. Es ist mir nicht gelungen; wahrscheinlich leidet auch das Gedächtnis unter lebensbedrohendem Hunger. Doch hatten wir auch später keinerlei Möglichkeit, mit irgendeinem Suchdienst Kontakt aufzunehmen, und immer neue, ungeahnte Terrormaßnahmen brachen über uns ein, so daß viele Namen vergessen wurden.

Wie unwichtig den Russen die Namen waren, mag auch ein anderes Erlebnis zeigen: Einigen Männern gelang in der ersten Zeit tatsächlich die Flucht aus dem Werk und sogar aus dem Lager; später hatte keiner mehr die Kraft dazu. Als einmal so starker Nebel herrschte, daß man keine 50 Meter weit sehen konnte, flohen zwei junge Männer durch den doppelten Zaun, den sie vorher zerschnitten hatten. Die russischen Wachposten bemerkten die Flucht erst beim nächsten Zählappell. Wenn sie es aber mitbekamen, eröffneten sie das Feuer von den großen Wachtürmen aus, doch da am westlichen Lagerrand ein unbebautes, hügeliges Gelände gute Deckung bot, trafen sie nicht. Eine weitere Verfolgung der Geflohenen fand nicht statt.

Es gab eine viel bequemere Methode, die Zahl der Gefangenen wieder aufzufüllen. Einige Russen gingen in die nahe Stadt und schnappten sich einen beliebigen jungen Mann von der Straße weg. Den brachten sie ins Lager, und alles stimmte wieder. Ich kann mich an einen Polen erinnern, etwa 30 Jahre alt, der an seiner Jacke stets ein kleines weißrotes Band mit dem polnischen Adler trug. Er war kein Oberschlesier und konnte auch kein Wort deutsch. Seine Proteste halfen ihm nichts. Zum Lagerkommandanten ließen sie ihn nicht einmal vor. Manchmal versuchte eine Frau, Lebensmittel für ihn über den Zaun zu werfen; doch meistens wurde sie von den Wachtposten vertrieben. Da er als Pole verständlicherweise nur im protestierenden Widerstand lebte, weil das Wort „ungerecht" eigentlich gar kein Ausdruck für seine willkürliche Verhaftung war, und weil er sogar in ein Gefangenenlager zu seinen Feinden gesteckt wurde, lehnte er energisch ab, mit uns zu sprechen und überlebenswichtige Strategien eines Gefangenen auch nur zu erwägen. So starb er bald an Hunger und Entkräftung. – Er steht hier nur als tragisches Beispiel für mehrere.

Schrecklich waren die Strafen für ertappte Brotdiebe, sie wurden von den eigenen Kameraden nicht nur verprügelt, sondern, was noch schlimmer war, regelrecht ausgegrenzt. Brutale Schläge von den russischen Wächtern galten als völlig normal, viele von ihnen waren eben durch den Krieg verrohte Burschen. Ich selbst bekam einmal, als ich nachts austreten ging, einen derart harten Nierenschlag mit dem Gewehrkolben, daß ich jahrzehntelang damit zu tun hatte. Wir bemerkten aber sehr schnell, daß russische Soldaten von ihren Offizieren bei Disziplinarverstößen ebenfalls brutal zusammengeschlagen wurden. Sicherlich galt es für sie als Normalfall, daß sie das Gleiche mit den Gefangenen taten. Ebenso schnell wie sie zuschlugen, konnten sie aber auch nette Kerle sein. Ich kann mich an einen Georgier erinnern, kaum 20 Jahre alt, der sich sogar in der langen Warteschlange beim Lagerfrisör anstellte und sich mit uns, so gut es ging, unterhielt. Wichtig war für uns, das Gefühl des Hasses und des Ärgers über empfangene Prügel gar nicht erst aufkommen zu lassen. Denn negative Affekte kosteten viel Energie, und die brauchten wir dringend zum Überleben. Es erwies sich freilich als ein sehr schwieriger Lernprozeß, all diese Demütigungen mit Gleichmut hinzunehmen. –

Wer noch irgendetwas besaß, der tauschte es bei den Russen für Brot ein. Als wir im Februar zu Hause abmarschierten, hatten wir beide je zwei Wintermäntel geschenkt bekommen. Bis nach Laband zogen wir sie stets übereinander an. Doch diese guten Stücke im Lager zu retten, erschien uns ganz aussichtslos. Schließlich verkauften wir – gegen ein einziges Brot – alle vier Mäntel an russische Wächter.

Natürlich gab es im Lager auch Privilegierte, die selbst von den Russen als solche behandelt wurden, auch darin unterschied sich das russische Lagerregime vom ehemals deutschen nicht. Das waren zum Beispiel die Leute in der Küche, die deutschen Lagerältesten und andere. Interessanterweise bemühten sich die Russen nicht ein einziges Mal, alte Kommunisten dafür ausfindig zu machen, was jedoch in anderen sowjetischen Lagern durchaus praktiziert wurde. Unser „Kommunisten-Schulze“, von dem ich anfangs sprach, arbeitete mit uns im Werk und genoß nicht die geringste Vorzugsstellung. – Aber wenn einer irgendeinen Sonderposten bei der russischen Wachmannschaft ergatterte, galt er als reicher Mann und wurde von vielen beneidet, auch wenn er dabei nur ein zusätzliches Essen oder ein Stück Brot bekam. Ich kann mich an einen Mitgefangenen erinnern, der zum Lagerkommandanten abkommandiert wurde, um dessen Schweinestall auszumisten und die Tiere zu füttern. Ein Wachsoldat erwischte ihn dabei, als er vom Schweinefutter aß und schlug ihn dafür krankenhausreif. Denn die Schweine bekamen gehaltvolleres Futter als wir. – Wer denkt da nicht an das Gleichnis Jesu vom „verlorenen Sohn", der sein Elternhaus verließ, das Geld seines Vaters verjubelte, und schließlich aus Hunger vom Schweinefutter aß? – In bürgerlichen Lebensverhältnissen hält man diese Geschichte gewiß für völlig übertrieben. Hier im Lager stimmte sie aufs Wort.

Die Kameraden erzählten, daß der Lagerkommandant, ein sowjetischer Major, Jude wäre, und daß er sich die deutschen Vernichtungslager als Beispiel für unser Lager genommen hätte. Wenn das stimmte, war es ihm auch gelungen. Denn im November 1945 waren von den 3000 Mann nur noch knapp 1300 übrig. Dazu kamen aber auch die sehr zahlreichen tödlichen Arbeitsunfälle bei der Demontage; die waren – wie gesagt – deshalb so zahlreich, weil Unfallopfer, deren Verletzungen in keiner Weise lebensgefährlich waren, wegen der fehlenden medizinischen Versorgung sterben mußten.

Sowjetischer Gulag oder Nazi-Konzentrationslager?

Ein furchtbares und schreckliches Volk,
das selbst sein Recht und seinen Rang bestimmt...
(Habakuk 1,10)

Aus anderen Gefangenenlagern hörte man später von einem bescheidenen kulturellen Leben. So wird es aus sowjetischen Straflagern, aus „normalen Gulags" der dreißiger und vierziger Jahre berichtet. Sogar in Nazi-Konzentrationslagern und in Kriegsgefangenenlagern der Nachkriegszeit in der Sowjetunion hat es kulturelle Aktivitäten mindestens teilweise gegeben. Dabei erfuhr man vom erstaunlichen Erfindungsreichtum und vom Improvisationstalent der Gefangenen, die sich aus Materialresten Musikinstrumente bastelten und damit musizierten. Ja es gab sogar schriftstellerische Tätigkeit, freilich nur mit eingeschmuggeltem Papier und immer in Angst, eines Tages erwischt zu werden. Doch Musik- und vor allem Theatervorführungen, auch Fortbildungskurse, die man ja normalerweise nicht geheimhalten konnte, wurden von Lagerleitungen mindestens geduldet.

Das alles gab es bei uns nicht einmal in Ansätzen. Alles war auf das Überleben konzentriert. Nur einmal kam ein katholischer Priester und hielt uns auf dem Appellplatz eine Abendmesse. Viele nahmen daran teil und waren dennoch zutiefst enttäuscht, weil er nur polnisch zu uns sprach und betete. Für solche Ausnahmen war absolut keine Zeit übrig. Denn wir arbeiteten täglich mindestens zwölf Stunden, und in der Regel kamen bis zu zwei Stunden Zählappell zur Arbeitszeit dazu. Das galt übrigens ausnahmslos auch für alle Sonn- und Feiertage. Oft wußten wir gar nicht mehr, auf welchen Tag ein Sonntag fiel. Die einzigen arbeitsfreien Tage, an die ich mich erinnern kann, waren der 1. und der 8. Mai 1945. Außerdem fehlten für kulturelle Aktivitäten jeder Art die Mittel und – was vielleicht noch wichtiger war – die Kraft. Niemand besaß mehr ein Buch; Papier zum Schreiben galt als ein ganz unerreichbares Gut. Sogar lächerliche Papierreste für die Toilette waren uns ausgegangen. Wer immer zu Beginn der Gefangenschaft solche Schätze sein eigen nannte, dem waren sie bei den ungezählten Filzungen längst beschlagnahmt worden.

Ein Lichtblick im Lagerleben war die Duschbaracke. Etwa alle drei oder vier Wochen konnten wir duschen und lobten dann die deutschen Erbauer dieser Einrichtung. Während wir unter den Duschen standen, Seife besaß niemand mehr, hingen unsere ziemlich abgerissenen Klamotten in der Entlausung und wurden dort großer Hitze ausgesetzt. Einer sagte mir, daß seine Läuse gegen die Wärme resistent wären. Mitunter aber half es doch gegen diese Plagegeister. Denn der Schädlingsbefall war fürchterlich. Die Hauptursache: Wäschewechseln, Umkleiden und ähnliche bourgois-reaktionäre Sitten waren endgültig abgeschafft. Man konnte ja auch nachts zum Schlafen keine Sachen ablegen. Immerhin machte man dabei Erfahrungen, die es sonst nirgendwo im Leben gibt: Wer zwei oder drei Flöhe „sein eigen nannte“, der sollte sie um alles in der Welt nicht töten. Denn Läuse fliehen einen beflohten Menschen. In vielen Baracken aber richteten sich darüberhinaus Wanzen als ständige Mitbewohner ein. Als ich einige Zeit meinen Schlafplatz auf dem Fußboden unmittelbar an der Wand hatte, konnte ich ununterbrochen Wanzen an der Bretterwand zerdrücken, wobei der charakteristische Wanzengestank nahezu unerträglich wurde.

Katastrophal waren die Toiletten. Zwar stammten sie auch aus der deutschen Zeit des Lagers, doch ihr Zustand verlangte eigentlich nach sofortiger Schließung. Papier besaßen wir - wie gesagt - ohnehin keinen einzigen Fetzen. Wenn einer das Glück hatte, im Werk ein bißchen Papier zu finden, dann hütete er seinen Schatz. Trotzdem stellten wir mit Befriedigung fest, daß im Lager Klogebäude standen und nicht freistehende „Donnerbalken“, wie wir sie in provisorischen Durchgangslagern unterwegs in Niederschlesien erlebten, und wie sie im sowjetischen Gulag ein überall üblicher Standard waren, denn auch diese delikate Einzelheit beschrieb Alexander Solschenyzin.

Wir erlebten unterwegs diese notwendige Einrichtung auf folgende Art: Eine große Grube - etwa sechs bis acht Meter lang, ein bis zwei Meter breit und ziemlich tief. An der Längsseite waren an den Ecken zwei Pfosten in die Erde gerammt, darüber in Sitzhöhe ein mehr oder weniger dickes, zwischen 6 und 8 m langes Rundholz genagelt. Am Morgen saßen nun die Männer mit blankgezogenem Hintern auf der Stange wie die Hühner, Hörspiel am Morgen nannte man das. Doch ein Kamerad erzählte uns ein fürchterliches Erlebnis. Weil am Morgen der Balken oder die Rundholzstange dicht besetzt war, brach sie urplötzlich, und die meisten Männer fielen rücklings in die Grube. Einige von ihnen sollen in der Jauche ertrunken, andere bald darauf gestorben sein. Der Erzähler versicherte uns, dieses Unglück selbst erlebt zu haben, und wir glaubten es ihm; denn das hätte uns auf dem Marsch durch Niederschlesien ebenso passieren können.

Man müßte meinen, daß sich in einer so unbeschreiblich trostlosen Lage viele das Leben nahmen. Das aber war - wie man es auch aus anderen Lagern hörte - erstaunlicherweise nicht der Fall. Nur einer ist mir in Erinnerung. Alle lebten in der Hoffnung auf die Entlassung und auf die Heimkehr hin. Gerüchte über mögliche Entlassungstermine gab es ständig neue, und wenn sie noch so abenteuerlich waren, sie wurden bereitwillig geglaubt.

Viele planten in ihren Gesprächen sehr konkret und praktisch den Wiederaufbau ihrer Existenz, vor allem die Handwerker und die Bauern. Meistens dachten sie darüber laut nach und diskutierten über die ersten Schritte. Vor allem die Landwirte machten sich große Sorgen, ob ihre Frauen die jetzt notwendige Frühjahrsbestellung der Felder überhaupt leisten könnten. So gab es auch Gerüchte, daß die Bauern für diese Arbeit zuerst entlassen werden sollten. Doch den Russen war das in Wirklichkeit völlig gleichgültig.

Inzwischen war ja das gesamte Vieh aus Schlesien in riesigen Herden nach Rußland abgetrieben worden, was wir allerdings erst viel später erfuhren. Auch ahnte niemand im Frühjahr 1945, und es gab darüber nicht einmal Gerüchte, daß schon im Juni 1945 alle Deutschen aus ihren Höfen und Häusern für immer vertrieben werden sollten. Wahrscheinlich hätte diese Nachricht eine andere Selbstmordstatistik in Gang gesetzt.

Wenn beim Militär das sogenannte Thema 1, Frauen und Sex, eine Hauptrolle spielte, so änderte sich das im Gefangenenlager radikal: Erstes Thema war Heimkehr und Essen. Mancher verstand es, stundenlang die herrlichsten Gerichte in mehreren Gängen so plastisch auszumalen, daß es die anderen nicht mehr aushielten und ihm den Mund verbieten mußten. Doch je drückender der Hunger wurde, desto häufiger kehrte dieses Thema wieder.

Erstaunlicherweise wurde auch über Glaubensfragen gesprochen. Und wenn auch nur einfache, fast hilflose Bemerkungen fielen, zum Beispiel „Der alte Gott lebt noch“ und „Gott verläßt uns nicht“ oder „Gottes Mühlen mahlen langsam“; auch freundschaftliche Hinweise, daß man einen guten Schutzengel hatte, hörte man. Darüberhinaus gab es nicht selten unter Freunden und Kameraden echte Glaubensgespräche mit einer selbstverständlichen, im zivilen Leben ganz ungewohnten Offenheit. Mitunter hatte ich den deutlichen Eindruck, daß der eine oder der andere im Lager zu seinem christlichen Glauben zurückfand. War doch auch in der Nazizeit die Gottlosenpropaganda sehr wirksam, und die Kirchen leerten sich bis zum Anfang der vierziger Jahre immer mehr. Erst als sich die deutschen Siege in Niederlagen verwandelten, die feindlichen Truppen immer näher rückten, die Todesanzeigen über gefallene Soldaten in den Zeitungen von Tag zu Tag zunahmen, füllten sich bald die Kirchen wieder.

Trotzdem erwartete man – und erwartet auch heute – daß Menschen in aussichtslosen Hunger- und Notsituationen an der Existenz Gottes zweifeln, ihm diese lebensbedrohende Not anlasten und Gott schließlich ablehnen, weil er dieses schreckliche Elend zuläßt und keine Abhilfe schafft. – Das aber hörte man erstaunlicherweise im Lager nicht. Freilich ist nicht ausgeschlossen, daß ich es verdrängt habe; doch auch der jüdische Theologe

Martin Buber machte darauf aufmerksam, daß im Konzentrationslager, in der Hölle von Auschwitz, nicht Gott abwesend war, sondern der Mensch. Er sagte ja auch, daß vor allem die späteren Besucher des Lagers - aus welchen Wohlstandsländern sie auch immer anreisten -, erschüttert über die museal restaurierte Lagerwirklichkeit, vernichtende Zweifel an Gottes Güte äußerten und schließlich im schrecklichen Holocaust die innere Begründung für ihre Gottlosigkeit fanden und noch heute finden. Dagegen hätten viele KZ-Häftlinge aus der Hoffnung und aus dem Glauben an den Gott der Bibel, aus den Psalmen, die sie auswendig kannten, Kraft zum Überleben geschöpft. -

Ich kann das nur bestätigen; auch in unserem Lager, das ja nichts anderes als ein Vernichtungslager war - nur mit anderen Methoden - schien das so gewesen zu sein. Jedenfalls erlebte ich nie ein Gespräch, in dem unsere entsetzliche Not als Begründung dazu diente, den Gottesglauben abzuwerfen. - Ich habe mich aber trotzdem - auch damals schon - oft gefragt, warum das so ist. Muß man erst alle Existenzsicherungen unter den Füßen weggezogen bekommen, sogar das tägliche Brot und selbst die primitivsten Notwendigkeiten des Alltags, ehe man langsam zu begreifen beginnt, was der Glaube an Gott für den Menschen bedeuten kann? Offenbar scheint es so zu sein. - Seit dieser Zeit befällt mich stets tiefes Mißtrauen, wenn Menschen unserer satten Wohlstandsgesellschaft ihre Distanz zum christlichen Glauben mit irgendwelchen extremen Notsituationen in fernen Ländern oder in längst vergangenen Zeiten begründen.

Im späten Frühjahr verließen wir die Schmiedehalle und wurden in der großen Stahlwerkshalle eingesetzt. Gleichzeitig brachten die Russen ehemalige „Ostarbeiterinnen" ins Werk. Das waren russische Mädchen und Frauen, die von den Nazis während des Krieges nach

Deutschland zwangsdeportiert worden waren. Sie durften nach ihrer Befreiung keineswegs nach Hause, sondern sie blieben in Lagern und wurden wie Verräter behandelt. Sie taten uns wirklich leid. Sie mußten auf dem sehr hohen Dach des Stahlwerkes die Betonplatten mit Brechstangen hochdrücken und ohne Rücksicht auf die unten Arbeitenden in die Halle hinunterwerfen. Es waren schwere, sehr dicke, mit Stahl bewehrte Platten; unsere Spezialisten wußten, daß sie leichte Bomben aushalten sollten. Man kann es sich leicht ausmalen, daß sich dabei eine ganze Reihe schwerer, in den meisten Fällen tödliche Unfälle ereigneten.

Unser Kamerad Günther, mit dem wir - Reinhard und ich - inzwischen alles teilten, riet uns zu einer neuen Überlebensstrategie, nicht nur wegen der Gefahr von oben, sondern auch wegen der wachsenden körperlichen Schwäche. Die immer desolatere Arbeitsorganisation - jeden Morgen wurde nämlich neu eingeteilt - machte es möglich, daß wir uns verdrückten und in einem der völlig unübersichtlichen Schächte, zeitweise in schwer zugänglichen Kammern der Stahlöfen, gleich zu Beginn der Arbeit verschwanden. Dort legten wir uns hin und schliefen. Der sehr warme Frühling und der heiße Sommer begünstigten uns dabei. Es ist schwer vorstellbar, daß man den ganzen Tag bis Arbeitsschluß schlafen kann und dann des Nachts auch. Wir schliefen tatsächlich an vielen Tagen und Nächten 15 bis manchmal 18 Stunden. So eine Schlaftherapie ist nach unserer Erfahrung möglich, wenn der Körper durch Hunger weitgehend entkräftet ist. Nur einmal wurde ich von einem Posten erwischt, bezog mächtige Prügel, wurde zur nächstbesten Arbeit geschubst und dabei beschimpft: „Du deutsche Schwein, Ziege, Ente" - Reinhard hat sich diese Worte bis heute gemerkt. Uns tat das entdeckte Schlaflager leid. Wir hatten es sogar gepolstert, bemerkten in der Dunkelheit aber leider zu spät, daß wir Glaswolle dazu erwischt hatten, die das Jucken verursachte, das wir erst unseren Läusen zuschrieben. Geradezu übermütig wurden wir an Sonnentagen, wenn es uns gelang, aufs Dach zu entwischen. Wir sonnten uns dann hinter Lüftungsaufbauten mit gutem Ausblick und Rezitation von Eichendorffschen Gedichten. In der Ferne sah man den Annaberg, den Basaltkegel mit seiner berühmten Wallfahrtskirche. Wir erinnerten uns auch daran, daß 1921 Deutsche und Polen hier in die Abstimmungsauseinandersetzungen um Oberschlesien militärisch eingegriffen hatten.

Als ich bei der Vertreibung aus unserer Schlafstätte an einem Schacht vorbeikam, wo einige von uns Rohre ausgruben, traf ich unseren schon erwähnten Kommunisten-Schulze, rief ihm einen Gruß zu, fragte, wie es ihm erginge, und nahm ihn natürlich auch ein bißchen mit seiner Weltrevolution hoch. Er freute sich ebenso über das Wiedersehen, reagierte aber auf meine Frozzelei ziemlich wütend: „Zum Nazi haben mich diese Menschenschinder gemacht", brüllte er ohne jede Angst. Wie ich später hörte, soll er das Lager auch nicht überlebt haben. Jahre danach ging mir auf, daß Schulzes Reaktion typisch war für alle, die solche Vernichtungslager lebend überstanden hatten: Sie waren für alle zukünftigen Sozialismusversuche unbrauchbar und gegen jedwede sozialistische Ideologie immun geworden.

Zwischenspiel in Reichenbach/Eulengebirge

Irgendwann gegen Ende Mai 45 wurden Leute gesucht, die etwas von Hochfrequenztechnik verstanden. Längst hatten wir mitbekommen, daß die fachlichen Anforderungen – auf welchem Gebiet auch immer – sehr gering waren. Da wir alle drei ein bißchen Technikverstand, besaßen, früher sogar Radiobastelei betrieben hatten, meldeten wir uns. Als sie genügend Männer beisammen hatten, was sich durchaus schwierig gestaltete, weil sich viele schon zu geschwächt fühlten, wurden wir auf drei Lastwagen verladen und fuhren los. Natürlich wußten wir nicht wohin und mußten uns überraschen lassen. Zum Glück waren es offene Laster – amerikanische Trucks, die die Russen in Massen von den Amerikanern bekommen hatten – so daß wir viel sehen konnten. Zuerst ging es in Richtung Cosel, über die Oder und dann über mancherlei Seitenstraßen, irgendwo an Leobschütz vorbei in Richtung Neustadt OS, dem Geburtsort meines Vaters. Die Gegend machte mehr und mehr einen gespenstischen Eindruck. Hier war bis Ende März 1945 Kampfgebiet. Da aber das Getreide Anfang Juni schon ziemlich hoch stand, sah man überall auf den Feldern zerstörtes Kriegsgerät, Panzerwracks, Autoreste wie Inseln des Todes aus dem jungen Grün der Felder herausragen, darüber singende Lerchen, dazwischen weggeworfenes Kriegsmaterial, und die Dörfer als Ruinenstätten. Dort sah man zwar Menschen, doch auf den Feldern nicht; merkwürdig war, daß sie weiße Armbinden trugen. Erst später erfuhren wir warum. Die polnische Miliz hatte in dieser Gegend gerade die Herrschaft übernommen und alle, die nicht für die polnische Staatsbürgerschaft optieren wollten, mußten weiße Armbinden tragen. Die Felder aber waren deshalb verlassen, und Anzeichen einer Frühjahrsbestellung nirgends zu erkennen, weil deutsche Truppen große Flächen vermint hatten, und niemand versuchte, die Minen zu räumen.

Noch mehr aber bedrückte uns: Die Sonne schien, es war ein sehr warmer Tag, und über dem ganzen Land lag der süßliche Verwesungsgeruch der Toten. Zwar sahen wir keine am Straßenrand, manchmal nur beim schnellen Vorbeifahren auf einem Feld. Denn auch auf diesem Schlachtfeld hatte man sie einfach liegen lassen. Wir schwiegen betroffen, weil uns die schrecklichen Bilder aus dem Februar 1945 in Niederschlesien wieder vor Augen standen. – Von Neustadt und Neiße erblickten wir nicht viel, außer Zerstörung und Trümmer. Neiße war einmal das „schlesische Rom“, ein historisches Kleinod unter den deutschen Städten. Nun gab es hier nur noch Verwüstung.

Doch als wir die Glatzer Neiße überquerten, jener Fluß von der Größe der Lausitzer Neiße, der 1945 zu tragischen Verwechslungen Anlaß gab, änderte sich das Bild schlagartig. Wir fuhren nämlich über die ehemalige Front, an der bis zum Kriegsende, Anfang Mai 1945, die deutschen den sowjetischen Truppen gegenübergestanden hatten. Es war ein schockartiges Erlebnis, wie plötzlich aus dem Totenland ein Land der Lebenden wurde. Unversehrte Dörfer und Städte, auf die auch während der letzten Kriegsmonate kaum eine Granate oder eine Bombe fiel. Wir sahen Bauern auf den Feldern und viele Menschen in den Städten. Nie mehr in meinem Leben sah ich einen radikaleren Unterschied zwischen der dämonischen Zerstörungswut des Krieges und einer glücklichen Landschaft des Friedens. Wir kamen über Ottmachau mit dem großen Stausee, über Patschkau, Frankenstein und Gnadenfrei, typisch schlesische Städte voller historischer Bauten – ich weiß es nicht, wie sie heute auf polnisch heißen –, sie hätten in den Jahrzehnten nach dem Krieg ihre 750-Jahrfeier begehen können. Doch weiter ging es, und endlich hielten wir im schlesischen Reichenbach. Das also sollte unser Ziel sein; nun wußten wir es endlich. Gar nicht so weit vom Bahnhof trieben sie uns in ein großes Haus, das wie eine Schule aussah. Dahinter standen flache Gebäude. Die Unterbringung – wie schon bekannt – wieder auf dem blanken Fußboden völlig ausgeräumter Zimmer. Schnell erfuhren wir, was wir hier tun sollten. Es war nämlich ein Betrieb von „Siemens“ oder „Telefunken“, in dem Funkgeräte, UKW -Geräte, Radareinrichtungen für Flugzeuge und ähnliches hergestellt wurden. Wir sollten alles sorgfältig in Kisten verpacken. Dann wurde die Ausbeute zum Bahnhof gebracht und verladen. Auch hier überraschte uns das völlig intakte Werk, wir fanden nicht einmal eine zerbrochene Glasröhre. Sogar die Büros waren unversehrt, die Akten in den Schränken unberührt, und auf den Tischen standen noch die Schreibmaschinen. Unsere alte Erfahrung, daß die Russen bei ihrem Einmarsch nur Wohnhäuser zur Plünderung und zur Verwüstung freigaben, Fabriken aber wirksam vor Übergriffen schützten, bestätigte sich wiederum. Natürlich hatten wir wieder einmal unwahrscheinliches Glück; denn für das Verpacken der Geräte brauchte man nun wirklich keine Kenntnisse in Hochfrequenztechnik.

In den Kellern lagen sogar noch Lebensmittelvorräte aus deutscher Zeit, vor allem Kartoffeln, freilich schon arg alt und ausgekeimt. – Das mußte uns niemand zweimal sagen. Einer der älteren aber warnte uns sehr eindringlich: Seid sehr vorsichtig mit dem Essen! Er erzählte uns ein tragisches Beispiel von einem Gefangenen, der sich völlig ausgehungert an den Tisch setzte und aß, bis er plötzlich vom Stuhl sank und starb. Seine Warnung nahmen wir sehr ernst. Denn man konnte als junger Kerl mehr als einen halben Eimer voller Pellkartoffeln in einem Ritt verschlingen und hatte immer noch ein ziehendes Hungergefühl im Magen. – Bald bauten wir auch die hochkomplizierten Fertigungsmaschinen ab und packten die Teile in Kisten. Ich muß gestehen, daß wir viel dabei mutwillig zerstörten, was natürlich nicht sehr klug, weil äußerst gefährlich war.

Eine große Überraschung erlebten wir auf dem Bahnhof von Reichenbach. Da fuhren fahrplanmäßige Personenzüge offenbar bis nach Hirschberg und weiter. Es gab einen Bahnhofsvorsteher mit roter Mütze, Bahnbeamten in den typisch deutschen Reichsbahneruniformen, und sogar bürgerlich gekleidete Leute mit Koffer oder Reisetasche, die in Personenzüge, nicht in Viehwagen, ein- oder ausstiegen. Wir rieben uns die Augen, denn es kam uns vor wie im Märchen. Nach wenigen Tagen hatten wir nach monatelanger Isolation sogar Kontakte mit „freien" Deutschen, die für die Russen arbeiteten, und unsere Wißbegier kannte keine Grenzen. Sie erzählten uns, daß die russische Militärkommandantur nicht nur den Aufbau eines geordneten Bahnverkehrs befohlen, sondern auch die deutsche Stadtverwaltung, die Schule, das Elektrizitätswerk, Arztpraxen und andere kommunale Einrichtungen wiedereröffnen ließen. Was aber die politische Weltlage betraf, waren die Reichenbacher auch nur auf Gerüchte angewiesen, denn auch bei ihnen waren alle Rundfunkgeräte beschlagnahmt worden. So wußten sie von der kurz bevorstehenden Vertreibung ebensowenig wie wir – nämlich fast nichts. Was sie aber darüber gehört hatten, glaubten sie nicht; denn sie hielten es für ausgeschlossen, daß aus dem dichtbesiedelten, deutschen Sudetenvorland, in dem es keine Polen gab, alle Menschen ausgetrieben werden könnten. Unser Informationsgewinn über die lokalen Lebensverhältnisse aber war beträchtlich. Die geordneten Zustände überraschten uns, und ließen uns auch ein wenig positiver über die Russen denken, zumal sich sogar unsere Bewacher wesentlich toleranter verhielten als in Laband. Doch einige Mitgefangene zeigten sich mißtrauisch und kommentierten diese Erlebnisse mit bissigem Galgenhumor, daß hier wirklich vorzeitig der Friede ausgebrochen wäre. – Leider behielten sie Recht. Denn wir, die Gefangenen und die freien Deutschen, konnten es einfach nicht glauben, daß das alles in diesen deutschen Städten im schlesischen Gebirgsvorland nur ein friedlicher Lichtblick für eine ganz kleine Zeitspanne war, weil nur einige Tage danach die brutale Faust der Gewalt von Neuem auf sie einschlug.

Denn etwa Ende Juni 1945 nahm die polnische Miliz auch dieses Gebiet in Besitz. Und damit war es schlagartig mit den Schulen, der Zivilverwaltung und mit dem fahrplanmäßigen Eisenbahnverkehr vorbei. Nach wenigen Tagen, noch im Juni, begann die wilde Vertreibung der deutschen Bevölkerung. Hunderttausende, vielleicht sogar Millionen – niemals ist die Zahl aus diesem Gebiet des Sudetenvorlandes genau festgestellt worden – wurden zu Fuß auf den Straßen in Richtung Görlitz getrieben. Gepäck erlaubte die polnische Verwaltung nur so viel, wie jeder tragen konnte, doch Handwagen wurden bei einigen, nicht bei allen dieser Elendskolonnen zugelassen. Sie bestanden zum weitaus größten Teil aus Frauen, Kindern und alten Leuten. An vielen Orten hatte man auch Altersheime und Krankenhäuser auf diese Art und Weise geräumt.

Dieses große, dicht besiedelte Gebiet, vom Isergebirge im Nordwesten, über das Riesengebirge, das Glatzer Bergland, das Eulengebirge bis zum Altvatergebirge im Südosten, also von Görlitz, Lauban, Greiffenberg, Hirschberg, Reichenbach bis nach Neustadt und Neiße/Oberschlesien, lag bis zum Kriegsende im April/Mai 1945, als die sowjetischen Truppen schon in Berlin kämpften, noch immer hinter der deutschen Verteidigungslinie. Deshalb flohen aus diesem Land nur wenige Menschen, im Gegenteil, überall hausten sogar darüberhinaus hunderttausende Flüchtlinge aus dem schlesischen Land östlich der Oder: Im Januar/Februar 1945 waren sie vor der russischen Front nur bis in diesen Teil Schlesiens am Fuß der Sudeten geflohen. Bei der Potsdamer Konferenz behauptete Stalin, daß Schlesien praktisch menschenleer wäre, und die westlichen Regierungschefs glaubten bereitwillig diese massive Lüge. Als nun die wilde Vertreibung im Juni 1945 begann, kamen deshalb riesige Kolonnen zusammen. Doch niemand hat je den Versuch unternommen, die Zahlen dieses wahrscheinlich millionenfachen Elends exakt festzustellen, denn die erste wilde Vertreibung lief für heutige Begriffe unvorstellbar chaotisch ab. Dabei funktionierte nur eins reibungslos: Die Bewachung. Denn selbst bei diesen hilflosen Vertriebenentrecks verzichtete man nicht auf schwerbewaffnete Wachtposten, die diese Elendszüge vorantrieben und ständig schikanierten. – Fünfzig Jahre später gelang es mir, ein „Andenken“ an dieses böse Ereignis zu retten, das jetzt im Schlesischen Museum zu Görlitz steht: Es ist ein zerschlissener Wäschekorb, der auf die kleinen Räder eines Spielzeugwagens genagelt worden war; mangels einer Deichsel konnte dieser Wagen nur mit einer Schnur gezogen werden. Der Name des katholischen Priesters Heinrich Gonschior, Landeshut, steht noch heute an diesen „Korbwagen“ geschrieben. Mit diesem primitiven Gefährt transportierte er seine letzten Habseligkeiten die weite Wegstrecke bis nach Görlitz.

Wir Gefangenen aber erlebten diese Schreckenstage der wilden Vertreibung, das brutale Ende dieser Insel des Friedens, glücklicherweise nicht. Selbst Gerüchte darüber erreichten uns nicht mehr. Denn wenige Tage zuvor fand unsere Arbeit in Reichenbach ein Ende, wir wurden auf die Trucks verladen und auf dem gleichen Wege, auf dem wir hierher kamen, wieder zurückgefahren. Von der Rückfahrt weiß ich nicht mehr viel. Wir waren alle seelisch am Boden, daß wir nun wieder in „unser“ Vernichtungslager zurück sollten; und die meisten machten sich schwere Vorwürfe, daß sie in Reichenbach keinen Fluchtversuch gewagt hatten.

Nur ein junger, blonder Bauernbursche, an den sich Reinhard genau erinnert, hatte es riskiert. Er war schon in Laband bei einem Fluchtversuch gefaßt worden und bekam dafür die im sowjetischen Gulag übliche Standardstrafe: Zwei lange Tage ununterbrochen am Lagertor stehen, nur stehen, Tag und Nacht. Damals hatte der Junge das tatsächlich durchgestanden. Doch nun am

Bahnhof in Reichenbach nutzte er beim Verladen der Demontagekisten blitzschnell einen unbewachten Augenblick, rannte mit seinen Holzschuhen über die Gleise bis auf den Bahnsteig, wo gerade ein Personenzug stand, sprang auf den abfahrenden Zug und winkte uns und dem unaufmerksamen Wachtposten aus einem Waggonfenster zu. Was aus ihm geworden ist, haben wir nie erfahren.

In Laband angekommen, ging sofort die gewohnte Sklavenmaloche wieder los. Immerhin merkten wir sehr deutlich, daß wir uns im Vergleich zu den dort Gebliebenen körperlich erholt hatten. Es fiel uns sofort auf, wie rasant der gesundheitliche Verfall der Männer während unserer Abwesenheit fortgeschritten war. Schon am nächsten Tage mußten wir wieder ins Stahlwerk. Doch mit der Schlafenszeit in dunklen Verliesen war es endgültig vorbei. Denn da sich die Zahl der Gefangenen durch Todesfälle deutlich vermindert hatte – vor dem Lagertor gab es eine neue, tiefe Grube –, konnten die Bewacher den Einsatz der Verbliebenen übersichtlicher organisieren.

Auf dem Hochbau

Männer wurden wieder einmal gesucht, und kaum einer traute sich die Hand zu heben. Denn es sollte eine besondere „Brigade“ zum Abbau der riesigen Stahlwerkshalle gebildet werden. Da man natürlich mit den riesigen Eisenträgern des Dachstuhls beginnen mußte, von dem die russischen Mädchen ja – wie weiter oben beschrieben – die dicken Betonplatten schon heruntergehebelt hatten, schaute ein jeder die über 30 Meter hohe Fassade empor und wurde schon von der Vorstellung schwindlig, da oben balancieren und dabei noch arbeiten zu müssen. Schließlich bot man für alle, die da mitmachen wollten, täglich eine „dicke Suppe“ zu Mittag und einen Löffel Zucker an; die anderen aber, die nur unten arbeiteten, bekamen diese Sonderverpflegung natürlich nicht.

Wir redeten uns gegenseitig zu. Helmut sagte mir: „Du hast doch lange genug in Flugzeugen gesessen.“ Ich entgegnete, daß das etwas völlig anderes gewesen wäre. Schließlich fanden wir uns in der „Brigade Schreiber“ wieder. Schreiber galt als erfahrener Zimmermannspolier und Gerüstbauer. Also kletterten wir nach oben. Das ging nur über die senkrechten Feuerleitern, die fest am Stahlfachwerk der Außenwand angebracht waren. Oben angekommen, mußten wir erst einmal auf einer knapp 20 m² großen Dachfläche, die die russischen Mädchen zu unserem Glück übriggelassen hatten, Pause machen. Denn der weite Ausblick von da oben begeisterte uns. Helmuts Feststellung beruhigte uns dazu: „Hier kommt kein Wachtposten mit seinem Gummiknüppel rauf.“ Dann redeten wir darüber, was wir alles brauchten: Gerüstmaterial, Bohlen, Schweißgerät, Sicherheitsgurte und -leinen und so weiter. Sehr schnell wurde unserem Brigadier Schreiber klargemacht, daß es solchen Luxus nicht gab – außer Gas- und Sauerstofflaschen zum Abnieten und zum Schneiden der Träger. Die schweren Stahlflaschen mußten wir über die Feuerleitern hochtragen und hochziehen. Das war eine solche Knochenarbeit, daß sie eigentlich für den ganzen Tag genügte. Und wie viele wurden in all den Wochen gebraucht. – Dann begannen wir vorsichtig über die Eisenträger zu kriechen. „Nicht nach unten schauen“, riefen wir uns gegenseitig zu.

Was bei einem normalen Dach die Dachlatten sind, das waren hier 28er Breitflanschträger, zwischen denen vorher die starken Betonplatten lagen. Was aber bei einem normalen Dach die tragenden Balken sind, das waren hier Doppel-T-Träger mit einer Steghöhe von etwa

1,80 m und einer waagerechten Oberfläche von ca. 40–50 cm Breite. Mit der Zeit liefen wir sogar aufrecht auf diesen luftigen Stegen ohne Geländer. Diese gewaltigen Träger waren auf Grund ihrer Dimensionen natürlich nicht aus einem Stück, sondern aus Stahlplatten zusammengenietet oder geschweißt. –

Keine fünf Tage vergingen, und der erste unserer Kameraden stürzte ab, bald darauf der zweite. Sie waren sofort tot und schrecklich entstellt. Trotzdem bekamen wir keine Sicherheitsleinen – nicht einmal primitive Stricke. Die völlige Wertlosigkeit der Arbeitssklaven des 20. Jahrhunderts, wie weiter oben schon beschrieben, wurde uns wiederum demonstriert. Als wir die ersten 28er Träger losbekommen hatten, warfen wir sie nach lauten Warnrufen hinunter. Doch das überstanden die Träger nicht: Total verbogen, waren sie nun unbrauchbar. Deshalb wurde eine große elektrische Seilwinde unten aufgestellt. Reinhard hatte das Glück, daran zu arbeiten. Wir aber mußten eine schwere Seilrolle (Kloben sagten wir) nach oben ziehen, das schwere Stahlseil von der Winde dazu; doch wo nur sollte man die Seilrolle anbringen? Über uns gab es ja keinen Festpunkt mehr. Also seilten wir die Rolle fest an einem der riesigen Träger an. Das aber war leichter gesagt als getan.

Einer von uns mußte sich also an dem etwa 1,80 m hohen senkrechten Trägersteg herunterhangeln, von einem Kameraden, der oben auf der nur 40–50 cm breiten Waagerechten lag, mit festem Doppelgriff am Handgelenk gehalten, während ein anderer auf der Gegenseite des Trägers das Stahlseil hin und her schwang in der Hoffnung, daß der Akrobat am Trägersteg es mit der freien Hand zu fassen bekam. Wer sollte das riskieren? Schließlich sagten mir die Älteren: „Du wirst das machen müssen, denn Du hast nicht Frau und Kinder zu Hause.“ Ich praktizierte also diesen Hochseilakt ohne Netz ein paar Mal und hatte bald trotz der 30–35 m Höhe keine

Schwindelgefühle mehr. Im übrigen aber wundere ich mich heute noch, daß ich das lebend überstand.

Besonders gefährlich aber wurden diese primitiven Methoden, wenn von einem der kleineren angeseilten Träger die letzten Schweißverbindungen oder Nieten gelöst wurden. Der Träger fiel dann in freiem Fall erst einmal 1,5 bis 2 m durch, bis er sich mit einem mörderischen Ruck im Seil fing. Es ist schwer zu glauben, aber oft ist es sogar gut gegangen, und es war eine sehr große Zahl solcher Träger. Noch gefährlicher aber wurde es, wenn einer – auf einem Träger sitzend, den er losmachte – zu viele Verbindungen löste. Ich kann mich sehr gut erinnern, wie ein 25jähriger mit dem Träger, an dem er sich verzweifelt schreiend festklammerte, abstürzte. Seitdem hielt ich mich an einen erfahrenen Schlosser, der mich stets warnte: „Mach' diese Niete nicht los, dann hält Dich der Träger nicht mehr." Ich habe diesen Kameraden öfter schelmisch als „meinen Schutzengel" herbeigerufen, in Wirklichkeit aber meinte ich das sehr ernst. Tatsächlich wurden im Laufe vieler Wochen alle Träger über den riesigen Dachträgern entfernt und abgeseilt. Es waren gewiß viele hundert.

Die nächste Arbeit, die auf uns zukam, erwies sich als noch schwieriger. Die großen Brückenkräne waren alle schon abgebaut und verladen worden. Dabei gab es übrigens auch tödliche Unfälle. Ich kann mich gut erinnern, daß ein Kranhäuschen abstürzte, in dem noch einer drinsaß und elektrische Geräte ausbaute. – Nun aber sollten die gewaltigen Dachträger demontiert werden. Wir sagten, auch Schreiber, unser Polier: „Das ist ohne große Baukräne nicht möglich." Diese Hilfsmittel aber hatten sie, wie schon berichtet, ganz zu Anfang nach Rußland verladen. Selbst die russischen Ingenieure vermochten nicht, irgendwo ein solches Großgerät zu beschaffen. – Das Gewicht dieser riesigen Spannträger zu schätzen, die wir nun abbauen sollten, war schon schwierig genug; einige, die etwas davon verstanden, gingen von etwa 20 t und darüber aus.

Die russischen Ingenieuroffiziere erfanden jedoch ihre eigene Methode. Sie ließen aus irgend einem alten deutschen Depot Mannesmann-Großrohre anfahren. Später, als ich dann zum ersten Mal in meinem Leben Bundesbürger wurde, hatte ich wieder mit solchen Rohren zu tun, als ich bei Mannesmann mein Geld verdiente. – Dann trieben die russischen Ingenieure Elektroschweißgeräte und Elektroden auf. Nun wurden – wieder für den Lohn einer Mittagssuppe – Schweißer an die Rohre gesetzt. Sie sollten lange und sehr starke Winkeleisen längs an den Großrohren und rundum anschweißen, um die Rohre zu verstärken, und um ihnen damit mehr Knickfestigkeit zu verleihen. Tagelang hatten sie zu tun, einige verblitzten sich durch den elektrischen Lichtbogen ganz schlimm ihre Augen. Es gab nämlich nicht genug Schweißersichtblenden, nur dunkle Brillen, wie man sie fürs Autogenschweißen verwendet.

Am Ende wurden zwei von den nun sehr schweren Rohren senkrecht auf die hohen Kranbrücken gehievt, oben an den Rohrenden brachten wir vorher schwere Flaschenzugkloben an. Dann verankerten sie andere auf den hohen Brücken, und verspannten sie mit Stahlseilen. Schon diese Arbeiten dauerten wegen der fehlenden Hilfsmittel tagelang. Die großen Spannträger wurden dann wiederum von der Brigade Schreiber, den Akrobaten, wie man uns jetzt nannte, aus ihren Verankerungen losgebrannt. Und dann passierte es mit Urgewalt: Der Träger fing sich ruckartig in den beiden Seilen. Doch ohne Pause geschah, was wir vorher schon gesagt hatten: Der etwa 40 m lange Träger verkantete sich in den Seilen und bog sich deshalb sofort durch. Die beiden senkrechten Großrohre neigten sich gefährlich auf den Träger zu, der schließlich mit durchdringendem Kreischen aus den Stahlseilen herausrutschte und mit gewaltigem Donnern und einer großen Dreckwolke unten aufschlug. Bei zwei weiteren Trägern wurde die primitive Methode noch einmal versucht. Wieder gab es den gleichen Mißerfolg.

Schließlich schafften die Russen einen ihrer riesigen Bulldozer heran, der die kaputten Träger aus dem Schutt ziehen sollte. Sie mußten einen zweiten Raupenschlepper antransportieren, weil es einer nicht schaffte. Dann aber wurde dieses Unternehmen abgeblasen. Die anderen Dachträger blieben auf der Halle, die eigentlich nur noch die Ruine eines Stahlgerüstes war. Von den dreißig Mann, die bei der Brigade Schreiber angefangen hatten, waren keine zehn mehr übrig. Zwei Drittel waren umgekommen. Unsere Gruppe wurde halt stets mit neuen Leuten aufgefüllt, da fielen die Verluste nicht so sehr auf.

Brigade Schreiber verkauft – Umzug ins Frauenlager

Es traf uns hinterrücks wie ein Schicksalsschlag, so plötzlich kam eine weitere schwerwiegende Änderung über uns: Sachen packen und Abmarsch. Es gab zwar nichts zu packen, doch fast ein jeder hatte irgend ein verbotenes Werkzeug, und wenn es eine Zange war, trotz aller Durchsuchungen ins Lager geschmuggelt. Natürlich filzten sie uns beim Abmarsch, und die meisten wurden auch etwas los dabei. Bei solchen Kontrollen nahmen sie den Gefangenen fast regelmäßig Sachen weg – vor allem in der ersten Zeit, da mancher noch irgendein ordentliches Kleidungsstück oder feste Schuhe hatte. Auch unserem Kameraden Günther zog ein Wachtposten eines Tages im Stahlwerk die Schuhe aus, dafür warf er ihm ein paar Holzpantoffeln hin.

Nach der Filzung also marschierten wir ab und wußten wieder einmal nicht wohin. In das hintere Ende des

Werkes führten sie uns. Wir trauten unseren Augen nicht, aber wir gingen direkt in das Frauenlager. Ich erzählte schon von den russischen Mädchen, die für lebensgefährliche Arbeiten eingesetzt worden waren; inzwischen hatte man sie aber nach Rußland abtransportiert. Ihr Lager stand nur sehr kurze Zeit leer, denn ein nicht belegter Gulag bedeutete ja für die marxistische Politökonomie eine Unmöglichkeit. So waren inzwischen die Baracken - von uns noch gar nicht bemerkt - mit mehr als 500 internierten jungen deutschen Mädchen und Frauen gefüllt worden. Unsere Brigade Schreiber, so nannten uns auch die russischen Ingenieuroffiziere, bestand nach den Verlusten durch Todesfälle wieder aus über 20 Mann. Ganz schnell wurde uns ein Barackenraum zugewiesen, in dem - welch ein Luxus - sogar Doppelstockbetten standen, freilich nur mit Brettern versehen, ohne Strohsäcke, ohne Matratzen, Decken oder ähnlichem westlichen Zivilisationskrempel; doch fanden wir in dem Raum bequem Platz. Das empfanden wir fürs erste als eine ungeheure Verbesserung unserer Lage.

Schnell machten wir uns mit unserer neuen Umgebung bekannt, und ebenso schnell bekamen wir Kontakt mit jungen Frauen aus unserer Nachbarbaracke. Schon ihr Anblick war ein Schock für uns, der uns mächtig zusetzte. Denn zerlumpte, ungewaschene, verlauste und verwahrloste Männer gehörten ja zum gewohnten Alltag, doch wenn junge Frauen und Mädchen ebenso heruntergekommen aussahen, weil sie nicht einmal die primitivsten Mittel für weibliche Hygiene besaßen, so mußte man das als Mann erst einmal verkraften.

Nur ganz wenige Wehrmachtshelferinnen fanden wir unter ihnen. Die allermeisten Frauen kamen aus schlesischen Dörfern und Städten und waren beim Einmarsch der Russen wahllos, oft von der Straße weg, ohne Möglichkeit, ihren Angehörigen Nachricht zu geben, mit unbekanntem Ziel auf Lastwagen verladen worden. Viele unter ihnen mußten den Weg nach Oberschlesien zu Fuß zurücklegen. Alle hatten sie ein tragisches Schicksal durchlitten: Ganz junge Mädchen, kaum fünfzehn Jahre alt, die ihre Eltern verloren, junge Mütter, die man erbarmungslos ihren Kindern wegnahm, und die seitdem nie wieder etwas von ihnen erfahren hatten; auch ältere Frauen, etwa 40 Jahre und darüber begegneten uns. Und ohne jede Ausnahme waren sie alle von den Russen nicht nur beim Einmarsch, sondern bis zu diesem Tage vergewaltigt worden. Das bekamen wir schon in der ersten Nacht mit. Denn als es finster wurde, kamen russische Soldaten ins Lager, man hörte Türen schlagen und Schreie durch die dünnen Barackenwände hindurch. Wir konnten es vor Zorn kaum noch aushalten. So manche von den jungen Frauen hatte ihre eigene Art der Überlebensstrategie entwickelt, indem sie sich nicht mehr wehrten und den Russen zu Willen waren. Die Furcht vor Geschlechtskrankheiten saß ihnen im Genick.

Wir erlebten, daß diese jungen Frauen einem unvergleichlich größerem seelischen Druck ausgesetzt waren als wir. Schwer arbeiten mußten sie natürlich auch. Im Sozialismus gab es ja keinen Unterschied mehr zwischen Männer- und Frauenarbeit. In bestimmten Fertigungshallen montierten sie Maschinen ab, verpackten und verluden sie, ebenso ohne technische Hilfsmittel wie wir, auch wenn einzelne Stücke mehr als 10 t wogen. Viele waren zum Skelett abgemagert, obwohl das Essen in diesem Lager besser war als bei uns, was wir schon am nächsten Morgen erlebten.

Wir wurden an diesem ersten Morgen in eine Fertigungshalle geführt, in der wir besonders komplizierte Maschinen demontieren sollten. Diese Arbeit war natürlich ungleich leichter und ungefährlicher als im Hochbau. Im Hallenbereich liefen sogar noch kleine Elektrokräne, mit denen die empfindlichen Maschinen bis vor die Halle transportiert wurden. Ich machte mich sogleich an einen der Kräne heran und bediente ihn. Ingenieuroffiziere standen nun immer dabei und gaben ihre – mitunter sinnvollen und manchmal unbrauchbaren – Anweisungen.

Nun erfuhren wir auch, wie es zu unserem Umzug in das Frauenlager gekommen war. Angeblich hatte der Kommandant „unseres" Lagers mit dem Kommandanten des Frauenlagers und mit anderen Offizieren ein Trinkgelage veranstaltet. Dabei wetteten oder spielten sie um die „Brigade Schreiber", und der Kommandant „unseres" Lagers verlor. – Auch eine andere Version wurde erzählt: Die Brigade Schreiber ist schlicht und einfach an den Kommandanten des Frauenlagers verkauft worden, weil der für den Abbau der wertvollen Maschinen Spezialisten brauchte. Immerhin wurden wir von den Russen für solche gehalten.

Wenn ich mich recht erinnere, war unsere Arbeit in weniger als drei Wochen beendet. Eines Tages, Ende September oder Anfang Oktober 1945, verließen wir erleichtert das Frauenlager und marschierten in unser altes Lager zurück; wir entflohen einem Alptraum. Denn was wir in diesem Lager an zynischer Brutalität den Mädchen und Frauen gegenüber erlebten, bedrückte uns so sehr, daß wir lange Zeit nicht einmal darüber sprechen konnten. Wut und Ohnmacht über das Elend der jungen Frauen verfinsterten unser Denken noch lange. In späteren Jahren konnte ich nirgends erfahren, was aus ihnen geworden war. Wahrscheinlich transportierte man sie nach Beendigung der Demontagearbeiten, wie viele andere auch, in die Sowjetunion.

Im Jahre 1996 veröffentlichte Freya Klier im Ullstein-Verlag: „Verschleppt ans Ende der Welt. Schicksale deutscher Frauen in sowjetischen Arbeitslagern". Sie beschreibt darin erschütternde Einzelschicksale, sogar zehn- bis zwölfjährige Mädchen verschleppte der KGB in die Sowjetunion; wenn sie mit dem Leben davonkamen, und die Zahl der Toten war hoch, schickte man sie zum größten Teil erst als kranke junge Frauen im Jahre 1955 nach Deutschland zurück. Freya Klier versucht mit akribischer Mühe Zahlen zu ermitteln, auch die Zahlen der Toten, was wegen der Tausende auf dem Transport elend Umgekommenen und den nicht Registrierten nur noch in Näherungswerten möglich war. Jedenfalls erlitten Hunderttausende dieses Schicksal, und ungefähr die Hälfte von ihnen kam elend um. Ein großer Teil gilt als vermißt und ist nie mehr nach Deutschland zurückgekehrt. – Dieses Buch sollte eigentlich all jenen die Sprache verschlagen, die heute dafür streiten, den 8. Mai 1945 „Tag der Befreiung" zu nennen, doch diese Zeitgenossen werden das Buch von Freya Klier höchstwahrscheinlich nicht lesen wollen.[8]

Die Demontage quält sich dem Ende entgegen

Wir aber mußten nun wieder in die Stahlwerkshalle zurück. Die übliche Maloche – allerdings nicht mehr ganz so lebensgefährlich – begann wieder in ihrer Eintönigkeit. Neue Gerüchte sickerten durch die Arbeitsgruppen: Die Polen bekommen das Werk, und die Russen müssen die Demontagearbeiten beenden. Freilich machten wir uns darüber lustig, was wohl die Polen mit diesem übriggebliebenen Schrotthaufen anfangen sollten. Andere sagten, es würde von Deutschland wieder aufgebaut werden.

---

8 *Freya Klier*, Verschleppt bis ans Ende der Welt. Schicksale deutscher Frauen in sowjetischen Arbeitslagern, Ullstein-Verlag Berlin 1996. S. 183: „Zahlen"

„Deutschland“ sagten wir noch. Denn wir wußten in unserer Isolation nichts von der Teilung Deutschlands in mehrere voneinander getrennte Besatzungszonen, selbst in Reichenbach hatten wir nur Gerüchte darüber gehört. Wir wußten auch kaum etwas von der inzwischen erfolgten wilden Vertreibung, nicht einmal, daß es jetzt eine Oder-Neiße-Grenze gab. Wenn aber ein solches Gerücht erzählt wurde, glaubte es auch bei uns keiner, weil man aus der europäischen Geschichte zwar Beispiele für umfangreiche Landeroberungen kannte, doch keinen Präzedenzfall, in dem die gesamte Einwohnerschaft eines so riesigen Gebietes ausgetrieben wurde. Viele Männer sagten: „Hört auf mit diesem Unsinn. So etwas hat es noch nie gegeben. Gewiß haben das die Nazis im Warthegau mit polnischen Bauern gemacht, und während der zwanziger Jahre die Türken mit den Griechen; doch das geschah doch alles in einem unvergleichlich kleinerem Rahmen. Hier geht es doch fast um ein Drittel Deutschlands; das ist doch nicht möglich.“ So oder so ähnlich wurde diesen Gerüchten energisch widersprochen. Was aber viel schlimmer war, die meisten wußten nichts über den Verbleib ihrer Angehörigen, nicht einmal, ob sie noch lebten. – Postverkehr gab es angeblich im Spätherbst 1945. Doch nicht für uns: Wir durften nicht schreiben, hätten es auch gar nicht gekonnt. Denn wir besaßen weder Papier noch Bleistift, noch Geld für eine Briefmarke. Wir wußten auch nicht, welche Währung in Oberschlesien zu dieser Zeit gültig war. Unsere Isolation von der Außenwelt war lückenlos und vollständig. – Nur vom Kriegsende hatten wir erfahren: „Woina kaputt!“ Und die Posten knallten vor Freude wild in der Gegend herum; leider durchschlug eine verirrte(?) Kugel genau unser Kochgeschirr, als wir – Reinhard, Helmut und ich – an unserer Unterkunft vor einem Feuerchen hockend, ein Paar Kartoffeln kochen wollten, die uns eine Privatarbeit bei einem Offizier eingebracht hatte. Auch einige der Kartoffeln waren kaputtgeschossen, was uns am meisten ärgerte. Helmut besaß noch eine alte Konservenbüchse, so mußten wir eben noch einmal von vorn anfangen.

Langsam verdichteten sich neue Gerüchte um das Stahlwerk. Und tatsächlich wurde die Ruine der Stahlwerkshalle von uns geräumt. Eines Tages brachten russische Soldaten in den Stahlöfen Sprengladungen an. Denn diese Öfen waren, was ihre bauliche Anlage betrifft, stehengeblieben. Nun war uns alles klar: Die Russen wollten den Polen offenbar nur die zerstörten Reste dieser Stahlkocher überlassen. Kurz darauf zündeten sie tatsächlich die Sprengladungen. Es blieben nur Trümmer zurück, denn in dieser Hinsicht verstanden die russischen Pioniere ihren Job. – Nicht daß damit die Arbeit im Werk beendet worden wäre. Es gab für uns noch wochenlang harte Transportarbeiten bis etwa Anfang Oktober.

Inzwischen hatte sich unsere Zahl so gelichtet, daß die drangvolle Enge in den leergeräumten Baracken nicht mehr so schlimm war. Einige brachten sich aus dem Betrieb irgendwelche Lumpen, Säcke oder Ähnliches mit, was sie auf den Holzfußboden legten, um eine Schlafunterlage zu haben, andere bewährten sich im Basteln irgendwelcher Geräte, vor allem die Löffel- und Messerproduktion florierte. Doch auch, wer solche Dinge ins Lager einschleuste, mußte sehr vorsichtig sein. Wer bei einer Filzung erwischt wurde, hatte harte Strafen zu erwarten.

Auf eine der schlimmen Strafen muß ich noch einmal eingehen, das Strammstehen beim Wachtposten am Lagertor. Viele mußten auch nachts dort stehen bleiben. Solschenyzin beschrieb das als eine der Standardstrafen, die im gesamten „Archipel Gulag“, auch bei sibirischer Kälte angewendet wurde. Die meisten, die da stehen mußten, brachen nach einigen Stunden zusammen. Der Posten prügelte sie sofort wieder hoch. Für viele bedeutete das der Anfang vom Ende. Einem unserer Kameraden aber gelang von dieser exponierten Stelle, direkt vom Lagertor aus, die Flucht. Der Wachsoldat saß auf seinem Stuhl vor dem Tor und reinigte in aller Ruhe seine Maschinenpistole; das Magazin und das Schloß hatte er herausgenommen und zog den Lauf der Waffe durch. Unser Kamerad, ein junger Mann, nutzte diesen Augenblick geistesgegenwärtig aus und spurtete davon. Der Posten fluchte hinter ihm her, doch schießen konnte er nicht, und hinterherrennen wollte er offenbar nicht. Später wußten wir auch warum nicht. Weil die Polen in Oberschlesien bereits die Polizeigewalt übernommen hatten, überließen ihnen die Russen großzügig das Recht, entflohene Gefangene einzusammeln. Nicht wenige wurden geschnappt und verschwanden spurlos in polnischen Lagern. –

Dann fiel ganz unerwartet an einem frühen Morgen das Wecken aus. Ratlos wußten die meisten nicht, was sie nun tun sollten. Es gab den üblichen Morgenfraß, trübes warmes Wasser mit ein oder zwei Kartoffelstückchen drin. Daran hatte sich seit den ersten Tagen unserer Gefangenschaft nicht das Geringste geändert. Und das war es dann für den ganzen Tag. Es wurde nun erzählt, daß die Polen das Werk bereits übernommen hätten; so schienen sich die Gerüchte der letzten Tage zu bewahrheiten. Doch irgendeine offizielle Information bekamen wir nicht. Es war etwa Mitte Oktober. Noch meinte es das Wetter gut mit uns, denn die Sonne wärmte uns wie im September. Wir hockten in unseren Baracken oder schlenderten durch die trostlos öden Lagerstraßen. Auf einmal wurde uns klar, wie lebenswichtig für Arbeitssklaven die Arbeit ist. Es spielt nicht einmal die Hauptrolle dabei, ob sie sinnvoll ist oder nicht. Denn wie soll man tagelang untätig in Räumen leben, in denen es keinen Stuhl, keinen Hocker, keinen Tisch, kein Bettgestell gibt, wie kann man sinnvoll Zeit verbringen, wenn man kein Stück Papier, keinen Bleistift, kein Buch, kein Spiel, kurzum nichts von all dem besitzt, was für einen Mitteleuropäer zu den einfachsten Selbstverständlichkeiten des Alltags gehört?

Nur Gespräche blieben uns, die meisten über Gerüchte, Vermutungen über unsere Zukunft. „Die Russen werden uns keinen Tag zu viel umsonst füttern“, meinten viele, „also werden sie uns in den nächsten Tagen nach Hause schicken!“ Wieder war es die Hoffnung, von der die meisten lebten. „Wir können hier gar nicht bleiben“, meinten andere, „denn es kann jetzt schnell kalt werden, wir haben ja keine Öfen“, und glaubten wirklich, daß das der Lagerleitung Sorgen bereiten würde. Die Öfen aus der deutschen Zeit des Lagers waren nämlich auch gleich zu Anfang aus den Baracken entfernt worden, weil sie anscheinend zu viel Platz brauchten. Dann lagen sie monatelang zwischen den herausgeräumten Möbeln vor dem Lagertor, während der letzten Herbstmonate aber verschwanden sie Stück für Stück.

Die meisten Gespräche jedoch drehten sich um „zu Hause“, und die Bauern sprachen nun über die Kartoffelernte und über die Herbstbestellung ihrer Felder. Sie – und wir alle – wußten noch nicht, daß es dieses „Zu Hause“ für uns nicht mehr gab, daß ihre Familien längst über die Lausitzer Neiße getrieben, und ihre Höfe für immer in fremden Händen waren. Ich habe mich oft gefragt, was passiert wäre, wenn wir das alles schon gewußt hätten. So erwies sich die totale Isolation von der Außenwelt – von unseren Zwingherren als Bestrafung gedacht – für uns durchaus als barmherzige Maßnahme.

Rührend waren Gespräche, wie man zu Hause von nun an leben würde. Daß man nach diesen Erlebnissen nicht mehr so weiterleben könnte wie vorher, blieb unwidersprochen. Viele sagten, daß sie ihren Eßnapf aufheben, und ihn zu Hause einmal in der Woche zum Essen benutzen wollten, auch sollte es dann nur eine dünne Lagersuppe geben. Hinter all diesen Gedanken stand immer wieder, daß man nie mehr vergessen wollte, was man hier durchstehen mußte.

Schlimm war, daß diese Tage der Untätigkeit das ganze Ausmaß des körperlichen Verfalls sichtbar machten. Der tägliche Marsch zur Arbeit - 14 Stunden ohne Pause - hatte viele von uns gerade noch so auf den Füßen gehalten. Doch nun, da die Anspannung der letzten Kräfte plötzlich ausfiel, und man sich gehen lassen konnte, klappten viele zusammen. Die Krankenbaracke war schon immer überfüllt; obwohl die meisten da nicht hinein wollten, denn sie galt ja mit Recht als die Todesbaracke. Es war aber schwierig, sich in den Barackenräumen tagsüber auf den Fußboden zu legen, wenn man sich nicht wohlfühlte. Einer von uns sagte einmal: „Kein Tier würde das aushalten - nur der Mensch kann das."

Der Marsch nach Auschwitz - und dort nicht angekommen

Besser die vom Schwert Getöteten
als die vom Hunger Getöteten (Klagelieder 4,9)

Eines Morgens, wieder völlig überraschend: Antreten, Zählappell, Filzung und Abmarsch. Sofort flatterte das Gerücht durch die Kolonne: Wir kommen in ein „Entlassungslager". Jeder schulterte also sein Lumpenbündel mit dem Eßnapf; den Löffel allerdings trug man inzwischen wie einen Orden sichtbar in der Brusttasche der Jacke, denn er war ja das lebenswichtigste Instrument. Zahnbürste, Seife, Waschzeug, und was dergleichen zivilisatorische Unnötigkeiten sind, besaß niemand mehr. Wir drei nannten einen besonderen Schatz unser eigen: Zwei alte, ziemlich verdreckte Wehrmachtsdecken, wofür wir von anderen beneidet wurden. - In Fünferreihen setzte sich die lange Kolonne in Bewegung. Denn von den anfangs 3000 waren immerhin etwa 1300 Männer übriggeblieben. An den Seiten unserer Kolonne marschierten dieses Mal auffallend viele Bewacher mit ihren Maschinenpistolen und Gummiknüppeln, bestimmt alle zehn Schritte einer, und wir konnten uns noch keinen Reim darauf machen.

Wieder gingen wir zum Autobahnzubringer und dann nach Gleiwitz (heute Gliwice). Dort verließen wir die Autobahn, auf der nur selten ein russisches Auto fuhr, und wurden mitten durch Gleiwitz geführt: dann durch Hindenburg (heute Zabrze), an Königshütte (Chorzow) vorbei in Richtung Myslowitz (Myslowice) und von dort in Richtung Auschwitz (Oswiecim). Die Ortsnamen auf den Schildern waren alle in polnischer Sprache geschrieben, und wir mußten sie uns erst übersetzen, um zu wissen, wo wir waren.

Allen, die diesen Elendszug mitgemacht haben, wird der Marsch durch Gleiwitz und durch Hindenburg unvergeßlich bleiben. Denn was dort geschah, erwarteten die Russen gewiß nicht, sonst würden sie eine andere Marschroute ausgewählt haben. Sicher ist, daß kein Mensch in Gleiwitz vorher wußte, daß unsere Gefangenenkolonne durch ihre Stadt getrieben werden sollte. Und dennoch standen an der Haupt- und Geschäftsstraße, die durch Gleiwitz führt, hunderte, höchstwahrscheinlich sogar tausende Menschen, vor allem Frauen. Viele weinten, und fast alle schoben sich an den Elendszug heran, um uns Brot oder andere Lebensmittel zu geben. Die Wachsoldaten brüllten und schlugen, damit wir ganz eng aufschlossen, so daß unsere Wächter an den Rändern der Kolonne weniger als 5–6 m Abstand halten konnten. Trotzdem drängten furchtlos Frauen heran und gaben uns Brot, viele warfen es uns einfach zu. Die Posten schrien und drohten, sie schossen in die Luft und schlugen mit ihren Gummiknüppeln um sich, doch sie konnten die Menschen nicht abhalten, uns etwas zu geben.

Als die Straße enger wurde, warfen Frauen Brot und Lebensmittel aus den Fenstern mitten in unsere Kolonne. Kein Stück davon wurde zertreten. Wenn aber ein Posten eines der Lebensmittel erwischte, gab es empörte Protestschreie und dazwischen wieder Frauen, die von den Posten gnadenlos geschlagen wurden. Es war uns gar nicht bewußt, daß wir einen derart trostlosen und bemitleidenswerten Eindruck machten; doch alle waren wir tief betroffen von diesem spontanen Ausbruch der Hilfsbereitschaft. Man sah Männer unter uns vor Freude weinen, und sie schämten sich nicht. Keiner von den über 1000 Mann ging leer aus. Das war wirklich ein Geschenk des Himmels, denn wir hatten ja bei unserem Abmarsch in Laband keine Marschverpflegung bekommen.

Dieses großartige Brotvermehrungswunder wiederholte sich in der nächsten Stadt, denn in dieser Industrieregion gehen ja die Städte ineinander über. Noch wochenlang sprachen wir über dieses unvergeßliche Erlebnis, weil es uns auch neue Durchhaltekraft schenkte; und wir alle vermuteten, daß diese barmherzigen Frauen selbst nicht genug zu essen hatten. Denn in den Großstädten hungerten die Menschen, verkauften oft ihre letzten Wertgegenstände für Lebensmittel; nur auf den Dörfern war die Not noch nicht so groß. Das aber wußten wir damals noch nicht, auch nicht, ob in den deutschen Städten Gleiwitz, Hindenburg und Königshütte schon die ersten Vertreibungen erfolgt waren. Erst später hörten wir davon. – Am frühen Abend passierten wir Myslowitz. Nun sprach es sich in der Kolonne herum, daß wir noch bis nach Auschwitz zu marschieren hätten, weil wir in das ehemals deutsche Konzentrationslager verlegt werden sollten.

Weniger als 10 km vor Auschwitz, es dunkelte schon, wurde plötzlich Halt kommandiert. Lange Zeit standen wir auf der Straße und froren an dem kühlen Abend. Von den Bäumen am Straßenrand fielen schon die Blätter, dahinter erstreckten sich große, abgeerntete Felder. In der Ferne sah man das Licht von Häusern. Niemand wußte, wie es nun weitergehen sollte, bis plötzlich der Befehl kam, ein Stück weg von der Straße auf das Feld zu gehen und uns niederzulegen. Die Wachsoldaten sorgten mit ihren Methoden dafür, daß wir wirklich eng genug zusammenrückten. Nun sollten wir auf diesem Stoppelfeld übernachten. Die Posten bauten sich rundherum ihre kleinen Zelte auf. Wir legten uns auf den feuchten Boden und waren sehr froh, daß es nicht regnete. Wir drei schmiegten uns so eng wie möglich zusammen, schlugen die zwei Decken, die wir hatten, über uns und schliefen bald. Verpflegung gab es, wie üblich, keine. Ohne die barmherzigen Frauen aus Gleiwitz und Hindenburg wären wir den ganzen Tag ohne einen Bissen Brot geblieben. Zu Trinken aber gab es auch nichts. In der Nacht wurden wir oft aufgestört, denn die Posten waren nervös, weil sie in der Dunkelheit Fluchtversuche fürchteten. Außerdem wurde es in dieser Nacht ziemlich kalt, und wir froren sehr.

Am nächsten Morgen, sehr zeitig schon aufgescheucht – viele mußten sich beim Aufstehen von Kameraden helfen lassen –, bildeten wir die vorgeschriebene Marschkolonne; die umständliche Zählung fiel natürlich nicht aus, und dann ging es zu unserem Entsetzen zurück. Einige sagten zwar: „Freut euch doch, denn wir kommen doch wieder durch Hindenburg und Gleiwitz“. Doch das war leider nicht der Fall. Wir marschierten Umwege und Umgehungsstraßen, und wir wußten auch warum. Denn eine solche Riesendemonstration der Barmherzigkeit, wie sie uns am Tage zuvor von der deutschen Bevölkerung widerfuhr, wollten die Russen natürlich vermeiden.

So kamen wir am frühen Abend wieder in Laband an. Unterwegs erst erfuhren wir, warum dieser völlig unnötige Marsch stattgefunden hatte. Unsere Lagerleitung hatte irgendeinen Offizier nach Auschwitz vorausgeschickt, der dann zurückkehrte und meldete, das Konzentrationslager wäre so voll belegt, daß es uns nicht mehr aufnehmen könnte.

Diese Botschaft, von einem Wachsoldaten unter uns verbreitet, erschien uns jedoch nicht besonders glaubhaft, weil wir ja die flexible Praxis in sowjetischen Lagern kannten: Wenn eine Baracke auch schon mit hundert Mann überbelegt war, brachte man immer noch fünfzig hinein. Viel wahrscheinlicher hörte sich für uns ein anderes Gerücht an, nämlich daß im Konzentrationslager Auschwitz eine Infektionskrankheit ausgebrochen wäre; Flecktyphus, sagten die Kameraden. Davor hatten auch die Russen sehr große Angst.

Später konnte man in beiden Teilen Deutschlands Erschütterndes über die von SS bewachten Todesmärsche der KZ-Häftlinge gegen Ende des Kriegs hören und lesen. Auch auf unserem völlig unnötigen Marsch starben fast zwanzig Männer; deshalb nannten wir ihn damals schon „Todesmarsch", obwohl wir von den Todesmärschen aus den deutschen Konzentrationslagern noch nichts wußten; denn die geschahen fast alle erst in den letzten Monaten des Krieges, als wir schon lange im sowjetischen Gulag vegetierten. Es blieb für uns auch gleichgültig, warum wir wieder zurückmarschieren mußten, weil wir ja in „unser" Lager wieder einziehen konnten. Doch wie sah es aus. Viele von den Lumpen, die der eine oder der andere als Schlafunterlage genutzt und im Lager gelassen hatte, waren verschwunden. In den Duschräumen fehlten die Duschen, Wasserhähne an den Wasserstellen, Lampen und alles, was nicht niet- und nagelfest war, hatten irgendwelche Leute demontiert. Uns wurde klar, daß uns vorher ja so etwas wie eine funktionierende Infrastruktur zur Verfügung stand. Nun gab es die auch nicht mehr.

Die sowjetische Lagerleitung war nun offensichtlich bestrebt, uns sobald wie möglich los zu werden. Inzwischen brach die letzte Oktoberdekade an, es wurde kälter, der Fraß am frühen Morgen und am Abend womöglich noch schlechter, und die Zahl der hoffnungslos Kranken wuchs exponentiell. Wieder kam eine neue Entscheidung, urplötzlich und überraschend: Antreten auf dem großen Appellplatz, und wie immer die Geduldsprobe des Zählens. Doch dann geschah etwas Neues, was alle sofort hellwach machte: Es wurde aussortiert. Zuerst filterten sie die „Spezialisten" aus der „Masse" heraus, und die mußten in einer Extra-Kolonne antreten. Die ehemalige „Brigade Schreiber" – besser ihre kläglichen Reste – gehörte natürlich dazu. Dann schauten sie sich jeden einzelnen Mann an und stellten jene heraus, die noch einigermaßen normal aussahen und keine sichtbaren Krankheits- und Verfallserscheinungen aufwiesen. So kamen in unserer „Sondertruppe" knapp 250 Männer zusammen.

Die große Mehrheit – etwas über 1000 Männer – wurde von den Russen als verbraucht und krank – „dystroph" sagten sie – eingeschätzt. Die meisten waren derart zum Skelett abgemagert, völlig ohne Muskeln an Armen und Beinen, daß sich Außenstehende wunderten, wie sie sich überhaupt noch aufrecht halten konnten. Wir aber hatten uns schon an diesen Anblick gewöhnt. Jahre später, als ich die erschütternden Fotos befreiter Häftlinge aus deutschen Konzentrationslagern sah, lebten diese Bilder aus Laband wieder in mir auf, denn es waren Fotos, die man ohne Schwierigkeiten auch in unserem Lager hätte anfertigen können. Bei uns aber gab es natürlich niemanden, der einen Fotoapparat besaß. – Nach der lange dauernden Musterung nahmen die etwas über 1000 Männer ihr Bündel, so sie eins hatten, und schlichen in großer Kolonne davon. Als ich diesen Zug – zum ersten Mal als Beobachter und nicht mittendrin – krank und ausgehungert davonschleichen sah, kamen mir vor Mitleid die Tränen. „Die kommen nicht mehr nach Hause“, sagte einer nachdenklich.

Viele Jahre später las ich dann den berühmten Roman „Nackt unter Wölfen“ (von B. Apitz): Da wird aus dem Konzentrationslager Buchenwald erzählt, wie Häftlinge im April 1945 das Lager befreiten, sie hatten sich vorher sogar Waffen organisiert, ein Maschinengewehr im Blumenkasten einer Baracke versteckt – „Blumenkästen in einem KZ-Lager?“ fragte ich mich ungläubig – Handgranaten und ziemlich viele Handfeuerwaffen besaßen sie sogar. Und dann begannen die KZ-Häftlinge den Kampf gegen die schwerbewaffneten SS-Soldaten und besiegten sie. Ich habe das nur mit größter Skepsis lesen können und schließlich für eine phantasievolle dichterische Erfindung gehalten, die der Wahrheit Hohn spricht; ja ich schätze es noch heute als eine unterschwellige Verklärung des Nazi-KZ's ein, was der Autor natürlich nicht beabsichtigte. – Wenn aber die Befreiung des Konzentrationslagers Buchenwald wirklich so geschehen sein sollte, was ich nicht für möglich halte, dann hatten diese KZ-Häftlinge im Gegensatz zu uns noch unverbrauchte Kraft, und wenn es die Kraft der Verzweiflung war. -

Von diesen 1000 Männern in Laband, die wir nun in ihrem hoffnungslosen Elend davonschleichen sahen, verfügte niemand mehr über einen Rest der körperlichen und seelischen Energie, um an einen Aufstand, an Flucht oder an einen Befreiungsversuch auch nur denken zu können; wir aussortierten 250 „Spezialisten“ übrigens auch nicht. Und Waffen zu organisieren, zu verstecken, und dann noch einen taktisch durchführbaren Plan auszuarbeiten? – Schon der Gedanke daran war in einem russischen Lager lächerlich und absurd. –

Niemand von uns wußte, wohin die tausend Männer geführt wurden. Wieder kursierten darüber Gerüchte, die besagten, sie würden den Polen übergeben, und dann sollten sie in den oberschlesischen Kohlebergwerken unter Tage arbeiten. Auch erbarmungslose Kommentare hörte man dazu aus unseren Reihen: „Da werden die Polen nicht viel Freude dran haben." – Häßliche Worte wie „Schrott", „wandelnde Skelette" und schlimmere fielen dabei. Mit Trauer, vermischt mit tiefschwarzem Galgenhumor, wurde auch der 1700 Männer gedacht, die das Lager nicht überlebt hatten, und nun unter der Erde lagen: „Niemand wird je den Russen Verbrechen vorwerfen können, etwa wie die Nazis Sträflinge vergast oder sonstwie gewalttätig umgebracht zu haben. Als edle humanistische Sozialisten werden sie mit bestem Wissen und Gewissen alle späteren Schuldzuweisungen für den Tod dieser Männer von sich weisen können. „Haben die meisten der Unfallopfer ihren Tod nicht selbst verschuldet? Sie hätten eben nur besser aufpassen müssen. Gut, es war manchmal eine Verkettung widriger Umstände, doch wer will dafür ernsthaft die Lagerleitung beschuldigen? – Und für die vielen bedauernswerten Krankheitsopfer gilt das ja noch viel mehr. Für die Krankheit eines Menschen kann man schließlich niemanden zur Veranwortung ziehen, und für die Hungerverpflegung schon gar nicht; hatte doch die russische Bevölkerung selbst nicht viel zu essen." – So philosophierten einige unter uns eine ganze Weile, und wollten damit doch nur ihr mächtig aufsteigendes Mitleid verbergen, während wir den Elendszug davonschleichen sahen.

Wir haben von diesen Männern nie mehr etwas gehört. Auch Jahre später konnte ich trotz vieler Bemühungen nirgendwo in Erfahrung bringen, was aus ihnen geworden ist, und ob überhaupt der eine oder der andere seine Familie wiedergesehen hat. Denn die Familien, die in Freystadt und in den umliegenden Dörfern wohnten, waren ja inzwischen über alle deutschen Länder und darüberhinaus verstreut.

Der klägliche Rest wartet auf das Ende

Wir sogenannten Spezialisten fühlten uns nun in dem riesigen Lager wie verloren. Doch daß niemand von uns verschwand, darauf paßten weiterhin die Wachposten auf, deren Zahl man allerdings vermindert hatte. Die großen Wachtürme an den Ecken des Lagers waren nach wie vor von schwer bewaffneten Soldaten besetzt, das gesamte Lagerregime zwar reduziert aber intakt; doch außer dem Morgenappell und gelegentlichen Aufrufen zu kurzfristigen Arbeiten ließ man uns fast in Ruhe. Es gab auch keine Übergriffe mehr, und da wir viel Langeweile hatten, streiften wir auf den Lagerstraßen und in den verlassenen Baracken umher. Erst jetzt lernten wir das Lager gründlich kennen, waren wir doch in den Monaten zuvor immer vom Morgengrauen bis zum späten Abend zur Arbeit im Stahlwerk. Bei unseren Rundgängen sammelten wir auch zurückgelassene Lumpen und alte Säcke, um uns nachts besser vor der Kälte schützen zu können, denn es war deutlich kühler geworden. Auch bei Tage schliefen wir viel, denn die Hungerverpflegung mit der von Anfang an üblichen Suppenjauche hatte sich um nichts gebessert. Einige von uns wollten auch die kaputten Duschanlagen wieder in Ordnung bringen, was aber leider nicht gelang. Nur die sogenannte Krankenbaracke, die nun auch leerstand, betraten wir nicht, einmal wegen der bösen Erinnerungen und zum anderen wegen des unbeschreiblichen Drecks.

Bald wußten wir, daß der Grundriß und der Aufbau des Lagers den üblichen deutschen Standardmaßen entsprach, nicht nur die Baracken, sondern auch die Breite der Lagerstraßen und die Größe des Appellplatzes schienen normiert zu sein. Später konnte ich auch im Konzentrationslager Buchenwald vergleichbare Systemmaße mit nur unwesentlichen Abweichungen feststellen. Wir hatten viel Zeit für derlei Gedankenspiele und kamen immer wieder auf die raffinierten sowjetischen Methoden zurück, alte deutsche Lager unter bedeutend wirtschaftlicheren Bedingungen als Gulags weiterzuverwenden. Doch die vor Monaten noch großen Möbelstapel vor dem Lagertor, die schon beschriebenen Einrichtungsgegenstände aus deutscher Zeit, waren längst verschwunden, die Massengräber endgültig zugeschüttet: Ein paar Jahre nur, und sie werden vergessen sein, meinten viele von uns und behielten leider Recht. – Wie gern hätten wir uns jetzt einen der eisernen Barackenöfen geholt, die vor drei Monaten noch zuhauf vor dem Lagertor standen; gewiß wäre es uns gelungen, bei den Wachsoldaten die Genehmigung dafür zu erwirken, denn in ihrer Wachbaracke qualmten längst die Schornsteine. Vor dem Lagertor stand aber kein einziger alter Ofen mehr.

Unsere Gespräche drehten sich fast zwanghaft immer wieder um ein Thema: Den Vergleich zwischen der Nazi- und der Sowjetdiktatur. Wir diskutierten über ihre unterschiedlichen, aber in gleicher Weise verbrecherischen Methoden, denn noch immer war die maßlose Enttäuschung über unsere sogenannte Befreiung schmerzhaft gegenwärtig. Gab es doch unter uns eine ganze Reihe ältere Kameraden, die zur Zeit der Weimarer Republik und der Hitler'schen Machtergreifung politisch links standen. Sie sträubten sich lange, ihre alte Überzeugung, daß Nationalsozialismus und Sozialismus Gegensätze wie Feuer und Wasser wären, aufzugeben und einzusehen, daß wir es in Wirklichkeit nur mit eng verwandten, aber zerstrittenen Verbrechersyndikaten zu tun hatten. Oft gipfelten unsere Gespräche in der ernsthaften Frage, warum überhaupt diese beiden Systeme Krieg gegeneinander geführt hatten.

Einer der Intellektuellen unter uns erklärte am Bild des Kreises die Logik des Unterschiedes der beiden Systeme, an dem einige Kameraden noch immer festhalten wollten. Mit einem Stock zeichnete er einen Kreis in den Sand, denn noch immer hatten wir kein Stückchen Papier, und trug dann vom Mittelpunkt aus den Radius ein. Damit, so erklärte er, soll das eine diktatorische System versinnbildet werden. Steht dieses System nun im feindlichen Gegensatz zum anderen, dann muß man dessen Radius konträr, nämlich im Abstand von 180° in den Kreis zeichnen, und so machte er es auch vor. Beide Systeme haben nun den größten Abstand voneinander, denn die Radien sehen wie ein Kreisdurchmesser aus, und das versinnbildet einen konträren Gegensatz. – Wird aber die Feindschaft noch größer als 180° – dozierte er weiter – und nähert sich dem Wert von 360° an, dann wächst sich der konträre Gegensatz zu einem kontradiktorischen aus; das heißt, beide Systeme werden trotz des doppelt so großen Gegensatzes wieder dekkungsgleich; mit anderen Worten, sie sind voneinander nicht mehr zu unterscheiden. – Solche und ähnliche Gespräche waren keineswegs nur logische oder psychologische Spielchen, sondern ein Versuch, mit unseren traumatischen Erfahrungen irgendwie fertig zu werden.

Wie ich Jahrzehnte später wußte, nahmen wir mit diesen Gesprächen den berühmten deutschen Historikerstreit auf unsere Weise vorweg und brachen damit hemmungslos alle Regeln und Konventionen, die die Gelehrten gute dreißig Jahre später festschrieben. Eine ihrer wichtigsten war ja, daß beide Systeme unvergleichbar wären, und das scheint bis zum heutigen Tage in Deutschland peinlich genau beachtet zu werden. Seitdem ist genaues Erinnern einem Tabu ähnlich geworden, und Vergleichen wird als Aufrechnen desavouiert. Ich bin sicher, daß wir damals schon über solche „wissenschaftlichen" Regeln, hätten wir sie vorausgewußt, milde gelächelt und sie sogleich als ideologische Vernebelung abgetan hätten. Freilich kannten wir Auschwitz noch nicht, denn wir mußten ja auf unserem Todesmarsch dorthin unverrichteter Dinge umkehren. Doch inzwischen waren einige der schrecklichen Nachrichten über den technisierten Massenmord der Nazis gerüchtweise bis zu uns durchgedrungen. Auch der vermutete Grund über den Abbruch unseres Marsches nach Auschwitz schien sich zu bestätigen: Die Gerüchte verdichteten sich, daß es dort ein schreckliches Massensterben als Folge einer Epidemie gegeben hatte, was offenbar bis zum heutigen Tage weder bekannt noch untersucht worden ist. Schon damals fragten wir uns verbittert, ob denn Lenins und Stalins Leichen einen humaneren Tod erlitten als Hitlers Folteropfer.

Viele Jahre mußten noch vergehen, bis wir vom unvorstellbaren Ausmaß des nationalsozialistischen Völkermordes zuverlässige Nachrichten erhielten. Inzwischen war ich mehrmals in Yad Vashem zu Jerusalem, immer von neuem erschüttert über alles, was dort dokumentiert worden ist. Jedem, der das bagatellisieren möchte, muß man entschieden entgegentreten. Trotzdem habe ich in das Gästebuch meine Frage geschrieben: Wer wird den Millionen unschuldiger Opfern, die in sowjetischen Lagern, und den Frauen und Kindern, die bei der Vertreibung elend umgekommen sind, ein würdiges Gedenken widmen?

Doch während ich diese Zeilen aufschreibe, scheint der alte Historikerstreit wieder aufzuflammen: Gewissermaßen aus Deutschland nach Frankreich exportiert, hat dort eine Gruppe von zehn Historikern in jahrelanger Forschungsarbeit ein „Schwarzbuch des Kommunismus, Verbrechen, Terror, Repression“[9] herausgegeben. Wie man hört, soll es 1998/99 auch in deutscher Überset-

---

9 Schwarzbuch des Kommunismus, Verbrechen, Terror, Repression, Editions Laffont, erschienen zum 80. Jahrestag der sowjetischen Oktoberrevolution. Deutsche Ausgabe im Verlag Piper, München 1998. Zitiert nach „Süddeutsche Zeitung“ 12.11.97 Nr. 260/ S. 13

zung erscheinen. Auf 848 Seiten werden die kommunistischen Verbrechen minutiös dargestellt. Die französischen Historiker kommen auf 85 bis 100 Millionen Tote. Sie sprechen von einer „konfliktuellen Komplizenschaft“ der Nazis und der Kommunisten und sagen zum Beispiel, daß der bewußt in Kauf genommene Hungertod eines ukrainischen Kulakenkindes „soviel gilt“, wie der Hungertod eines Kindes im Warschauer Ghetto. Die Massenverbrechen des Kommunismus entsprächen allen Kriterien der „Verbrechen gegen die Menschlichkeit“, wie sie für die Nürnberger Prozesse formuliert wurden, auch weil der Klassengenozid dem Rassengenozid gleichkomme. Wie man hört, soll in Frankreich selten ein Buch von den Medien so heftig diskutiert worden sein wie dieses, vor allem weil Lenin, der ja noch immer mit der Gloriole des sozialistischen Gutmenschen geschmückt ist, mit hunderttausenden politischen Morden in diesem Buch am schlechtesten wegkommt. Möglicherweise stört dieses Buch auch die Friedhofsruhe in Deutschland auf. Ich hielte es deshalb für notwendig, damit die kollektive Verdrängung dieser entsetzlichen Ereignisse nicht in Zukunft neuen und schlimmeren Schaden anrichtet.

Doch noch hockten wir untätig im Lager und wußten nicht, was man mit uns vorhatte. Zu unserer größten Überraschung wurden uns bei einem der nächsten Morgenappelle einige Banknoten „sowjetisches Besatzungsgeld“ ausgezahlt. Nach meiner Erinnerung waren es drei oder vier unbekannte Geldscheine, auf denen Reichsmark aufgedruckt stand. Waren es 60, waren es 80 Mark? Ich weiß es nicht mehr genau. Nur konnten wir nichts dafür kaufen – nicht einmal eine Scheibe Brot, die wir so dringend gebraucht hätten. Sogleich schlossen sich neue Gerüchte an dieses Ereignis. Eine Delegation des „Roten Kreuzes“ sollte in den nächsten Tagen das Lager inspizieren, deshalb waren die Russen auch so hektisch darum bemüht, die tausend kranken und ausgehungerten Männer loszuwerden. Doch es kam keine Delegation.

Nach einigen Tagen marschierten wir ab und landeten auf einem großen Gleiwitzer Güterbahnhof. Dort stand unter vielen anderen ein Güterzug mit gedeckten Waggons, in die wir verladen wurden, etwa 40 Mann in einen Viehwagen. Tagelang drängelten wir uns in dieser bedrückenden Enge. Doch die Wachtposten behandelten uns wesentlich menschlicher als früher, waren wir doch die Spezialisten. Sie sagten uns oft: „Ihr braucht keine Angst zu haben. Wir fahren nach Torgau, und dort werdet ihr entlassen“. Das glaubten wir natürlich nicht; denn erstens saßen wir in russischen Waggons, und zweitens waren Berlin und Torgau so ziemlich die einzigen deutschen Städtenamen, die die Russen kannten. Torgau deshalb, weil sich dort die Russen mit den Amerikanern auf der Elbebrücke zum ersten Mal trafen. Wenn sie also einen Entlassungsort erfinden wollten, um Fluchtversuchen vorzubeugen, so lag eben Torgau nahe. Auch Gräfenhainichen (in der Dübener Heide, in der Nähe von Dessau) kam ins Gespräch. Angeblich sollten dort – wie in Reichenbach – Reste von Fabriken abgebaut werden.

Irgendwann gab es dann die Frage, wer in der Nähe, also im Umkreis von etwa 30 Kilometer zu Hause wäre. Da die Russen im Laufe der Monate immer mal einen oder mehrere Männer aus der Gegend eingefangen hatten – wie weiter oben schon berichtet – reduzierte sich die Gruppe um knapp 40 Mann. Uns dreien fiel blitzschnell Cosel ein, und das wurde geglaubt. Allerdings guckten wir uns betroffen an, weil das Ganze so unförmlich verlief. Mißtrauisch vermuteten wir, daß hinter dem ganzen Gerede der Posten nur Fluchtverhinderungstaktik stand. Vor allem hatten wir auf ein Entlassungspapier gehofft und häufig Fluchtgedanken beiseitegeräumt; denn wir befürchteten in dieser doppelt feindlichen Umwelt - polnisch und russisch - erneutes Ungemach. Anschauungsunterricht hatten wir ja genügend gehabt. Irgendwann trennten wir uns dann auch von unserem dritten Kumpel; er wollte einen anderen Heimweg riskieren.

Einer der Posten war uns beiden, Reinhard und mir, offenbar mehr gewogen als die anderen. Er mußte uns öfter zum Wasserholen begleiten, und wir konnten uns auch einigermaßen mit ihm verständigen. Wie nun die aufregenden Einzelheiten abliefen, kann ich nicht mehr genau sagen. Jedenfalls sprachen wir mit ihm mehrmals über „nach Hause gehen“ - ein deutsches Wort, das viele Russen beherrschten. Und eines Tages im ausgehenden Oktober, wir gingen gerade zwischen zwei Güterzügen zur ziemlich weit entfernten Wasserstelle, sagte er uns schlicht und einfach das berühmte „Pascholl - nach Hause“; und da wir begriffsstutzig waren, kam auch noch das obligatorische „Dawai“ dazu. Als wir endlich verstanden, stolperten wir, so schnell wir konnten, über die Gleise, immer in Angst zurückgerufen oder beschossen zu werden, suchten Deckung zwischen den herumstehenden Waggons und erreichten endlich freies Feld, das an der einen Seite des Güterbahnhofes anschloß. Wir wußten es selbst nicht: Waren wir nun abgehauen, oder entlassen worden, oder hat der Wachtposten Beihilfe zur Flucht geleistet? Nur eins wußten wir ganz genau: Wir hatten keinen Entlassungsschein, keinen Ausweis, nichts. Das hieß, wir waren Freiwild, Illegale, die nicht weit kommen konnten, Leute, die in dieser feindlichen Umwelt eigentlich gar nicht existieren durften.

Was aus den Zurückgebliebenen geworden ist, haben wir nie erfahren. Nur von einem einzigen hörte ich viele Jahre später - etwa 1949/50 -, daß er aus dem Kaukasus wegen Krankheit nach Hause geschickt worden sein sollte. Doch habe ich nie eine Bestätigung von ihm selbst bekommen können, waren doch inzwischen alle mit ihren Familien über die Besatzungszonen Deutschlands zerstreut worden, und damals trennten uns außerdem die Zonengrenzen.

Ohne Entlassungspapiere durch ganz Schlesien

Wir sprachen lange darüber, ob wir überhaupt eine Chance hatten, ohne ein Papier durchzukommen. Doch liefen wir einfach los, immer auf der Hut, immer mit äußerster Vorsicht. Ich weiß auch nicht mehr genau, wie wir uns zu Anfang orientierten. Da es aber schon am Nachmittag war, gingen wir über alle möglichen Seitenwege immer in Richtung Südwesten der Oder entgegen. Wir kamen bald bis in die Nähe von Groß-Strehlitz und trafen auf dem Feld Menschen, die als Deutsche weiße Armbinden trugen.

Diese Armbinde, von der polnischen Verwaltung für alle Deutschen zwingend angeordnet, war für uns Papier- und damit Rechtlose ein großartiges Erkennungszeichen, denn wir konnten dadurch kaum an die Falschen geraten. Und so geschah es uns auch mit diesen ersten Deutschen, die wir trafen. Sie nahmen uns so herzlich auf, wie wir es niemals erwarten durften, wir konnten uns ordentlich waschen, wir bekamen zu essen, und wir konnten sogar in Betten schlafen, zum ersten Mal seit vielen Monaten. Das war noch nicht einmal alles. Am Morgen verpaßte uns die Hausfrau einige halbwegs ordentliche Zivilklamotten, und wir zogen nach einem einfachen Frühstück weiter. Die Leute ahnten vielleicht nicht, wieviele Kräfte sie durch Ihre Gastfreundschaft in uns freigemacht hatten. Sie gaben einfach, obwohl sie selbst kaum das Nötigste zum Leben besaßen.

Doch was sie uns erzählten und an Ratschlägen erteilten, war viel weniger geeignet, uns Mut zu machen. Wir sollten uns - so sagten sie - in erster Linie vor uniformierten Polen sehr in Acht nehmen. Ohne Papiere würden die uns sofort verhaften und dann in ein polnisches Lager stecken. Denn die Polen hätten längst die Herrschaft in Schlesien übernommen. Dagegen brauchten wir uns vor Russen nicht mehr zu fürchten. Wir sollten gar nicht erst versuchen, nach Oppeln zu gehen, und es wäre am besten, wenn wir auch andere Städte mieden. In Oppeln aber wäre die Oderbrücke von polnischer Miliz streng bewacht, deshalb gäbe es dort keine Chance für uns herüberzukommen, und über die Oder müßten wir, wenn wir nach Niederschlesien wollten. Schließlich rieten sie uns, auf der Fernstraße einen russischen LKW anzuhalten, denn die Russen wären jetzt viel freundlicher; jedenfalls würden sie gelegentlich Deutsche mitnehmen und manchmal sogar vor den Polen beschützen.

Beklommen wanderten wir weiter über Feldwege, bestenfalls auf Seitenstraßen, immer ängstlich darum bemüht Menschen auszuweichen, die keine weißen Armbinden trugen. Ich weiß es nicht mehr, ob wir vor dem Oderübergang, den wir irgendwo seitlich von Oppeln versuchen wollten, noch einmal bei Deutschen übernachteten. Doch ein Deutscher, den wir unterwegs trafen und ansprachen, warnte uns auch vor diesem Plan: „Es gibt keine Boote mehr an der Oder, die unbewacht sind," - so sagte er,- „alle Boote sind an wenigen Stellen des Ufers zusammengezogen worden, da kommt ihr nicht heran". Er riet uns auch, mit einem russischen LKW zu trampen, das wäre zwar keine sichere, aber doch die einzige Möglichkeit, um über die Oder zu kommen; auch wollte er wissen, wie wir denn ohne Entlassungspapiere aus dem Lager herausgekommen wären.

Ein eigenartiges Gefühl stieg in mir auf, das ich mit Macht zu unterdrücken suchte, an das ich mich aber sehr lebendig erinnere: Plötzlich erschien mir das Lager in Laband in einem anderen Licht. Dort hatte man hinter den Stacheldrahtzäunen eine gewisse, wenn auch noch so verhaßte Sicherheit. Die erkannte ich freilich erst jetzt, da ich das Lager hinter mir hatte. Man war all die Monate der Selbstverantwortung unmerklich entwöhnt worden; man brauchte im täglichen Trott des Sklavendaseins nur selten darüber nachzudenken, wie es weitergehen sollte. Und wenn es nur den Hungerfraß gab, so war man doch sicher, daß es ihn gab. Die plötzliche Freiheit aber stürzte mich in neue Fragen, denen ich mich nicht gewachsen fühlte. Ich beschimpfte mich selbst, warf mir Sklavengeist vor und versuchte mich so von diesen herabsetzenden Gedanken zu befreien. Doch sie kamen immer wieder, wie ein Köter, nach dem man tritt, und der doch nur um so wütender kläfft. Es war nichts anderes als der schwere Weg in die Freiheit mit all den Unsicherheiten, die ungewohnte Bürde, für sein Handeln wieder die volle Verantwortung tragen zu müssen, – die geistige Überwindung des Sklavensyndroms, wie ich es dann später nannte, als ich viele Menschen erlebte, die der zusammengebrochenen DDR nachtrauerten. Ob es Reinhard auch so erging? Ich habe ihn nicht gefragt, weil ich mich dieser unausgegorenen Gedanken schämte, und weil ich sie damals auch nicht formulieren konnte.

Schon an diesem Tage wurde uns klar, wie ernst die Ratschläge unserer Gastgeber zu nehmen waren. Wir mußten durch Tost gehen. Irgendwie kam uns dieser Ort aus Eichendorffs Biographie bekannt vor. Eine ältere Frau zog einen schweren Handwagen, mit Kartoffeln beladen, und wir halfen ihr. Plötzlich erschien ein polnischer Posten, der uns schon gesehen hatte, so daß wir nicht mehr ausweichen konnten. Als er merkte, daß wir Fremde waren, befahl er uns, im Zentrum der Stadt zur Milizkommandantur zu gehen und uns zu melden. Er schrie uns noch allerlei hinterher. Wir aber zogen den Wagen und verdufteten, so schnell wir konnten. Später erst erfuhren wir, daß sich in diesem Ort ein berüchtigtes von den Nazis übernommenes Lager befand

Wir gingen schließlich an die Straße nach Oppeln und erreichten eine Stelle im Wald mit Buschwerk an beiden Straßenrändern. Nun wollten wir es mit einem Russenauto versuchen. Als schließlich mehrere Lastwagen von Ferne herankamen, sprangen wir voller Angst wieder zurück in die Deckung der Büsche. Schließlich kam ein einzelner Lastwagen mit offenem Anhänger. Wir winkten, und er hielt tatsächlich an. Wir zeigten dem Fahrer das sowjetische Besatzungsgeld, und er nahm es. Freundlich sagte er uns, daß wir schnell aufsteigen sollten, denn er würde wirklich über die Oder fahren. Er warf uns sogar ein Kommißbrot auf die Ladefläche, schließlich hatten wir ja mit unserer gesamten Barschaft bezahlt. – Nur sollten wir uns, ehe er die Brücke passierte, flach auf den Boden des Fahrzeuges legen, damit die polnischen Milizsoldaten uns nicht sehen könnten. Das taten wir gerade noch rechtzeitig; denn die Oderbrücke erreichte er viel schneller, als wir dachten. Kurz vorher erspähten wir noch, daß mindestens zwanzig bewaffnete Milizionäre vor und auf der Oderbrücke standen. Sie machten auch keinen Versuch, den Russentruck anzuhalten, der ziemlich schnell über die Brücke fuhr. Uns fielen zentnerschwere Steine vom Herzen.

Wir hatten nämlich rechts der Oder, die Nacht zuvor in den Wäldern um Großstrehlitz viele Schüsse gehört. Die Leute erzählten jedoch später, daß diese Schüsse nicht deutschen Flüchtlingen galten, sondern von antikommunistischen Partisanen herrührten, die überall in den Wäldern bis in die Beskiden gegen das kommunistische Regime rebellierten. Wir sollten diese Leute, falls uns welche begegneten, ebenso meiden wie die Miliz. Doch vorerst fühlten wir uns aller Sorgen enthoben. Der russische Soldat fuhr, was sein Lkw hergab in Richtung

Brieg. Dort erreichte er die alte deutsche Autobahn wieder, die A 4, und nun ging es schnell in Richtung Breslau. Kurz vor Breslau, schon in den ersten noch lichten Vorstädten, auf der Ohlauer Chaussee oder schon am Anfang der Klosterstraße, setzte er uns ab und gab uns sogar noch eine Zigarette.

Der Weg durch das zerstörte Breslau

Das aber war nun genau die Situation, die wir nach dem eindringlichen Rat unserer deutschen Gastgeber vermeiden sollten: „Umgeht Städte und große Ortschaften, wo immer ihr könnt", so hatten sie uns mehrmals eingeschärft. Wir aber befanden uns schon in der Vorstadt, so daß uns einfach die Energie fehlte, einen anderen Weg zu suchen, der uns um diese große Stadt herumführen könnte. Außerdem lag links von uns ein ausgedehnter Güterbahnhof und rechts von der Straße die Ohle und ein bißchen weiter die Oder. Vor allem aber fehlte uns dringend eine Landkarte.

Also tippelten wir mit unguten Gefühlen los in Richtung Innenstadt. Wieder einmal ereignete sich einer jener Zufälle, bei denen Gott lächelt: Wir gingen nur kurze Zeit hinter einer deutschen Frau in mittleren Jahren, die wie die Frau in Tost einen diesmal kleineren Wagen zog. Sie hatte wohl auf einem der umliegenden Dörfer ein paar Lebensmittel eingetauscht. Schon am Anfang der Klosterstraße stellte sie uns erfreut als „Zugpferde" ein, forderte uns gleichzeitig auf, unsere Bündel auf dem Wagen zu verstauen, damit wir nicht zu sehr auffielen. Wir müßten nämlich durch das Zentrum, weil sie im Westend der Stadt wohnte. Wir stapften mit dem Wagen hinter uns und mit der guten Frau, die neben dem Wagen lief und auf ihr Hab und Gut acht hatte, durch die dichter werdende Vorstadt. Zuerst sah man sogar noch das eine oder das andere unzerstörte Haus. Das änderte sich jedoch schnell, je näher wir dem Mauritiusplatz mit der Mauritiuskirche kamen, die wir auch zerstört vorfanden. Die Ruinenlandschaft, die uns umgab, bedrückte uns. War es vom Mauritiusplatz oder von Stellen der Klosterstraße aus: Wir konnten über eine schreckliche Trümmerwüste ungehindert bis zur Kaiserbrücke und dahinter auf der rechten Oderseite einen völlig eingeebneten Stadtteil sehen. Unsere Begleiterin erklärte uns, daß die Nazis während der Belagerung alle Häuser gesprengt und eingeebnet hatten, um auf der freigesprengten und eingeebneten Fläche dieses Stadtteils einen Flugplatz zu bauen.

Für uns beide aber kam dieser Weg einem Tanz auf brüchigem Eis gleich. Denn die Straßenpassanten vermehrten sich, je näher wir dem Zentrum kamen, und einige von ihnen musterten uns mißtrauisch. Über den Christophoriplatz über die Ohlauer Straße war es nicht mehr weit bis zum Ring. Uniformierte gab es mehr, als uns lieb war, und jedesmal, wenn einer uns aufmerksam anschaute, meinten wir am Ende unseres Weges angekommen zu sein. Doch sie ließen uns merkwürdigerweise alle ungefragt weiterziehen. Wir gaben uns ja auch Mühe, den Leuten zu zeigen, daß wir dazugehörten. Mit hoher Wahrscheinlichkeit rettete uns unsere kluge Begleiterin und ihr Handwagen. Wären wir mit unserem Bündel allein durch die Straßen gegangen, hätte es sicherlich keine Möglichkeit gegeben unkontrolliert durchzukommen. Und wir besaßen - wie gesagt - kein Stück Ausweispapier.

Wir bewunderten das berühmte gotische Breslauer Rathaus. Es war - worüber wir uns sehr freuten - unzerstört. Die gute Frau führte uns auch an der Elisabethkirche vorbei, an der wir Granateinschläge sahen, dennoch war sie in ihrer Bausubstanz erhalten geblieben. Wie ich hörte, soll sie Jahre später abgebrannt sein. Je weiter wir uns vom Ring entfernten und unseren Wagen in Richtung Westen zogen, über die Nikolaistraße zum Königsplatz, wurden die Zerstörungen schlimmer. Es gab kein bewohnbares Haus mehr; ausgebrannte Fassaden, Trümmerberge auf dem Bürgersteig bis über den Straßenrand hinweg, und viele Seitenstraßen fanden wir von Trümmern noch so zugeschüttet, daß da kein Mensch hindurchgehen konnte.

Wir bemerkten aber auch keinerlei Bemühungen, Trümmer wegzuräumen, um wenigstens Gehwege durch die Seitenstraßen zu schaffen. Unsere Begleiterin sagte uns, daß es hier besonders schlimm aussehe. Und ich mußte mich traurig an meinen kurzen Besuch Ende Januar 1945 erinnern, als die Stadt noch völlig erhalten war. Wir erreichten die Friedrich-Wilhelm-Straße. Dort soll die letzte Verteidigungslinie der Deutschen gewesen sein, ehe sie am 6. Mai 1945 kapitulierten. Wir gingen immer weiter, bis zum äußersten Rand des Breslauer Westends. Dort irgendwo wohnte unsere Begleiterin mit ihrer Familie. Das machte uns schon deshalb froh, weil wir am nächsten Morgen die Stadt vom Westend aus in Richtung Westen verlassen konnten. Für die Leute aber war es nicht einfach, uns zu beherbergen. Wir hörten nämlich sogleich, daß es auch in Breslau bereits eine strenge polnische Verwaltung gab. Irgendwo bei einer Behörde mußten unsere Gastgeber auch vorsprechen und angeben, daß sie für eine Nacht Gäste beherbergten. Doch glücklicherweise enstanden daraus für uns keine Komplikationen.

Vieles hörten wir über die notvollen Lebensverhältnisse. Die riesigen Vorräte, die die deutsche Wehrmacht für die Verteidigung der Stadt angelegt hatte, waren längst geplündert und verbraucht. Niemand aus der deutschen Bevölkerung hatte Geld, denn nur noch der polnische Zloty galt als amtliches Zahlungsmittel, und so konnten Deutsche nur noch von Tauschgeschäften leben. Bestürzt hörten wir, daß es auch in Breslau schon Vertreibungen gegeben hatte; Zahlen aber konnte damals niemand nennen.

Breslau hatte kurz vor dem Kriege über 629 000 Einwohner; 58% der Bewohner waren evangelisch, 37% waren katholisch, 4% waren jüdisch, weniger als 1% waren polnische Staatsbürger. Während des Zweiten Weltkrieges, als man Schlesien den Luftschutzkeller Deutschlands nannte,vermehrte sich die Einwohnerzahl um fast 300 000 Westdeutsche.[10] –

In der Festung Breslau blieben im Januar 1945 etwa 300 000 Menschen, von denen gegen 40000 umgekommen sind. Im Frühling und im Sommer 1945 sind bedeutende Flüchlingsströme aus Sachsen, Brandenburg und dem ehemaligen Sudetenland wieder nach Breslau zurückgekehrt. Doch die Anzahl der Rückkehrer ist niemals festgestellt worden. Man konnte nur sehr vorsichtig schätzen, daß die Einwohnerzahl im Herbst 1945 gegen 400 000 oder darüber tendierte. Unsere Gastgeber klammerten sich an der Hoffnung fest, daß man doch eine so große Menschenmenge nicht aus der Stadt heraustreiben könnte. So dachten wir ja auch. Doch bald wurde uns das Gegenteil bewiesen.

Heute hat Breslau – nun Wroclaw – gegen 700 000 polnische Einwohner; darunter sind etwa 500 Deutsche. Diese Großstadt ist meines Wissens die einzige auf unserer Welt, in der die gesamte Einwohnerschaft, ohne jede Rücksicht auf jahrhundertealte Heimat- und Besitzrechte, innerhalb kurzer Zeit zwangsweise „ausgewechselt" worden ist. Auch historisch ist dieser Vorgang beispiellos. Selbst bei der Vertreibung der jüdischen Bevölkerung aus der Stadt Jerusalem nach Babylon vor über 2500 Jahren wurden nur die Oberschicht und viele

10 Zitiert nach *Ekkehard Kuhn*, Schlesien Brücke in Europa, S. 219.

Handwerker deportiert, während man sich um das einfache Volk nicht kümmerte. Ob man in Breslau das 1945 ebenfalls beschlagnahmte „deutsch“-jüdische Eigentum zurückgegeben hat, konnte ich nicht in Erfahrung bringen. –

Am nächsten Morgen verließen wir das Westend und wählten uns für den weiteren Weg in Richtung Westen untergeordnete Landstraßen und Wege aus. Wir brauchten etwa 14 Tage für den Heimweg. Das ist für diese Strecke eine lange Zeit. Doch unsere Tageskilometerleistungen waren schon deshalb dürftig, weil wir mit den sehr unförmigen und klobigen Holzschuhen an den Füßen das Gehen gewissermaßen neu einüben mußten. Auch lernten wir erst mühsam, wie man dicke Stoffetzen als Fußlappen so faltet, daß man sich nicht ständig neue Blasen lief. Denn ordentliche Socken besaßen wir schon lange nicht mehr. Deshalb konnten wir auch bei drohender Gefahr nicht schnell genug weglaufen. Doch sind wir unterwegs nur einmal geschnappt worden, allerdings von einer untergeordneten polnischen Instanz, die uns nicht einmal nach einem Ausweispapier fragte, sondern sich nur an unserer kostenlosen Arbeitskraft interessiert zeigte. Nach einem Tag Holzhacken kamen wir zu unserem Glück wieder frei.

Weiter in Richtung Freystadt

Kahl liegt das Feld, der Acker trauert; denn das Korn ist vernichtet, vertrocknet der Wein, das Öl ist versiegt. Die Bauern sind ganz geschlagen, denn Weizen und Gerste, die Ernte des Feldes ist verloren. (Joel 1,10)

Nun beherzigten wir endlich den Rat unserer Gastgeber, benutzten oft nur noch Feldwege und nahmen dadurch so manchen zeitraubenden Umweg in Kauf. In den Waldgebieten auf der linken Oderseite fühlten wir uns außerdem sicherer. Dafür aber war die Orientierung schwierig, zumal auch die Ortsschilder der Dörfer bereits polnische Namen trugen, die wir nicht kannten. Freilich sind viele deutsche Ortsnamen nur ins Polnische übersetzt worden; doch wir konnten kaum ein Wort polnisch. Das macht es auch heute für mich schwierig, unseren Weg auf der Landkarte zu rekonstruieren. Wir versuchten jedenfalls an Lüben vorbei in Richtung Sprottau zu gelangen. So kamen wir auch an Johnsdorf vorbei, wo mein Patenonkel eine große Gastwirtschaft, verbunden mit Landwirtschaft, und einer Brauerei bewirtschaftete. Als Schuljunge verbrachte ich manchmal meine Ferien bei ihm, bestaunte die riesigen, blitzblanken Braukessel und durfte in seinem großen Saal sogar mit „Saalfahrrädern" fahren, was damals in Schlesien bei jungen Leuten in Mode war. - Ich sah nur von Ferne, weil wir uns nicht trauten, in den Ort hineinzugehen, daß von seinen stolzen Hausgrundstücken nicht viel übrig war, konnte aber nicht erkennen, ob die Häuser abgebrannt oder zerstört wurden. Mein Patenonkel wollte später, als ich ihn im Taunus wiederfand, seinen schlesischen Besitz, auf dem seine Familie seit Generationen lebte, niemals mehr wiedersehen. Er ließ sich durch keine Verlockungen zu einer Reise nach dem Osten verleiten: „Die Sache ist für mich endgültig erledigt", sagte er stets. Gegen Ende der fünfziger Jahre begründete er eine bescheidene Existenz in der Nähe von Frankfurt/Main.

Allerdings war uns unser Ziel keineswegs klar: Gehen wir in unsere Heimatstadt, oder versuchen wir uns lieber gleich zur Oder-Neiße-Linie durchzuschlagen? Weil wir aber beide über den Verbleib unserer Familien nichts wußten, wollten wir erst in Freystadt nach ihnen suchen. Denn wir hielten es für möglich, daß sie irgendwann dorthin zurückgekehrt waren.

Der lange Weg machte uns stets von Neuem traurig. Wir kamen durch menschenleere Dörfer. Nur hier und dort trafen wir Deutsche, die uns von der ersten Vertreibung im Juni/Juli 1945 berichteten. Auch polnische Neusiedler gab es zu dieser Zeit erst sehr wenige. Dementsprechend sahen die Ortschaften und die Felder aus. Überall lagen noch Trümmer des Krieges. Es gab kaum ein Haus, einen Hof, eine Brücke, an denen Zeichen des Wiederaufbaues zu sehen war. Höchstens notdürftige Reparaturen hatte man in den vielen Monaten seit dem Kriegsende vorgenommen. Trostlos sahen die Felder aus: Braungraue, niedergetretene Getreidefelder, niemand hatte sie im Juli abgeerntet. Die ausgefallenen Getreidekörner bildeten auf dem Ackerboden schon eine neue grüne Pflanzendecke. Die Kartoffelfelder waren so gut wie alle noch nicht abgeerntet. Die ersten Novembertage zogen ins Land. Und wir fragten uns ernsthaft, wovon die Menschen, die aus Polen hierherziehen würden, sich im nahenden Winter ernähren sollten.

Noch aber zeigte sich das Land fast überall unbewohnt. Nur ab und zu sahen wir, daß irgendein hungriger Mensch einige Zeilen Kartoffeln für seinen augenblicklichen Bedarf hackte. Das taten wir natürlich auch, wobei es dann stets ein großes Problem war, die Kartoffeln zu kochen. Denn wir besaßen nicht einmal Zündhölzer, und es erwies sich als völlig ausgeschlossen, irgendwo welche zu organisieren. Schon deshalb mußten wir uns abends nach einem Quartier umsehen, damit wir unsere Kartoffeln kochen konnten, wobei wir manchmal Leute fanden, die wie vor Jahrhunderten wieder gelernt hatten, mit Feuerstein und Zunder ihr Herdfeuer zu entzünden. Manche scherzten sogar darüber und meinten, daß ihre Vorfahren im Dreißigjährigen Krieg ja auch diese ehrwürdige Methode des Feuermachens geübt hätten. Wenn wir aber abends in menschenleeren Dörfern kein Quartier fanden und im Freien übernachteten – auch das kam natürlich vor – konnten wir eben nichts abkochen und aßen rohe Früchte.

Vieh sahen wir nirgendwo, nicht einmal Kleinvieh. Einstmals reiche landwirtschaftliche Gebiete waren im Verlauf weniger Monate wie zu einer Steppe geworden. Doch Menschen, die uns beherbergten, fanden wir in vielen Orten. Nie wieder sind wir bei fremden Leuten – nur wegen der gleichen Nationalität – auf so große Solidarität gestoßen. Einmal durften wir sogar im Elternschlafzimmer unter Federbetten übernachten, während sich unsere Gastgeber ein Notlager im Nebenraum herrichteten. Wir schämten uns, daß wir ihnen höchstwahrscheinlich unsere Läuse hinterlassen hatten. Nur dort, wo es bereits eine polnische Milizstation gab, warnte man uns und schickte uns weiter. So kamen wir endlich in die Gegend von Sprottau. Wir hätten von dort direkt die etwa 20 Kilometer auf der Fernstraße nach Freystadt gehen können. Doch das wagten wir nicht. –

Wir liefen also auf Nebenwegen in Richtung Sagan. Dadurch mußten wir zwar einen bedeutenden Umweg in Kauf nehmen, doch das erschien uns sicherer als die Hauptstraße nach Freystadt. Irgendwie kamen wir am nördlichen Stadtrand von Sagan an und sahen deshalb von den schweren Zerstörungen im historischen Zentrum dieser alten Stadt nichts. Gern hätten wir erfahren, ob die herrliche gotische Kirche, die es an Größe und Schönheit mit manchem Dom aufnehmen kann, ob das Schloß des habsburgischen Feldherrn Wallenstein noch steht, doch trauten wir uns nicht in die Innenstadt. Dort, wo sich am nördlichen Stadtrand die Straßen gabeln, die rechte, nur eine Landstraße, über Küpper, Hirschfeldau und Herwigsdorf nach Freystadt und die linke in nordwestlicher Richtung über Naumburg und Christianstadt am Bober nach Forst, sprachen wir noch einmal darüber, ob es wohl richtig wäre, nach Freystadt zu laufen. Denn wir mußten ja in die Stadt gehen, was uns leicht zur Falle werden könnte. Vielleicht sollten wir uns doch in westlicher Richtung zur Lausitzer Neiße in Richtung Forst durchschlagen und dort die Grenze überschreiten. Doch die Ungewißheit über unsere Familien, daß wir sie eventuell doch in Freystadt finden könnten, machte unseren Entschluß endgültig.

Von nun an kannten wir beide nicht nur jeden Ort, sondern fast jeden Feldweg. Denn als Schüler waren wir viel mit dem Fahrrad in unserer Heimat unterwegs. Wir sahen in Hirschfeldau und Herwigsdorf nur ganz wenige Menschen. Viele Häuser und Höfe standen leer, und nur auf den beiden großen Gütern schienen einige Polen eingezogen zu sein. Doch auch Deutsche mit ihren weißen Armbinden sahen wir nur wenige.

Auch hier stand noch auf sehr vielen Feldern das inzwischen verdorbene Getreide aus dem letzten Sommer. Auf großen Kartoffelfeldern arbeiteten ganz vereinzelt Frauen, die mit Hacke und Korb Kartoffeln ernteten. Keine Erntemaschine, kein Pferd, kein Vieh – eine beängstigende Stille lag über dem Land. Und was für ein Leben pulsierte hier früher zur Erntezeit. Inzwischen lag der Oktober 1945 hinter uns, und die ersten Novembertage zogen ins Land. Wir sorgten uns ernsthaft, ob man vor dem Wintereinbruch wenigstens einen Teil der Kartoffelernte retten könnte. Noch hatte es keinen Bodenfrost gegeben, und der Spätherbst schenkte den Menschen ungewöhnlich gutes und für die Jahreszeit zu warmes Wetter. Warum nutzte man es nicht? Jedenfalls hatten die deutschen Bauern in dieser Gegend, zumeist die Frauen, im Frühjahr noch viele Felder bestellt, ehe sie im Juni 1945 vertrieben wurden. Sie hungerten nun in der Sowjetischen, in der Britischen oder Amerikanischen Besatzungszone, während ihre reiche Ernte hier verkam und verdarb. An einem Feldrand gruben wir uns einige Kartoffeln aus; es waren große und gute Früchte.

Verkehr auf der Landstraße Sagan – Freystadt gab es überhaupt nicht, weder Gespanne noch Fußgänger begegneten uns. Deshalb liefen wir bedrückt aber unbesorgt auf der Straße weiter. Erst in Obersiegersdorf sahen wir einige Menschen; denn dieses Dorf grenzt übergangslos an Freystadt an. Deshalb verließen wir in der Nähe der Hellenberge die Straße und gingen über Felder und Wiesen bis zum Rodewaldhof, den wir völlig verlassen aber von außen gesehen baulich noch ganz in Ordnung vorfanden. Haus- und Stalltüren standen, soweit sie noch vorhanden waren, offen, und innen sah es aus wie in einer Ruine. Erst viele Monate später brannten Scheunen und Stallungen ab, und während der sechziger Jahre wurden sie abgerissen. – Die Frage, wo meine Tante mit ihren Kindern und der Großmutter lebte, blieb unbeantwortet. Die einstmals so fruchtbaren Felder waren eine Unkrautwüste, denn hier hatte niemand etwas für die Frühjahrsbestellung tun können.

Heute, nach fünfzig Jahren, bietet der einst so stolze Hof ein Bild der Verwüstung. Im großen Geviert der einstigen Wirtschaftsgebäude liegen in dichter Trümmerflora und undurchdringlichem Gestrüpp noch immer große Mauerbrocken, die man nach dem Abriß einfach liegenließ. Die breite Durchfahrt auf den ehemaligen Wirtschaftsweg zu den Feldern ist fast zugewachsen. Auch der einst auf weite Strecken gepflasterte Rodewaldweg ist nur noch schwer erkennbar, weil kein Bauer mehr dort entlangfährt; und die Obstbäume, die ihn früher kilometerweit säumten, sind verschwunden. Das einzige gepflegte Gebäude ist der Kuhstall. Ein Gerbereibetrieb hat ihn bezogen, umgebaut und instandgesetzt. –

Das große Rodewald'sche Wohnhaus wurde schon um 1950 in fünf oder sechs Wohnungen aufgeteilt; das Dach sieht schlimm aus und ist an vielen Stellen mehr als notdürftig mit allem möglichen Material geflickt. Die Schornsteine sind gerissen, die einstmals wertvolle Immobilie in einem so desolaten Zustand, daß eine Generalreparatur gewiß nicht mehr lohnt, sondern nur noch der Abriß in Frage kommt. Die Familien, die das Haus bewohnen, leben in bitterer Armut. Dennoch liegen die beiden großen Gärten brach. Sie sind inzwischen durch mancherlei Anflug, junge Bäume und Gebüsch so zugewachsen, daß sie kein Fremder mehr als ehemaliges Gartenland erkennen könnte. Viele alte Schlesier, die heute noch gelegentlich in ihre ehemalige Heimat fahren, fragen sich enttäuscht: Warum hat man einst wertvolle Grundstücke, die man ja kostenlos übernehmen konnte, nicht erhalten, warum hat man so selten etwas daraus gemacht? – Viele Gründe werden dafür genannt, aber keine Antworten.

Als der Vorbesitzer, mein Großvater Rodewald, wenige Monate nach der Machtergreifung Hitlers starb, unterzog er zuvor seine drei erwachsenen Söhne einer strengen Befragung. Er wollte genau wissen, welche Partei sie bei der Reichstagswahl 1933 gewählt hätten. Als sie ihm „Zentrum“ und „SPD“ nannten, glaubte er ihnen nicht, weil bei der offiziellen Stimmenauszählung im zuständigen Wahllokal von Obersiegersdorf nicht eine einzige Stimme für das Zentrum gezählt wurde. Er brauchte lange, um einzusehen, daß schon damals massiver Wahlbetrug im Spiele war und wurde damit nur schwer fertig. Meine Mutter erzählte mir das mehrmals, denn auch sie wurde von ihm streng nach ihrem Wahlverhalten ausgeforscht. – Kurz vor seinem Tode, am 1. April 1933, sagte er dem Hoferben, daß unter Hitlers Führung bald ein Krieg drohe, und daß die Wirtschaftsleitung des Hofes darauf eingestellt werden sollte. Denn er hielt Hitler schon damals für einen politischen Abenteurer, als viele Deutsche noch an die Nazis glaubten. Nichtsdestoweniger wurde auch er nach dem Krieg, obwohl längst tot, unter Kollektivschuldanklagen gestellt.

Über ein halbes Jahrhundert später erhielten die Erben von der Bundesregierung Lastenausgleich; gewiß eine sehr lobenswerte Sache. Es war eine Summe zwischen zwanzig- und dreißigtausend Mark, und viele Zeitgenossen sahen darin eine angemessene Entschädigung. – „Nicht einmal die Ernte eines Jahres!“, sagte lakonisch einer der Rodewaldsöhne, registrierte aber die Zahlung dennoch als einen Akt des guten Willens.

Hätten wir damals nur ein wenig von dieser Entwicklung vorausahnen können, wir würden es gar nicht erst versucht haben, nach Freystadt hineinzugehen, sondern wären die 80 Kilometer Wegstrecke weiter nach Forst gelaufen, um dort irgendwie über die neue Grenze zu entwischen. Wahrscheinlich wäre uns dadurch viel Böses erspart geblieben. Doch wir gingen weiter und erblickten kurz darauf ein nagelneues Ortsschild. *Kozuchow* stand da in großen Lettern – und: *powiat Nowa Sol*. – Natürlich war das ein Schock für uns, wußten wir doch, daß unser Städtchen fast 750 Jahre unter dem Namen Freystadt existiert hatte, und daß irgendwann während der sechziger Jahre seine Siebenhundertfünfzigjahrfeier, wie auch bei vielen anderen ost- und mitteldeutschen Städten, fällig sein würde. Über die Bezeichnung *powiat Nowa Sol* machten wir allerdings unsere, wenn auch angetrauerten Witze. Denn der Streit beider Städte, welche von ihnen „Kreishauptstadt“ sein sollte, begann schon vor fast 200 Jahren. Das kleinere, aber um Jahrhunderte ältere Freystadt hatte den Streit gegen das größere, aber viel jüngere Neusalz schließlich gewonnen. Nun aber unter der neuen polnischen Herrschaft erlebte der alte Streit offenbar fröhliche Urständ oder einfach seine Fortsetzung.

Im Jahre 001 der Stadt Kozuchow

Es schreit der Stein in der Mauer
und der Sparren im Gebälk gibt ihm Antwort.
(Habakuk 2,10)

Bei den Grauen Schwestern im Krankenhaus

Wir nahmen uns vor, zuerst die Grauen Schwestern im Krankenhaus aufzusuchen, weil wir meinten, daß man sie bestimmt nicht mit den anderen Deutschen vertrieben hatte. Da wir hier nun jeden Winkel kannten, kamen wir auch ungefährdet im Krankenhaus an, trafen die Oberin, Sr. Richardis, sogar die Küchenschwester, Sr. Aquinata, die wir als Kinder immer Schwester Spinata nannten, was sie sich jedoch gern gefallen ließ. Alle waren sie zu unserer Freude noch da, sogar die alte Schwester Hymeria, die sich von uns Kindern den Namen Schwester Amerika gefallen lassen mußte. Es blieb keine Zeit für eine große Begrüßung. Denn die Schwestern sagten uns sogleich, daß sie seit kurzem einen strengen polnischen Verwalter bekommen hätten, der auf gar keinen Fall etwas von uns merken durfte. Ehe wir uns versahen, verteilten sich einige Schwestern auf den Gängen, um aufzupassen, und wir wurden schneller, als wir denken konnten, in ein Nebenzimmer des Operationssaales bugsiert. Wir müssen wirklich einen mitleiderregenden Eindruck gemacht haben. Denn sofort nötigten uns die lieben Schwestern mit unerbittlicher Strenge zu einer gründlichen Reinigung, wozu natürlich auch die Entlausung gehörte. Unseren nur noch leisen Protest nahmen sie einfach nicht zur Kenntnis. Gleich kam auch eine weitere Schwester mit einigermaßen ordentlichen Klamotten über dem Arm. – „Die verlausten Lumpen kommen in die Heizung!“, ordnete sie energisch an, dabei hatten wir gar nicht den

Eindruck, in Lumpen herumzulaufen; und nebenbei unterrichtete sie die anderen Schwestern, wo der polnische Verwalter sich aufhielt; bis jetzt hätte er nichts von uns gemerkt. Erst nachdem die große Wäsche beendet war, die ja echten Landstreichern, wie wir waren, keineswegs angenehm ist, brachte uns Schwester Aquinata ein einfaches, aber für uns fürstliches Essen: Endlich – dachten wir – aber sagten es nicht. Inzwischen bereiteten andere für uns das Lager, denn es war spät geworden. Wir schliefen unbesorgt wie lange nicht mehr und fühlten uns im Schutz unserer Schwestern sicher.

Die Grauen Schwestern in Freystadt waren deshalb noch nicht vertrieben worden, weil einige von ihnen, die aus Oberschlesien stammten, mehr oder weniger gut polnisch sprachen, vor allem aber deshalb, weil sie mit Hilfe eines alten deutschen Arztes einen funktionierenden Krankenhausbetrieb aufrechterhalten hatten. Sie erzählten zwar von immensen Schwierigkeiten, vom bedrückenden Mangel an Medikamenten und medizinischem Material, doch waren sie unglaublich geschickt im Improvisieren. Das bekam ich schon einen Monat später zu spüren. Ich hatte eine vereiterte Verletzung an der linken Hand, und ein roter Streifen zog sich schon bis zum Oberarm. Die OP-Schwester erklärte mir, daß sie keine Betäubungsspritze mehr hätte, und der Arzt schnitt fachgerecht die Wunde auf, wobei ich den ersten Kreislaufkollaps meines Lebens erlitt. Im Russenlager wäre diese beginnende Blutvergiftung mit Sicherheit zur Todesursache geworden.

Die Schwestern erzählten uns von der Vertreibung im Juni/Juli 1945, bei der sie eigentlich auch schon ausgewiesen werden sollten. Ich erfuhr Näheres über die Vertreibung meiner Verwandten, der Rodewaldfamilie, aber auch, daß sich einige wenige Deutsche dieser Vertreibung durch Verstecken entziehen konnten, und viele später zurückgekommen waren; – wie im Dreißigjährigen Krieg, sagten sie. Eine Menge Namen wurden ausgetauscht. Wir erfuhren Wichtiges von bekannten und befreundeten Familien, die noch immer oder schon wieder in Freystadt lebten. Übrigens tauchte damals schon der Name des polnischen Kardinalprimas Hlond auf, der – wie man allerdings nur vom Hörensagen wußte – bereits verfügt hatte, daß alle katholischen Priester und Ordensschwestern deutscher Volkszugehörigkeit ausgewiesen werden sollten.

Einige von den Schwestern, die die polnische Sprache beherrschten, erzählten erschüttert von Predigten, die sie über das alttestamentliche Buch Josua gehört hatten. Die Eroberung Schlesiens, so berichteten sie, wurde mit der des Landes Kanaan durch Israel verglichen. Dem auserwählten Volk wurde ja in grauer Vorzeit das Land Kanaan verheißen; die Israeliten eroberten es mit scharfem Schwert und machten alles, was lebte, ob Mensch oder Tier, gnadenlos nieder. Blutbann nennt das die Bibel, und die Berichte des Buches Josua sind überaus brutal.

Die Schwestern bekundeten ihre Überzeugung, daß man doch diese urzeitlichen Geschichten heute weder zum Vergleich noch zum Vorbild wählen dürfte. Denn die Gebote Jesu, etwa in der Bergpredigt und anderswo, verpflichten doch den Christen genau zum Gegenteil. Sie und wir glaubten damals, daß solche alttestamentlichen Vergleiche nur Entgleisungen einiger weniger Priester wären. Diese Meinung mußten wir bald korrigieren. Und aus späteren Veröffentlichungen entnahmen wir, daß diese barbarische Deutung häufiger gewagt wurde, als wir es damals glaubten. Noch 1995, fünfzig Jahre danach, verkündete der Erzbischof von Stettin, daß die Landnahme ein „Akt göttlicher Gerechtigkeit" gewesen wäre. – Die Schwestern wußten ja, daß es vor wenigen Jahren zwischen deutschen und polnischen Katholiken – gewiß nicht zwischen allen – durchaus Gemeinsamkeiten, Solidarität und Hilfsbereitschaft gab, was auch von den Nazis nicht verhindert werden konnte. Nun wollten sie uns darauf vorbereiten, daß wir nichts dergleichen erwarten sollten. Wir glaubten es ihnen nur zur Hälfte, bis am nächsten Tage gnadenlose Rache mit voller Wucht über uns zusammenschlug.

Da die Schwestern in Freystadt ihre Sache sehr gut machten, wurden sie meines Wissens erst 1947/48 komplett gegen polnische Schwestern ausgetauscht. Wie es dann weiterging, ist mir nicht bekannt; nur daß das riesige Kommunikandenstift, eine Gyrdt'sche Stiftung, schon ein Jahr später vollständig abbrannte. Heute ist der Brandschutt geräumt, und eine großzügige Wiesenfläche läßt nicht einmal mehr ahnen, welch schönes Gebäude dort einmal stand. Jahre später las ich in einer Veröffentlichung, daß das Kommunikandenstift durch Kriegseinwirkungen zerstört wurde; in Wahrheit passierte die Katastrophe - ebenso wie die Vernichtung der evangelischen Gnadenkirche - viele Jahre später im Frieden.

Am nächsten Morgen erst rieten uns die Schwestern zur Milizstation zu gehen, und uns so schnell wie möglich anzumelden. Sie hatten uns das am Abend zuvor nicht sagen wollen, um uns nicht zu beunruhigen. Doch schon auf dem Weg dorthin verhafteten uns zwei Beamte der UB (das ist der polnische KGB, oder Staatssicherheitsdienst). Wo das geschah, weiß ich auch heute noch genau und bin an diese Stelle schon oft zurückgekehrt, um dieses Ereignisses zu gedenken.

Im Gefängnis der polnischen Staatssicherheit (UB)

Wenn einer seinen Sklaven oder seine Sklavin mit dem Stock so schlägt, daß er unter seiner Hand stirbt, muß der Sklave gerächt werden. (Exodus 21,20)

Man führte uns ab ins ehemalige Freystädter Gefängnis, das schon vor dem Jahre 1900 wegen der unmenschlichen Zustände geschlossen worden war. Die UB hatte es wieder eröffnet. Einige Gefangene haben es nicht mehr lebend verlassen. Zahlen aber erfuhren wir niemals.

Etwa um den 20. November 1945 wurden wir in das Gefängnis eingeliefert. Das Jahrhunderte alte Gebäude ist in die mindestens 600 Jahre alte Stadtmauer hineingebaut, unmittelbar am Glogauer Tor: Zwei Geschosse enger Gefängniszellen mit den üblichen kleinen Fenstern direkt in der alten Stadtmauer sind noch heute dort zu sehen. Weil sie fünfzig Jahre leerstanden, sahen sie auch entsprechend aus. Uralte Türen mit schweren, rostigen Riegeln, dahinter Zellen mit etwa zwei mal vier Metern Ausdehnung. Die kleinen Fensteröffnungen, unerreichbar hoch, nur noch vergittert, denn die verglasten Fensterrahmen gab es seit Jahrzehnten nicht mehr. Sie jagten uns mit Prügeln und Schreien in das unterste Zellengeschoß. Dort hatten sich in den Vertiefungen des ausgetretenen Ziegelfußbodens kleine Wasserpfützen gebildet. Das Fußbodenniveau dieser Zellen lag nämlich ungefähr ebenso tief wie die Sohle des mittelalterlichen Wallgrabens. Es galt ja als besonderer Reiz dieses Städtchens, daß die uralten Stadtmauern noch erhalten und der breite und tiefe Wallgraben zum großen Teil wie eine Parkanlage gestaltet worden war. Unser Stolz auf diese Besonderheit unseres Städtchens verflog nun sehr schnell.

Völlig leergeräumte Zellen, ohne Pritschen, ohne einen Hocker, ohne ein Stück Holz, auf das man sich setzen konnte, bedeuteten ja für uns kein Neuheitserlebnis. Außer einem stinkendem Eimer gab es keine Einrichtung. – Als wir in die Zelle gestoßen wurden, fanden wir schon acht Männer vor, die eng aneinander gelehnt an den Wänden standen. Wir kannten keinen von ihnen, denn es waren Bauern aus umliegenden Dörfern, die sich anläßlich der Vertreibung von ihren Höfen den neuen Eigentümern oder der Miliz widersetzt hatten. Wir machten uns miteinander bekannt und erfuhren tragische Schicksale. Da waren Bauern, deren Familien schon seit Jahrhunderten auf ihren Höfen saßen, und die es aufgrund ihres natürlichen Rechtsempfindens einfach nicht fassen konnten, daß sie ohne ein Stück Papier und ohne irgendeine rechtliche Begründung „enteignet" und weggejagt werden sollten. Sie glaubten deshalb an einen Willkürakt untergeordneter Milizionäre, wie sie es schon vorher oft erlebten, appellierten an höhere Stellen und wurden dafür ohne Haftbefehl und ohne alle überflüssigen juristischen Quisquilien in den UB-Kerker gesteckt. Keiner von ihnen wußte wie lange, keiner hatte ein Gerichtsurteil erlebt. Die Möglichkeit oder Unmöglichkeit derartiger Willkürakte und das Fehlen jeglicher juristischer Einspruchsmöglichkeit war in den langen Tagen und Nächten oft unser Gesprächsthema. Natürlich wurden dabei Vergleiche mit der Nazi-Herrschaft gezogen.

Sie erzählten uns viele Einzelheiten von der ersten Vertreibungswelle im Juni 1945. Einige hatten sich der Vertreibung – wie gesagt – entzogen, indem sie sich zum Beispiel tagelang im Wald versteckten, andere waren im Juli und August auf Schleichwegen illegal zurückgekehrt und brachten dann unter schwierigsten Bedingungen nur in Handarbeit die Getreideernte ein.

Doch bald erschienen die ersten polnischen „Neusiedler" und besetzten ihre Höfe. Wenn sie aus dem von der Sowjetunion annektierten Ostpolen kamen – das waren aber in dieser Gegend nicht viele – ging es oft menschlicher zu. Die alte Besitzerfamilie konnte dann bleiben und bekam mitunter sogar einen Wohnraum zugewiesen, in vielen Fällen aber nur einen Stall. Sie durften dann auf ihrem eigenen Hof als Knechte und Mägde ohne Bezahlung weiterarbeiten. Bauern, die auch das nicht hinnehmen wollten, saßen ebenfalls in unserer Zelle.

Das aber sagten sie uns gleich: „Setzt euch nicht auf den nassen Steinfußboden, das wäre euer Tod.“ Wir „saßen also nicht ein“, wie es echte Knastbrüder sagen, sondern wir standen, Tag und Nacht. Und daß man wie die Pferde auch im Stehen aneinandergelehnt schlafen kann, lernten wir schnell. Es gab ohnehin keine ungestörte Nacht. Denn die in der Sowjetunion bewährte Methode der nächtlichen Verhöre hatte auch die polnische UB übernommen. Außerdem verschafften sich die Bewacher ihren Zeitvertreib, indem sie nachts aus ihren Wachstuben herunterkamen, die Zellen regelrecht leerprügelten, und uns über Gänge und Steintreppen jagten. Wehe dem, der nicht so schnell rennen konnte wie die anderen: Immer die letzten steckten schwere Schläge ein. Denn die Wächter benutzten dafür nicht nur Gummiknüppel wie die Russen, sondern auch dicke, geflochtene Stahlseile, wie sie bei Kränen als Zugseile verwendet werden. Brutal war, daß diese Art Schlaginstrumente an der oberen Seite derart in kleine Drahtenden „aufgetrieselt“ waren, so nannten wir das, daß schon ein normaler Schlag sehr schlimme Hautverletzungen verursachte.

In einer dieser langen Nächte holten sie angetrunken, wie wir sie meistens erlebten, einen Gefangenen aus unserer Nachbarzelle, banden ihn auf einer Holzbank im Gang fest, öffneten alle Zellentüren, damit wir es auch richtig mitbekamen, und dann prügelten sie ihn unter tierischem Brüllen mit ihren Stahlseilen, bis er starb. Der Kamerad trug infolge einer schweren Kriegsverwundung unterhalb des linken Knies eine Prothese, und sie warfen ihm vor, gegen Polen gekämpft zu haben. Zu beschreiben, wie seine Leiche nachher aussah, muß ich mir ersparen.

Wieviel Verhöre wir aushalten mußten, weiß ich nicht mehr, denn täglich gab es mehrere durchzustehen. Alle verliefen sie nach der oft beschriebenen Methode des sowjetischen Geheimdienstes, der sich damals noch NKWD, später KGB nannte, und wie sie dann auch der Staatssicherheitsdienst der DDR getreulich kopierte. Zuerst erhoben sie Beschuldigungen, die sie stets mit Drohungen, Schlägen und der Behauptung garnierten, daß sichere Beweise dafür vorlägen. Wenn der Beschuldigte es zugäbe, sollte er nicht vor Gericht gestellt, ja unter Umständen sogar freigelassen werden: „Gib zu, daß du eine Nazi warst, dann bekommst du keine Strafe" – so beschuldigten sie mich unentwegt. Natürlich wollte ich von meinem Vater berichten, wollte Zeugen benennen, doch ich kam dort nie zum Ausreden, und jeder Widerspruch brachte eine Orgie von Schlägen ein. Der urplötzliche Wechsel zu einem gespielt milden, überaus höflichen Ton gehörte ebenfalls als traditioneller Bestandteil sowjetischer Verhöre dazu.

Die ständige Wiederholung war damals schon ein Grundbestandteil dieser Methode, deshalb weiß ich auch nicht mehr, wie oft ich in das Verhörzimmer getrieben wurde. Immerhin gab es dort einen einzigen Vorteil: Man konnte streckenweise, im Gegensatz zur Zelle, auf einem Hocker sitzen. Wenn man dann schließlich in die Zelle zurückgejagt wurde, das ging immer im Laufschritt und unter Flüchen und Schlägen vor sich, gab es sogleich Gesprächsstoff. Denn die Leidensgenossen wollten genau wissen, wie es einem ergangen wäre. Die Gespräche verliefen dann ähnlich wie am 16. Februar 1945 im „Deutschen Haus“: „Die Nazis haben es doch den Polen vorgemacht“, und dazu wurden dann Beispiele erzählt. Der häufigste Widerspruch lautete: „Die Nazis waren gottlos und wollten es sein; sie verhöhnten ja sogar christliche Barmherzigkeit als Feigheit und Schwäche. – Diese polnischen Wächter aber sind Christen und wollen es sein!“ Es wurde sogar behauptet, daß einige dieser UB-Beamten sonntags zur Kirche gingen. Einige vertraten die Meinung, daß die Exzesse der UB-Wachsoldaten sogar noch schlimmer wären als bei den Russen, weil hier zum Deutschenhaß blanker Sadismus hinzukam. Vermutlich aber lag es nur daran, daß in diesem UB-Kerker auf ungefähr 50 bis 70 Gefangene etwa 20 Gefängniswärter kamen. Das bedeutete für uns Opfer ein in Größenordnungen ungünstigeres Verhältnis als im sowjetischen Lager, wo höchstens 150 Wachsoldaten auf einige tausend Gefangene aufpassen mußten. Einige Kameraden philosophierten darüber, daß Heiden und Gottlose zwar brutal sein können, Christen aber, wenn sie einmal damit anfangen, moralisch noch viel tiefer herabsinken.

Tatsächlich empfanden wir das Stehen, Tag und Nacht, als eine dämonisch ausgeklügelte Folter. Wie leicht war es dagegen, täglich eine Tracht Prügel einzustecken, so sagten wir uns. Es gab auch, ähnlich wie bei den Russen, nicht die geringste Möglichkeit, sich die Zeit zu vertreiben. Auch hier war an Bücher, an Schreibutensilien und ähnliches nicht einmal zu denken. Immerhin mußten wir damals bei den Russen arbeiten. Wie dankbar wären wir hier für eine Beschäftigung gewesen.

Um auch etwas Gutes über die UB zu sagen, muß ich betonen, daß das Essen ein wenig besser war als im Russenlager, auch erlebten wir die Wächter unterschiedlich in ihrer menschlichen Haltung. An einen kann ich mich genau erinnern, ein Hüne von Gestalt, der mit seinen

Pranken offenbar einen Stier erwürgen konnte. Wir nannten ihn respektlos „Elefantenbaby". Er zeigte sich oft gütig und hatte Mitleid mit uns. Nur wenn er sich betrank, und das geschah so selten nicht, konnte er um so brutaler sein. Auch am nächtlichen Erschlagen unseres Kameraden im Gefängnisgang beteiligte er sich aktiv.

Nach ungefähr acht Tagen, wir litten bereits an einem beträchtlichen Schlafdefizit, rief man uns beide plötzlich aus der Zelle, und ohne Schikane oder Prügel eskortierten sie uns nach oben. Sofort spürten wir, daß sich etwas Besonderes ereignete. Zwei Bewaffnete führten uns auf die Straße am Glogauer Tor über den Denkmalsplatz zum Gebäude des ehemaligen deutschen Landratsamtes. Wir wußten noch nicht, daß in diesem Gebäude die polnische Miliz ihr Hauptquartier aufgeschlagen hatte. Die UB-Wächter verließen uns und übergaben uns den Milizsoldaten.

Erst viel später erfuhren wir, daß wir die Befreiung aus dem UB-Kerker dem mutigen Einspruch unserer Grauen Schwestern verdankten. Monate später erlebte ich selbst eine Bestätigung dafür. Ich mußte mit der Kutsche einen Milizoffizier nach Neusalz fahren. Auf dem Rückweg lud er unsere Oberin, die er in Neusalz zufällig traf, zum Mitfahren ein. Beide unterhielten sich angeregt, und so viel polnisch bekam ich damals schon mit, um zu verstehen, daß die Oberin über meinen Vater und unsere Familie sprach. Der Offizier fand seitdem immerhin einige freundliche Worte für mich. –

Jahre später sah ich die Oberin, Schwester Richardis, zu meiner Freude in Berlin, im St. Josephskrankenhaus, wieder, wo sie mir von der späteren Vertreibung ihres Konvents und auch davon erzählte, wie sich andere ihrer polnisch sprechenden Schwestern beim UB-Chef und beim Milizkommandanten für uns und für andere Gefangene mit Erfolg eingesetzt hatten. Lange noch war es für mich unbegreiflich, daß diese Menschenschinder katholischen Ordensschwestern mit so großem Respekt begegneten, während die Nazis für sie nur Verachtung, Hohn und Spott übrig hatten.

Doch erst einmal sperrten sie uns in den Arrestraum der polnischen Miliz. Denn die Keller des ehemaligen Landratsamtes hatten sie zum Gefängnis umfunktioniert. Wir erlebten es trotzdem als eine entscheidende Verbesserung: Denn dort gab es Pritschen, auf die wir uns seit über einer Woche endlich einmal ausstrecken konnten; und die Milizionäre ließen uns im Vergleich zur UB fast in Ruhe. Wir genossen es, uns hinzulegen, was wir wirklich nötig hatten; sogar alte Decken lagen herum, mit denen wir uns freilich von neuem Läuse einhandelten, die von unseren Schwestern erst vor ein paar Tagen mit Mühe getötet wurden. Auch das Essen beurteilten wir wiederum als ein bißchen besser, und noch wichtiger: Es gab vorerst keine Verhöre und auch keine Prügel. Doch die Finsternis in diesem Keller setzte uns zu, wir fühlten uns wie in einem Burgverlies. Nur durch die Türritzen drang ein dünner Lichtschein.

Was uns aber seelisch mehr und mehr belastete, was sich auch in unseren Gesprächen niederschlug, und was sich als bedrängende Frage stellte: Wann wird der Krieg endlich für uns zu Ende gehen? – Wir waren doch aus dem Lager in Laband gerade so mit unserem Leben davongekommen und hatten bei den Russen sehr reichlich abgebüßt, – sicherlich nicht nur für uns, sondern auch für viele andere. – Mit den Russen gab es ja am Ende sogar ein menschliches Auskommen, wie unsere sogenannte Entlassung und das Trampen mit ihrem Lkw zeigte.

Nun aber ging das ganze Drama des Hasses, der Verhöre und des Prügelns wie in den ersten Wochen nach dem Krieg von neuem los. Wir fragten uns wiederholt: Wie lange dieser Krieg für uns noch dauern sollte! Wann endlich könnten wir uns wenigstens nach dem Aufenthaltsort unserer Angehörigen erkundigen, wenn wir ihnen schon nicht schreiben konnten. Wann endlich sollte dieser völlig rechtlose Zustand ein Ende haben, dieses stete auf der Hut sein vor dem Gejagtwerden, vor den Übergriffen des Hasses und der Willkür? – Mehr können sie uns doch wirklich nicht mehr nehmen außer unserem Leben? – Sie haben doch schon den gesamten Besitz unserer Eltern und der weiteren Familie, und das allein ist nicht wenig, sondern ein beträchtlicher Grund- und Immobilienbesitz. Sie haben unsere Freiheit, unsere Arbeitskraft, ohne einen Pfennig dafür bezahlen zu müssen. Sie wußten inzwischen auch von den Grauen Schwestern genau, daß wir alles andere als Nazis waren. Das alles aber schien ihrem Haß und Rachedurst nicht zu genügen, im Gegenteil, er trieb immer weitere und schlimmere Metastasen.

Wenn ich das heute – fünfzig Jahre danach – aufschreibe, sind mir diese fernen Gedanken noch ganz lebendig und gegenwärtig, denn sie belasteten uns damals seelisch überaus schwer. Auch deshalb, weil wir uns als katholische Christen früher mit polnischen Katholiken solidarisch fühlten, weil ja die Nazis uns beide in gleicher Weise bekämpften. Nicht selten hatte ich während der Nazizeit zu Gottesdiensten polnischer „Fremdarbeiter“ in Großenborau die Orgel gespielt. Pfarrer Frank, der diese heiligen Messen hielt, verschwieg mir damals nicht, daß Gottesdienste für „polnische Fremdarbeiter“ von der Gestapo streng limitiert und an genaue Bedingungen geknüpft waren, an die er sich bewußt nicht hielt. Natürlich plagte mich damals die Angst, doch die ganze Tragweite dieses Tuns, worauf ich mich da einließ, übersah ich als Schuljunge natürlich nicht. Pfarrer Frank aber wußte es genau. Andere Priester wurden dafür verhaftet und ins Konzentrationslager Dachau eingeliefert.

Doch diese Solidarität christlicher Gemeinsamkeit schien endgültig und brutal zertreten. Traurig erinnerten wir uns an den Religionsunterricht unseres ermordeten

Pfarrers Guzy, der uns oft einzuschärfen versuchte, daß die Schuldzuweisung an ganze Familien, Gruppen und Völker, daß Sippenhaftung zutiefst antichristlich ist. Er wollte uns damals mit diesen Belehrungen standfester gegen die heidnische Nazi-Ideologie machen. Vom christlichen Standpunkt aus kann immer nur der Einzelne für sein Tun verantwortlich gemacht werden und niemand sonst; so erklärte er uns und fügte stets eindringlich hinzu, daß Rache üben im christlichen Sinne eine Todsünde ist: „Mein ist die Rache, so spricht der Herr." –

Die brutale Bestrafung durch die Sowjets hatten wir beide seelisch besser verkraftet, weil wir sie zwar nicht derart vernichtend, aber im Prinzip von Gottlosen nicht anders erwarteten. Von den zumeist katholischen Polen aber erhofften wir trotz ihres berechtigten Zornes auf die Deutschen den Versuch, sich wenigstens ansatzweise um christliche Gerechtigkeit zu bemühen. Dennoch schlug der ganze dämonische Komplex der Kollektivschuld gnadenlos über uns zusammen.

Auch heute frage ich mich mitunter traurig, ob sich daran in den verflossenen fünfzig Jahren Wesentliches geändert hat. Sind es nur Ausnahmen, in denen aus christlichem Geist ein neues hoffnungsvolles Miteinander zwischen Polen und Deutschen wächst? Oder muß man betrübt und realistisch feststellen, daß sich eine Mehrheit, nun schon die dritte und vierte Generation, immer noch als Opfer fühlt, die uns kollektiv als Täter – freilich nur noch in Worten – stets von neuem vorführen müssen .

Das alles konnten wir seelisch kaum noch verkraften. Deshalb sahen wir es als eine echte Fügung an, daß wir nur wenige Tage in diesem dunklen Keller aushalten mußten. Eines Tages nämlich öffnete ein Sergeant die Tür und fragte ganz beiläufig: „Friitz, Du wollen sitzen oder arbeiten?" – Natürlich wollten wir raus und arbeiten. Wir erlebten es wie eine Befreiung – aber nicht ganz.

Als Pferdeknechte bei der polnischen Miliz

Schwer nur gewöhnten wir uns an das Tageslicht, als wir von einem bewaffneten Posten über den Denkmalsplatz in die Gaststätte Eggert geführt wurden, die an der Ecke Denkmalsplatz, Neusalzer Straße ziemlich viel Platz einnimmt. Sie war ebenfalls von der Miliz belegt. Der Posten eskortierte uns sogleich in die Ställe hinter der Gaststätte. Da standen Pferde, einige Kühe und in einem eigenen Stall etliche Schweine. Ein Milizsoldat nahm uns in Empfang, der uns von nun an als Chef zu befehlen hatte. Ein ziemlicher Rüpel war er; die russischen Flüche, garniert mit polnischen, gehörten zu seinen sprachlichen Grundkenntnissen. Oberflächlich zeigte er uns, was wir zu tun hätten, Pferde füttern und putzen, Vieh füttern, ausmisten, Hof und Ställe in Ordnung halten und dergleichen mehr. Doch was wir nun verfüttern sollten, zeigte er uns nicht.

An diesem Tage aber passierte nicht mehr viel. Am Abend führte uns wieder ein Bewaffneter, was uns schon ein bißchen lächerlich vorkam, in eine Dachkammer des Gasthauses, und da standen zu unserer Überraschung tatsächlich zwei Betten für uns. Daß sie ein bißchen vergammelt aussahen, störte uns nicht im Geringsten.

Unsere neue Arbeit lief einigermaßen menschlich an. Sehr zeitig zwar mußten wir schon die Pferde und das Vieh füttern, und abends um 18 Uhr war immer noch kein Ende. Doch unser neuer „Chef“ ließ uns dabei in Ruhe, erschien auch tagsüber immer nur für kurze Zeit. Wenn aber das Gespann für eine Fahrt gebraucht wurde, und das geschah ziemlich oft, mußten wir immer rennen. Fluchend und schimpfend trieb er uns dabei an, versprach dabei auch Prügel – *„dwadziescia piec na* *dube" (25 auf den Hintern)* gehörte zu seiner Lieblingsdrohung, die er jedoch niemals ausführte. Zu unserem Glück aber zählte er nicht zu denen, die uns bei vielen Gelegenheiten mit russischen Mutterflüchen bedachten, die sie, vermutlich als ehemalige Katholiken, noch dazu mit Muttergottesflüchen ergänzten, wie wir sie in solch lästerlicher Fäkaliensprache noch nie gehört hatten. Das schloß dann mit dem freundlichen Wunsch: *„Niemtse schwabuw schlagtrafy."* Ich schreibe es absichtlich nur in der Lautübertragung, weil es ein überaus ordinäres Polnisch war. Man mußte sich eben ein sehr dickes Fell dagegen wachsen lassen, schweigen und an die Großen der polnischen Kultur denken, von denen wir ja auch einige kannten. – Glücklicherweise besaß ich für unsere neue Tätigkeit ein bißchen Pferdeverstand, denn schon als Schuljunge lernte ich auf dem Rodewaldhof reiten, und während des Krieges mußte ich in der Erntezeit öfter ein Gespann führen, weil Treibstoff für die beiden Traktoren knapp war.

Unter den Deutschen in der Stadt sprach es sich schnell herum, daß wir beide in Freystadt erschienen, im UB-Kerker eingesessen und nun bei der Miliz zu Pferdeknechten avanciert waren. Es dauerte gar nicht lange, da kamen Lenchen und Ruth Hanke, bald darauf Frau Elisabeth Parnitzke und andere ganz beiläufig auf den Hof der Gastwirtschaft. Einmal hing das Einfahrtstor schief und offen in den Angeln, und ein Posten stand nur an der Vorderseite des Gebäudes, zum anderen benahmen sich die zurückgekehrten Deutschen ein bißchen frecher als früher. Wer immer uns auf diese Weise besuchte, es waren meistens alte Bekannte und sogar Freunde unserer Familien. Entsprechend fröhlich feierten wir das Wiedersehen.

Gefangene oder nicht? – Niemand sagte es uns

Die Hälfte der Tugend verliert der Mann in der Knechtschaft. (Horaz)

Die wichtigste Frage aber, von der alles abhing, war für uns: Betrachtete uns die Miliz immer noch als Gefangene, mußten wir also im Gaststättengelände verbleiben, oder konnten wir uns frei in der Stadt bewegen? Darüber hatten uns die Milizionäre bis jetzt kein Wort gesagt. Zwar stand ein bewaffneter Wachtposten am Gaststätteneingang am Denkmalsplatz, nicht aber bei uns hinten am stets offenen Hoftor an der Neusalzer Straße; und auf dem weiträumigen Hof, an den weiter hinten die große Wiese mit einem offenen Konzertpavillon anschloß, ließ sich nur selten ein Milizionär blicken. Zwar lagen Hof und Wiese direkt an der alten, schwer zu übersteigenden Stadtmauer, an der anderen Seite aber zur Neusalzer Straße hin gab es keinen Zaun, nur eine mehr oder weniger dichte Hecke. Nach unten aber, wo die alte Stadtmauer sich allmählich nach Westen auf die alte Burg zuwandte, am Ende der Wiese, stand nur ein kaputter Zaun, hinter dem sich ein Wohnhaus befand. Früher wohnte darin einer meiner Freunde, doch nun war dieses Hausgrundstück und die folgenden unbewohnt und verwüstet, was uns später, wenn es irgendetwas heimlich abzutransportieren gab, sehr zustatten kam. – Wir erlebten es ziemlich intensiv als ganz ungewohnten Zustand, daß kein Bewaffneter mehr neben uns stand, und uns auf Schritt und Tritt begleitete. – Heute sind übrigens Stallgebäude und Pavillon abgerissen, und aus dem Hof ist ein betonierter Kohleplatz geworden.

Wir einigten uns schließlich aufs Ausprobieren: Wenn einer von uns oder beide unter irgendeinem glaubhaften Vorwand durch die Haupttür, dort wo eben der Posten stand, über den Denkmalsplatz zur Milizkommandantur gehen würde, dann müßte uns, wenn wir noch als Gefangene galten, der Wachtposten zurückhalten oder eskortieren. Das geschah aber nicht, außer dem gewohnten Befehl schnell wieder zur Arbeit zu gehen. Wir verhielten uns eine Weile noch recht vorsichtig, blieben im Haus und schliefen in unserer Dachstube.

Doch da gab es nach einigen Tagen eine völlig unerwartete Neuerung: Ein Sergeant rief uns in das ehemalige Restaurant, das den Milizionären nun als Speiseraum diente. Wir nahmen an, daß es dort etwas zu tun gab, doch bekamen wir zu unserem großen Erstaunen einen Tisch zugewiesen, an dem wir von nun an unsere Mahlzeiten einnehmen sollten. Das empfanden wir als große Vergünstigung, die wir aus gewohntem Mißtrauen heraus gar nicht glauben wollten. – Was man ihnen aber ganz hoch anrechnen mußte: Wir bekamen das gleiche Essen wie alle, und das war in Größenordnungen besser als bisher, doch für uns völlig ausgehungerte Jugendliche dennoch niemals genug. Reinhard sagte nur lakonisch: Ist eigentlich nichts Besonderes. Bei deinem Onkel auf dem Rodewaldhof arbeiteten ja 1939/40 auch Gefangene, die das gleiche Essen wie die Familie bekamen, auch die Festessen an den Feiertagen, und einen Wachsoldaten sahen sie monatelang nicht. Natürlich stimmte das. Doch wir freuten uns über diese Geste. Sehr langsam gewannen wir etwas Sicherheit und erfuhren erst nach vorsichtigen Sondieren, woran wir waren. –

Der Sonntag schien uns am meisten geeignet, die Probe aufs Exempel zu machen. Wir fütterten also zeitig unsere Gäule und das Vieh, sagten dem Posten am Haupteingang so selbstverständlich wie nur möglich, daß wir zur Messe gehen wollten. Vermutlich war er Katholik, denn er nahm es mit unbewegtem Gesicht schweigend hin. In den Tagen zuvor erfuhren wir von unseren deutschen Freunden, daß wir unter keinen Umständen in die katholische Pfarrkirche gehen sollten, sondern nur in die Kapelle des Kommunikandenstiftes. Dort lebte ein älterer deutscher Priester, Pfarrer Dr. Müller, und deshalb fänden dort die Sonntagsmessen für die Deutschen statt. Unsere so vertraute Pfarrkirche am Ring zu besuchen, könnte nämlich leicht als Provokation gewertet werden, zumal nicht wenige Polen katholisch mit polnisch und evangelisch mit deutsch gleichsetzten. Zuerst konnten wir das nicht so leicht verkraften; glaubten wir doch immer noch, wenigstens im gemeinsamen katholischen Gottesdienst, der damals international in lateinischer Sprache gehalten wurde, etwas Verbindendes zu besitzen. Hatten wir doch in der Nazizeit erlebt, daß wir als katholische Christen als national unzuverlässig, ultramontan und polenfreundlich eingeschätzt wurden. Das stimmte ja aus der Sicht der Nazis auch, denn ich hatte damals - wie gesagt - sogar an verbotenen polnischen Gottesdiensten mitgewirkt. Das aber galt nun alles nichts mehr, und in den folgenden Monaten mußte ich mir noch oft anhören, daß ich eigentlich evangelisch, jedenfalls nicht richtig katholisch, weil deutsch wäre. - Also gingen wir nicht in Richtung Innenstadt zu unserer Pfarrkirche, sondern über den Denkmalsplatz die Sprottauer Straße hinauf zum Stift. Der Wachtposten akzeptierte es, obwohl er uns auf eine längere Wegstrecke beobachten konnte.

Im Kommunikandenstift – dem Zufluchtsort der Deutschen

Weh denen, die das Recht in bitteren Wermut verwandeln und die Gerechtigkeit zu Boden schlagen.
(Amos 5,7)

Die „Franz-Gyrdt'sche Stiftung“ war ja ein Teil unserer Kindheit. Vor dem Ersten Weltkrieg wurde sie als Kinderheim errichtet. Die ungewöhnlich großzügigen Geldgeber hatten auf einem Hügel unmittelbar neben dem katholischen Krankenhaus ein besonders repräsentatives Gebäude errichten lassen, das sogar den Vergleich mit den gräflichen Schlössern im Kreisgebiet aushalten konnte. Rundherum erstreckte sich ein sehr schöner Park, der von den Schwestern und den Heiminsassen mit Hingabe gepflegt wurde. Wenn man das Gebäude betrat, schritt man durch breite, schön eingewölbte, lichte Flure und staunte über die fast luxuriöse Ausstattung der Zimmer und der Gemeinschaftsräume. Die Geldgeber, die dieses Gebäude als Waisenhaus gestiftet hatten, galten freilich als Millionäre. Bei der Planung aber gingen sie vom edlen Grundgedanken aus, daß für die Ärmsten der Armen das Beste gerade gut genug wäre. Wußten sie doch, daß elternlose Heimkinder nicht nur gesellschaftlich benachteiligt, sondern von den Schulkindern aus Normalfamilien oft ausgegrenzt werden. Dem wollten sie schon von der materiellen Basis des Hauses her begegnen, setzten aber auch damals schon entsprechende Erziehungsziele. Die Kinder, die dort erzogen wurden, nannten wir, die „Normalkinder“, Waisen oder „Stifter“, und in beiden Worten klang unterschwellig eine Mischung von Mitleid, Angst und abfälligem Vorurteil mit. Normale Schulkinder können ja bekanntlich erbarmungslos in ihren Vorurteilen sein; erst etwa ab vierzehn oder sechzehn lernen sie mühsam das notwendige Toleranzverhalten.

Heute weiß ich, daß die Erzieherinnen, ebenfalls Graue Schwestern, diesen Problemen mit wachem pädagogischen Einfühlungsvermögen wirksam begegneten, indem sie uns, die Schulkinder der Gemeinde, so oft sich eine Möglichkeit dafür bot, in das Stift lockten. Und so verbrachten wir damals viel Zeit im Stift, einfach weil es dort schön war, weil man dort großartig spielen konnte, doch auch weil es immer kleine Überraschungen gab. Daß sich die Schwestern damit das erzieherische Ziel setzten, ihre elternlosen Kinder nicht zu isolieren, sondern sie so oft wie möglich mit den Kindern aus Normalfamilien zusammenzubringen, sahen wir natürlich noch nicht. Die Heimkinder kamen oft gruppenweise zur Schule und zur Kirche, und manchmal hatten wir unseren Kinderstreit, aber auch unsere Freundschaften mit ihnen. – Übrigens fanden im Stift und im Park auch Jugendtreffs, Gemeindenachmittage und andere Veranstaltungen statt, was während der Nazizeit von den Behörden erheblich behindert wurde. Besonders aktiv betätigte sich Kaplan Weberbauer bis etwa 1939. Dann ging er als Pfarrer nach Neustädtel, keine zwölf Kilometer entfernt, wo wir ihn oft besuchten. Beim Russeneinmarsch, im Februar 1945, wurde er verschleppt und vermutlich umgebracht. In einem Wald bei Neustädtel fand man seinen Talar; Pfarrer Weberbauer selbst blieb bis heute vermißt. – Vierzig Jahre später, als das Stift längst weggerissen war, traf ich eine alte Dame in Cottbus, die als elternloses Kind dort aufwuchs.. Sie schwärmte unentwegt von ihrer Kindheit im Freystädter Stift, und erzählte mir unter anderem viele Einzelheiten von der Hochzeit meiner Eltern, zu der alle „Stifter“ zu Kaffee und Kuchen eingeladen waren.

Beim Russeneinmarsch im Februar 1945 erlitt das Gebäude zwar erhebliche Schäden durch Artilleriebeschuß, doch Männer aus der Gemeinde mauerten die Löcher notdürftig wieder zu. Es berührte uns beide innerlich sehr, als wir nun als junge Männer dieses schöne Haus nach langer Zeit wieder betraten. Wir fühlten uns in den alten Mauern sofort zu Hause. Einige deutsche Familien hatten hier eine Art Notunterkunft gefunden; denn es gab nicht wenige, die ihre Wohnungen bereits räumen mußten. Sobald nämlich eine polnische Familie in Freystadt anreiste, konnte sie sich eine Wohnung aussuchen. Die „Neusiedler“ aber bevorzugten stets bewohnte Häuser, denn freistehende Wohnungen, von denen es damals noch viele gab, befanden sich in einem trostlos verwüsteten Zustand. Daran hatten auch die Russen ihren Anteil. Denn unter der Herrschaft der sowjetischen Kommandantur, die von Februar bis Mitte Juni 1945 dauerte – dann mußten sie die Herrschaft den Polen übergeben – wurde die Stadt mit erstaunlicher Systematik ausgeplündert. Zuerst demontierten sowjetische Techniker mit deutschen Gefangenen wie überall die Maschinen und Einrichtungen der Betriebe, also zum Beispiel Zachertz und Sandberg, um nur die größeren zu nennen. Sogar die großen Dieselmotoren des Elektrizitätswerkes schraubten sie ab, worauf ich später zurückkommen werde.

Im März/April 1945 begannen sie dann verlassene Wohnhäuser zu räumen, denn um diese Zeit hatte der Rückkehrerstrom der Flüchtlinge, die im Januar/Februar 1945 vor den Russen geflohen waren, noch kaum eingesetzt. Bei dieser Aktion bewiesen sie durchaus Sinn für Qualität. Wertvollere Möbel, riesige Berge von Federbetten, eine ganze Fabrikhalle voll, elektrische Herde und sonstige Haushaltsgeräte, Klaviere und Instrumente füllten bald einige Hallen der vorher leergeräumten Betriebe. In zahlreichen Häusern demontierten sie sogar Lichtschalter, Elektro- und Wasserzähler, Waschbecken, feste Badeinrichtungen, Warmwasserspeicher und dergleichen mehr.

Ich habe ein belegtes Beispiel – allerdings nicht aus Freystadt – vom Verladen requirierter Klaviere: Der gedeckte Waggon war bereits mit Klavieren gefüllt. Zwischen den eng gestapelten Instrumenten befand sich nur noch eine Lücke von etwa 40 bis 50 cm. Der Natschalnik warf den Plennijs eine Schrotsäge hin und befahl, den Spieltisch eines Klavieres, also die ganze Tastatur abzusägen, damit es auf diese Weise noch in den Waggon hineingezwängt werden konnte. Man kann darüber lachen. Doch zeugt dieser Vorfall nicht nur von habsüchtiger Dummheit, sondern auch von der unterschwelligen Tendenz, den später einrückenden Polen möglichst wenig zu überlassen. Denn die Russen wußten damals schon genau, daß sie die Herrschaft über dieses Land den Polen übergeben mußten. Nur die deutschen Bewohner zeigten sich noch weitgehend ahnungslos. Erst wenn man diese Voraussetzungen kennt, kann man verstehen, daß die polnischen Neusiedler nicht total verwüstete, sondern von Deutschen bewohnte Häuser als ihr neues Eigentum in Beschlag nehmen wollten.

Deshalb zwangen sie die deutschen Bewohner – gleichgültig ob Besitzer oder Mieter – immer in kürzester Zeit ihre Wohnung zu verlassen; mitnehmen durften sie in der Regel nur soviel, wie sie tragen konnten; wobei die neuen Besitzer nicht selten dabeistanden, genau kontrollierten, was da die Deutschen einpackten, und oft Kleidung, Schmuck und andere Dinge beschlagnahmten. In einigen mir bekannten Fällen durfte überhaupt keine Kleidung mitgenommen werden. Einige der auf diese rabiate Weise obdachlos gewordenen Freystädter fanden dann im Stift einen Unterschlupf. Vor allem gesundheitlich angeschlagenen, älteren Menschen retteten die barmherzigen Schwestern damit das Leben. Andere, die sich selbst helfen konnten, zogen in irgendeine der verlassenen Wohnungen und richteten sie sich wieder her. Hankes zum Beispiel wurden auf diese Weise innerhalb eines knappen Jahres dreimal obdachlos; dabei waren sie jedesmal vollständig ausgeraubt worden. Davon werde ich später berichten müssen.

Doch zurück zu unserem ersten Sonntagsgottesdienst in der Stiftskapelle, die eigentlich keine Kapelle, sondern eine Kirche war, wie man sich eine Kirche eben vorstellt: Ein hochgewölbter neogotischer Raum mit schönen farbigen Fenstern, die zum größeren Teil die Kriegseinwirkungen überstanden hatten. Zwischen ein- bis zweihundert Gottesdienstbesucher schätzten wir. Natürlich freuten wir uns, unsere grauen Schwestern wiederzusehen. Ich wurde gleich von einer dazu verdonnert, auf der kleinen Orgel die Lieder zu begleiten, was ich recht und schlecht tat. Wir beide erlebten die erste Sonntagsmesse seit vielen Monaten, etwa seit Juni 1945, als damals in Laband ein polnischer Priester ins Lager kam. Die gute und gesammelte Atmosphäre während des Gottesdienstes fiel uns sofort auf, und das beinahe freundschaftliche Klima danach auf dem breiten Gang vor der Kapelle überraschte uns. Viele kamen auf uns zu und begrüßten uns mit Namen, obwohl wir manche gar nicht kannten. Gern wären wir noch eine Weile dort geblieben.

Doch eilten wir schnell zur Milizstation zurück, denn wir wollten es nicht gleich mit unserer Abwesenheit auf die Spitze treiben. Das war auch gut so. Denn kaum befanden wir uns wieder im Pferdestall, schrie schon einer laut nach uns. Es gab nämlich ständig auch Hausmeisterarbeiten, die andere nicht tun wollten. Zum Beispiel stand eines Sonntagmorgens in der Gaststättenküche das Wasser etwa 15 cm hoch. Das passierte, weil es am Abend kein Wasser gab, und irgendwer achtlos einen Wasserhahn nicht zugedreht hatte. Natürlich kam der Kierownik (Küchenchef) gleich zu uns gerannt: „Friitz, schnell schnell, prentko“ und dazu noch das russische Dawai: Wir sollten also das Wasser mit Eimern ausschöpfen. Die Küche aber lag im Hochparterre, ihr gefliester Fußboden jedoch zwei Stufen unter dem Niveau des großen Gaststättenraumes, weshalb das Wasser auch so hoch stand. Im Keller darunter fanden sich genügend dicke Schläuche. Da wir - vielleicht zufällig - im Physikunterricht einmal aufgepaßt hatten, schnitten wir uns ein Stück Schlauch ab, machten einen Saugheber daraus, und nun lief das Wasser ganz allein zum Küchenfenster heraus. Bald kam der Kierownik schimpfend und fluchend angelaufen, weil er uns nicht, wie befohlen, beim Wasser schöpfen in der Küche angetroffen hatte. Ich zeigte ihm also unsere Erfindung, und er holte gleich noch einige Kameraden, die sich das technische Wunderwerk anschauten und mehrmals ungläubig fragten, wo wir denn eine Pumpe montiert, und wo wir sie gefunden hätten. Keine Pumpe, sagte ich, was sie erst gar nicht verstehen wollten. Sie einigten sich jedoch, daß es so nicht schnell genug ging und befahlen uns trotzdem weiter zu schöpfen. Da machten wir noch zwei weitere Schläuche zurecht. Nach einer Weile hörte ich aus ihrer Unterhaltung, wie einer sagte: *„Niemiez umiec wszcisco“* (Der Deutsche versteht auch alles). Diese kleine Episode erzähle ich hier deshalb so ausführlich, weil sich dadurch unser Ansehen sehr aufbesserte. Eine ganze Reihe der Milizionäre behandelte uns nun nicht mehr wie die letzten Knechte. Als wir ein bißchen später aus alten Leitungen elektrisches Licht in den Pferdestall legten, allerdings auf so dilettantische Art und Weise, daß ein Elektrikerlehrling im zweiten Lehrjahr die Hände über dem Kopf zusammengeschlagen hätte, erhöhte das noch unseren Ruf. Der Stall ist während unserer Zeit jedenfalls nicht - wie viele andere Gebäude in der Stadt - abgebrannt.

Gelegentlich wurden wir auch als Arbeiter ausgeliehen. Einmal mußten in der Parteizentrale der Bauernpartei Möbel zu Feuerholz zerhackt werden; bei dem Furnierholz der teilweise sehr alten und wertvollen Stücke eine schweißtreibende Angelegenheit. Und das unter Propagandasprüchen, die wir hier gehäuft vorfanden: *„Slask byl polski, bendze polski"* (Schlesien war polnisch und wird polnisch bleiben).

Vom Pferdeknecht zum Kutscher befördert

Nur wenige Wochen vergingen, in der ersten Dezemberdekade war es, da veränderte sich plötzlich wieder unser Status. Unser sogenannter Chef, der sich ohnehin nur bei uns sehen ließ, wenn wir für ihn anspannen mußten, wurde abgelöst. Ein Milizoffizier eröffnete uns, daß wir jetzt allein für die „Fahrbereitschaft" zuständig wären; und sobald ein Wagen gebraucht würde, müßte er sofort bespannt zur Stelle sein. Einer von uns sollte ihn dann kutschieren. Dieser Beförderung fügte er einige handgreifliche Drohungen hinzu und zählte auf, was uns passieren würde, falls etwas nicht richtig klappen sollte. Das gehörte aber nur zu seinen Pflichtübungen deutschen Arbeitern gegenüber. Wir hielten die neue Tätigkeit deshalb nicht für schlecht, weil ein Chef weniger niemals verkehrt sein konnte, obwohl sich leider unsere Arbeitszeit verlängerte. Oft sollten wir nämlich Milizionäre auch nachts zu irgendwelchen „Einsätzen" fahren, worauf ich noch zurückkommen werde. Erwähnen muß ich hier, daß die Miliz, obwohl sie damals gegen 50 Bewaffnete zählte, kein einziges Auto besaß. Nur der Kommandant, ein Major, verfügte über ein schweres BMW-Motorrad mit Beiwagen. Wenn sie zu ihren – meist nächtlichen – Einsätzen fuhren, kam manchmal ein amerikanischer Truck mit polnischen Kennzeichen, wahrscheinlich aus Neusalz oder aus der Kaserne, mit dem sie dann nachts oder in den frühen Morgenstunden, beladen mit Mobiliar oder anderen Geräten, doch nicht selten auch mit Gefangenen, zurückkehrten.

Es war uns klar, daß wir uns nun möglichst schnell mit unseren Gäulen besser vertraut machen mußten. Vier standen augenblicklich im Stall, ein kleiner Panjeschimmel, ein sehr kluges und ausdauerndes Tier. Der lief mit einem viel größeren Grauschimmel - etwa sieben bis acht Jahre alt - im Gespann. Es sah schon ein bißchen grotesk aus, wenn diese sehr ungleichen Tiere angespannt wurden. Wir hatten aber wenig Kummer mit ihnen. Dann gab es da noch einen ebenso alten Wallach, der immer, wenn er richtig ziehen sollte, störrisch wie ein Ziegenbock wurde, was wir ihm auch durch gute Behandlung nicht austreiben konnten; auf dem rechten Auge erblindet, zog er öfter in den Straßengraben. - In einer eigenen Stallbox aber stand noch eine etwa dreijährige Fuchsstute, ein sehr schönes Tier, wie aus ostpreußischer Trakehnerzucht. Die älteren Tiere hatten sich schon an uns gewöhnt, weil wir sie ja täglich fütterten und putzten. Doch die Fuchsstute, äußerst nervös und vor allem aggressiv wie ein Wildpferd, war bisher weder zugeritten noch „eingefahren" worden. Später lernte ich sogar den Bauern kennen, dem sie dieses Pferd aus dem Stall geholt hatten. Er galt als erfahrener Pferdezüchter aus Steinborn, und nun besaß er nicht ein einziges Tier mehr. Wichtige Tips verriet er mir, wie das Tier zu behandeln wäre. Auch zeigte er mir, daß das Pferd extrem kopfscheu war. Irgendwer, so sagte er, wollte es wahrscheinlich zureiten und verstand davon nichts oder verlor dabei die notwendige Gelassenheit. Denn einem jungen Pferd zum ersten Mal ein Zaumzeug anzulegen, ist schon eine beachtliche Geduldsprobe und braucht viel Erfahrung. Das Tier aber wurde dabei höchstwahrscheinlich auf den Kopf geschlagen, was es in der Regel über Jahre nicht vergißt. Er machte mir klar, daß ich das Pferd täglich an einer langen Leine bewegen mußte. Das tat ich dann auch in dem Grundstück auf der großen Wiese. So gewöhnte sich das Tier langsam an mich und schlug wenigstens nicht mehr nach mir aus. Andere aber durften sich ihm nicht nähern. Erst später kann ich darauf zurückkommen, wie wichtig es für mich wurde, daß ich mit diesem Pferd umgehen konnte. –

Wir kümmerten uns aber nicht nur um die Pferde, sondern in weiteren Ställen standen drei oder vier Kühe und etliche Schweine. Während mir die Pferde nicht allzu große Sorgen bereiteten, so wußte ich doch kaum Bescheid, wie man mit Kühen und Schweinen umging. Denn als Junge hatte ich mich zwar für Pferde, doch nicht für das liebe Rindvieh interessiert. Vor allem war ja wichtig, ihnen das Richtige zu fressen zu geben. Mit der Zeit aber lernten wir auch das. Gemolken wurden die Kühe von den Mädchen aus der Küche; so waren wir wenigstens diese Sorge los. – Klar, daß wir also das Ausmisten lernen mußten, und dabei zerbrach so mancher Gabelstiel, ehe wir es wie alte Profis konnten. Weil im Winter das üble Geschäft des Mistfahrens notwendig wurde, glaubten wir zuerst, daß irgendwelche Gartenbegeisterte den Mist brauchen könnten, denn wir wußten nicht wohin damit, und die Milizionäre wollten von solchen Nebensächlichkeiten nichts hören. Doch da gab es keinen Menschen, der sich für den nützlichen Dünger interessierte, und so luden wir ihn auf dem erstbesten Feld ab, das ohnehin brach lag.

Fast täglich gab es nun irgendetwas zu fahren – von Brennholz aus dem Wald bis zu Möbeln. Brennholz wurde unwahrscheinlich viel verbraucht. Immer wenn sie uns losschickten, fragten wir, wo wir es holen sollten. Und immer sagte uns der Auftraggeber: „Fritz, du bist hier zu Hause. Du mußt wissen, wo Holz liegt." Altmodische Eigentumsvorstellungen hatten sie nun wirklich nicht. Natürlich fanden wir in den großen Wäldern auf Neusalz zu immer noch einige gestapelte Festmeter.

Ziemlich bald – noch in den ersten Dezembertagen 1945 – wurde eine Nachtfahrt fällig. Am Nachmittag schon ging es los. Ein Milizionär im dicken Mantel mit der obligatorischen Maschinenpistole ausgerüstet und mit je einer Wodkaflasche in jeder Manteltasche setzte sich neben mich auf den Kutschersitz und gab die Richtung an: Herzogswaldau (heute Mirocin), an Steinborn vorbei nach Bergenwald/Niebusch. Das sind runde zwölf Kilometer, und als wir ankamen, war es längst finster. Ich fror entsetzlich auf dem offenen Wagen, denn einen Mantel besaß ich nicht; also rannte ich auf längere Strecken neben dem Wagen her.

Gräber am Straßengraben – Zeugen der ersten Vertreibung Ende Juni 1945

Ein Eselsbegräbnis wird er bekommen. Man schleift ihn weg und wirft ihn hin, draußen vor den Toren.
(Jer 22,18)

Auf dieser Fahrt aber sah ich kurz hinter der Kreuzung, deren südliche Straße nach Brunzelwaldau führt, im letzten Abendlicht einen flüchtig aufgeschütteten Grabhügel am erhöhten Straßenrand, auf dem Feldrain eines noch nicht abgeernteten großen Kartoffelfeldes. Der Hügel wäre mir sicherlich gar nicht aufgefallen, wenn er nicht ein ebenso flüchtig zusammengebundenes Kreuz aus Birkenästen getragen hätte, das schon ganz schief stand. Ich dachte an einen gefallenen deutschen Soldaten, mußte mir aber später in Freystadt von mehreren Deutschen sagen lassen, daß es an dieser Straße keine Soldatengräber gäbe. Das wären Vertriebenengräber aus der ersten wilden Vertreibung vom Juni/Juli 1945. Nun aber erfuhr ich viele nähere Einzelheiten über diesen schrecklichen Vorgang. –

Schon im April, vor dem Kriegsende und im Mai 1945, als noch niemand etwas von der polnischen Annektion Schlesiens ahnte, waren viele tausende Freystädter, die vor der Front im Januar geflohen waren, aus Brandenburg, Sachsen, die meisten aber aus dem Sudetenland zurückgekehrt. Sie hatten energisch angefangen, Schäden auszubessern, brachten ihre Häuser notdürftig in Ordnung, vor allem aber nahmen sie die Frühjahrsbestellung in Angriff, was die großen, noch immer nicht abgeernteten Kartoffel- und Rübenfelder zeigten. Die damals noch zuständige sowjetische Kommandantur unterstützte diese Bemühungen der deutschen Rückkehrer, ordnete verschiedene Maßnahmen zur Normalisierung des öffentlichen Lebens an, setzte eine deutsche Stadtverwaltung ein und genehmigte auch die Reparatur der schwer beschädigten Schule. Gleichzeitig begann für die Kinder ein geordneter Schulbetrieb. Mein damals zehnjähriger Neffe erzählte mir, daß er mit seiner kleineren Schwester während des Monats Mai bis Mitte Juni täglich von Obersiegersdorf nach Freystadt zur Schule gehen mußte und wußte noch, daß auch der Mittelschullehrer Roche, der Vater meines Leidensgefährten Reinhard, sie unterrichtete.

Das aber änderte sich schlagartig in der ersten Junihälfte 1945, als polnische Verwaltungskräfte die Stadt und den Kreis von der sowjetischen Kommandantur übernahmen. Zuerst wurde die Schule geschlossen und die deutsche Stadtverwaltung abgesetzt. Gleichzeitig wechselte man überall deutsche Orts- und Straßenschilder in polnische aus. Die polnischen Ortsnamen standen ja bereits aus den frühen dreißiger Jahren, also der Zeit vor der deutschen Aggression gegen Polen zur Verfügung. Unter anderen hatte der damalige polnische Westmarkenverband lange vor dem Zweiten Weltkrieg entsprechende Landkarten von Schlesien, sogar von Brandenburg und Sachsen mit polnischen Ortsnamen veröffentlicht und die erwünschte Grenze zwischen Polen und Deutschland an der Elbe-Saale-Linie eingezeichnet. Natürlich konnte man auch diese Grenzziehung historisch begründen, denn in Brandenburg und in der Lausitz gibt es sogar, wenn man so will, stärkere slawische Traditionen als in Nieder- und Mittelschlesien. – Oft hatten sie die neuen polnischen Ortsnamen auch nur aus dem Deutschen übersetzt. Freystadt hieß nun, wie schon erwähnt, Kozuchow, was uns verständlicherweise nicht unberührt ließ, weil ja der über 700 Jahre alte Name der Heimatstadt etwas sehr Wesentliches für uns war. Doch geschichtliche Fragen bereiteten uns damals weniger Probleme als die schlimmen Erlebnisse des Alltags.

Denn mit dem Abzug der Russen im Juni 1945 – sie unterhielten von da an nur noch eine kleine Militärkommandantur – fing die entsetzliche Plünderei wie unmittelbar nach dem Russeneinmarsch im Februar 1945 wieder von neuem an. Mit den Russen hatten sich die Freystädter nämlich im April, Mai und im Juni 1945 schon ganz leidlich verstanden.

Am 24. Juni 1945 kam dann wie ein Blitz aus heiterem Himmel der Befehl, daß sich alle Deutschen der Stadt und aus den anschließenden Dörfern Ober- und Niedersiegersdorf zur „Aussiedlung" auf der Brandstelle, das ist ein Platz im Westen der Stadt, sammeln sollten. Am gleichen Tage wurde die erste „Marschkolonne" zusammengetrieben. Am 25. und 26. Juni 1945 wurden die restlichen deutschen Bewohner, außer einigen wenigen Spezialisten, zum Sammelpunkt befohlen und in Richtung Westen eskortiert. Nur wenige Mutige konnten sich durch Verstecken diesem Zwang entziehen. Handwagen waren erlaubt. Einigen, zum Beispiel meiner Tante mit ihren sechs Kindern und der Großmutter, hatten sie sogar einen Ochsenkarren genehmigt, der aber kurz vor der Neiße ausgespannt und beschlagnahmt wurde. Meine Verwandten schleppten sich dann in tagelangem Fußmarsch immer die Autobahn entlang bis nach Potsdam.

Der Abmarsch der ersten Kolonne am 24. Juni, die schätzungsweise aus annähernd eintausend Menschen bestand, geschah erst am Nachmittag. Der unübersehbar lange Zug bestand in der überwiegenden Mehrzahl aus Frauen, Kindern und alten Leute; die Männer waren ja fast alle noch in Gefangenschaft. Der evangelische Pfarrer Thimm, der den am 15. Februar 1945 von Russen umgebrachten Pfarrer Guzy beerdigt hatte, war dabei. Zahlreiche bewaffnete Milizionäre bewachten den Treck und trieben ständig zu einer schnelleren Gangart an. Trotzdem ging es wegen der vielen alten Leute nur langsam vorwärts. Einer unter den vielen war der über achtzigjährige Herr Linke aus Obersiegersdorf; er hatte keinerlei Gepäck, nicht einmal eine Handtasche, weil er nichts mehr tragen konnte. Mit seinem Stock schleppte er sich vorwärts und überlebte die Wegstrecke bis zur Neiße nicht. Die erste Übernachtung ordneten die Bewacher in einer Sandgrube bei Niederherzogswaldau an, etwa fünf Kilometer westlich von Freystadt. Dort trieben sie den ganzen Zug zusammen, und im Freien sollten sie nun schlafen. Viele hatten damit überhaupt nicht gerechnet und keine Decke mitgenommen. Es war aber eine kühle Nacht, und die ersten erkrankten dort. Am nächsten Morgen mußten sie sich trotzdem weiterschleppen. In diesen Elendszug hatte man auch gehbehinderte und fast gehunfähige alte Leute gezwungen. Ich kenne junge Frauen, die ihre alten Mütter in einem Handwägelchen bis zur Neiße zogen und deshalb auch auf das notwendigste Gepäck verzichten mußten. Ebenso gab es Stadtbewohner, die keinen Handwagen besaßen, deshalb wurden schon hinter Herzogswaldau die ersten Gepäckstücke weggeworfen, weil viele Leute sie nicht mehr schleppen konnten. Die Vertriebenenkolonnen aus Freystadt an den folgenden Tagen, am 25. und

26. Juni 1945, führte man unter gleichen Bedingungen nach Forst. Viele weitere Trecks aus dem Freystädter Kreisgebiet folgten auf dieser Straße.

In dem Grab am Straßenrand, das ich entdeckt hatte, liegt der erste Tote dieser Elendszüge. Es folgten weitere Gräber. Denn die gesamte Wegstrecke bis Forst an der Lausitzer Neiße beträgt runde 80 Kilometer. Dort endlich angekommen, mußten die meisten tage- und wochenlang weiter zu Fuß marschieren. Denn alle, die weder Verwandte noch Freunde in diesem Teil Deutschlands besaßen, wanderten ziellos umher, wurden in vielen Orten abgewiesen, und hatten nicht die geringste Vorstellung, wohin sie gehen könnten.

Irgendwo zwischen Christianstadt und Sommerfeld (heute Lubsko) liegt meine kleine Nichte Mechthild in einem flachen Grab am Straßenrand; sie hatte gerade den ersten Geburtstag hinter sich, verhungerte unterwegs. Etwas weiter liegt Alfred Kosmehl aus Freystadt, ein alter Herr und einige andere mehr, deren Namen ich vergessen habe. Einer meiner Neffen, der damals zehn Jahre alt war, erzählte mir viel später, daß diese Elendskolonne am dritten Marschtag in einem großen Kreise geführt wurde. Denn gegen Abend kamen sie in einem Dorf an, das sie am Vormittag schon einmal passiert hatten. Weil gleichzeitig auch in den benachbarten Landkreisen die Vertreibung erfolgte, alle Trecks aber in Forst über die Neiße sollten, wollte man dort vermutlich ein chaotisches Gedränge vermeiden. Wie leicht wäre es in diesem Falle gewesen, den alten, erschöpften Leuten und den Kindern in den bereits menschenleeren Dörfern dieser grenznahen Gegend einen Ruhetag zu gewähren.

Wenige Kilometer vor der Grenze, bei Forst an der Lausitzer Neiße, westlich des Ortes Pförten, also noch auf der polnischen Seite, wurden alle auf einer Wiese zusammengetrieben und vor dem Übertritt in das Gebiet der Sowjetzone „kontrolliert".Viele behielten dabei nicht einmal ihr Eßbesteck; anderen wurde sogar Wäsche zum Wechseln beschlagnahmt. Das alles erfuhr ich erst, nachdem ich dieses Grab am Straßenrand entdeckt hatte. – Aufmerksam geworden, sah ich bald weitere Grabhügel und hörte noch viele schreckliche Einzelheiten über diese erste Vertreibungsaktion.

Es gibt das Memorandum eines hohen US-amerikanischen Beamten, Murphy, der damals in Berlin residierte, an das State Department in Washington vom 12.10.1945. Aus seiner Berliner Perspektive schreibt er folgendes: *„Ich will für das State-Department meine Sicht der Lage aufschreiben... Der ständige Zufluß von Tausenden enteigneter deutscher Flüchtlinge aus den Ostgebieten hält an. Sie schleppen sich längs der Autobahnen hin, tragen ihre kümmerlichen Überbleibsel von persönlichem Eigentum auf dem Buckel oder in kleinen Karren und auf Kinderwagen. Die große Masse von ihnen sind Frauen, Kinder, alte Leute in allen Stadien der Ermüdung und Erschöpfung und Krankheit. Sie bieten ein erbarmungswürdiges Bild. Wer das Elend und die Verzweiflung dieser armen Teufel (wretches) anschaut, wer den Gestank ihrer vom Schmutz gekennzeichneten Lebensbedingungen riecht, der erinnert sich an Dachau und Buchenwald. Hier wird Vergeltung in weitem Ausmaß betrieben, aber nicht an den Parteibonzen, sondern an Frauen und Kindern, an Armen und Kranken... Es gibt nur wenig leistungsfähige Männer in der Altersstufe von zwanzig bis fünfzig. Dieses Geschehen läuft seit Wochen ohne Unterbrechung... Das Ende läßt sich bis jetzt nicht absehen... Wir befinden uns selbst in der abscheulichen Lage, Teilnehmer an dieser Unternehmung gegen Deutschland zu sein. Als Partner teilen wir unausweichlich die Verantwortung“*[11]

---

11 Zitiert nach *Franz Scholz,* Das Hlondheft, Zentralstelle Grafschaft Glatz/Schlesien e.V. 1996. S.48.

Oft wird heute in Unkenntnis der damaligen Verhältnisse gesagt, daß die polnischen Menschen aus den von Sowjetrußland eroberten, ehemals polnischen Ostgebieten ebenso vertrieben wurden wie die Deutschen aus Schlesien. Aus meinem Erleben stimmt zwar das „Vertrieben“ im übertragenenen Sinn, das „Ebenso“ aber ist eine schwerwiegende Tatsachenentstellung; denn zwischen beiden Vertreibungen liegen Welten.

Die Ankunft vieler polnischer Familien in Freystadt habe ich selbst erlebt. Von der brutalen Vertreibung der ehemals deutschen Bewohner im Juni 45 erfuhren sie kaum etwas, denn die ersten kamen viele Wochen später und der größere Teil erst Monate danach. Niemals habe ich sie in großen Schüben von mehreren hundert oder gar tausend Personen erlebt. Niemals waren sie zu dreißig oder vierzig Personen in einem Viehwagen zusammengepfercht, und selbstverständlich fehlten auch die antreibenden Bewacher. Ich habe immer nur Familien oder Familienverbände gesehen, die einen ganzen Eisenbahnwaggon, freilich nur einen Viehwagen zur Verfügung hatten. Deshalb konnten sie nicht nur ihr Hab und Gut, sondern auch Möbel und nicht selten ihre Kuh oder Ziegen und Kleinvieh mitbringen.[12] Und was dabei nicht unerwähnt bleiben sollte, niemals wurden diese Familien oder Familienverbände auseinandergerissen, wie es so oft bei den Deutschen geschah. Wie gesagt, wählten dann die Neuankömmlinge in der Regel bewohnte Häuser als ihr zukünftiges Domizil aus.

Doch zurück zu dieser ersten Nachtfahrt im Dezember 1945. Als wir in Bergenwald, einem alten Waldhufendorf, ankamen, war es schon seit Stunden finster. Nur in

---

12 Aus den ostpolnischen Gebieten vertriebene Polen durften, wie wir erfuhren, 2 t Gepäck und Hausrat mitbringen. Dieses Limit aber wurde nach meinen Erfahrungen von den Behörden sehr großzügig gehandhabt.

wenigen Häusern sah man Licht, für mich ein deutliches Zeichen, daß die Höfe noch zum großen Teil leer standen. Der Milizionär kannte sich offenbar gut aus. Wir fuhren nämlich gezielt zu einem Hof, den eine kleine Russenabteilung besetzt hielt. Mit ihnen verhandelte er, und nun merkte ich erst, daß es um Getreide ging. Die Säcke mußte ich natürlich aufladen. Und dann, kurz vor Mitternacht, fuhren wir zurück in die Stadt, wo wir sehr spät ankamen. Solche Fahrten, auch zur Milizstation in Naumburg am Bober, kamen ziemlich häufig vor. Manchmal übernachteten wir auch; ich schlief dann in der Regel auf einem Heuhaufen im Pferdestall. Wir fragten uns wiederholt, wo die Miliz immer noch Getreide auftrieb, da doch die Ernte bis auf wenige Ausnahmen verdorben war.

Wenn bei diesen winterlichen Fahrten Schnee auf den Straßen lag, dann zog unser Wagen oft die erste Spur. Denn es gab keinen Verkehr – weder Pferdewagen noch Autos. Früher einmal wurde auf diesen Straßen der Schnee regelmäßig geräumt; doch daran dachte zu dieser Zeit niemand. Selten nur Fußspuren von Menschen, dafür aber umso mehr Wildspuren waren zu sehen. Rehe und vor allem Wildschweine begegneten uns. Einmal mußte ich sogar anhalten, weil ein riesiges Rudel die Straße kreuzte. Ich staunte über die eigenartig gezeichneten Tiere, nicht gestreift wie Frischlinge, sondern gescheckt sahen sie aus. Ein deutscher Bauer erklärte es mir später: Viele deutsche Landwirte jagten bei der ersten Vertreibung ihre Hausschweine in den Wald. Auch er hatte das getan. Die Hausschweine kreuzten sich dann mit Wildschweinen und vermehrten sich in kurzer Zeit sehr stark. Später sah ich bei einem polnischen Neusiedler diese Mischlinge im Stall; er hatte sie sich eingefangen und wollte sie wieder domestizieren. Doch die meisten von ihnen fraßen nicht und gingen ein; sie waren eben schon richtige Wildschweine geworden.

Ein „Dokument“ – Vorbedingung, um wieder ein Mensch zu sein?

Mitte Dezember 1945 wurden wir beide in ein Verwaltungszimmer der Miliz bestellt. Wir trauten unseren Augen nicht, denn ein Verwaltungsbeamter zog bedruckte, gelbe Karten aus seinem Schreibtisch und begann Ausweise für uns auszustellen, zwar nicht mit einem Paßbild sondern mit Fingerabdrücken: *„Pelnomocnik Rzadu R.P. na Obwod XXXVIII w Kozuchowie. Karta Rejestracyjna Nr. 1365/28 S, dnia 17.XII. 1945R.* Als Beruf trug er *„robotnik“* (Arbeiter) ein. Damit fand die ausweislose Zeit für uns ein Ende. Wir stellten unsere eigenen Betrachtungen darüber an. Aus vielen bitteren Erfahrungen wußten wir ja, daß ein ausweis- und papierloser Mensch nicht nur rechtlos und gejagt sondern noch weniger als ein Sklave war, auf dem ja wenigstens Eigentumsrechte ruhen. So ein Illegaler galt schlicht und einfach als ein wertloses Nichts. Ob sie uns nun wieder als richtige Menschen werteten, mit den Grundrechten, die in der europäischen Zivilisation üblich sind? Wir waren gespannt, ob sich in dieser Richtung etwas für uns ändern würde. Auch die Nummer 1365 auf unserem Ausweis gab zum Nachdenken Anlaß. Da diese gelben „Registrierkarten“ nur an Deutsche ausgegeben wurden, Polen bekamen andersfarbige Ausweise, hielten wir es für sehr wahrscheinlich, daß genau diese Anzahl Deutscher derzeit in Freystadt lebte.

Das Städtchen hatte kurz vor dem zweiten Weltkrieg knapp 6000 Einwohner. Bei der ersten großen Fluchtwelle vor dem sowjetischen Einmarsch im Januar 1945 blieben etwa 1300 Menschen in der Stadt. Im April bis Juni 1945 kamen mindestens 1500 wieder in die Heimatstadt zurück, wahrscheinlich aber einige hundert mehr. Ende Juni/Juli 1945 wurden bei der ersten Vertreibung alle, bis auf einige Fachleute, in die sowjetische Zone deportiert. Und nun, Mitte Dezember 1945, gab es also schon wieder 1365 alte Freystädter? Wir wußten ja von vielen, daß sie trotz militärisch abgeriegelter Oder-Neiße-Grenze unter lebensgefährlichen Umständen nach Freystadt zurückgekehrt waren, weil sie in der Sowjetzone keine Bleibe und keine Überlebensmöglichkeit fanden. Ganz so leicht lassen sich eben Menschen nicht aus ihrer Heimat vertreiben.

Damals schon und in den darauf folgenden Jahrzehnten, wenn ich – selten genug – in diese Stadt kam, wurde ich häufig nach „autochthonen Bewohnern in deutscher Zeit", also vor 1945, gefragt. Damit sind die polnischen „Ureinwohner" gemeint. In einem polnischen Geschichtsbuch las ich erst vor einiger Zeit, daß in Kozuchow/Freystadt und Umgebung eine geschlossene polnische Volksgruppe die Zeit der deutschen Besetzung überlebt hätte. Mit dieser deutschen Besatzungszeit meinten sie allerdings die Zeitspanne vom Jahre 1300 bis 1945, was in diesem Geschichtsbuch freilich nicht erwähnt wurde. Meinen polnischen Gesprächspartnern konnte ich jedoch immer nur eine sehr unbefriedigende Antwort geben.

Da wir als Jungen und Jugendliche mit unseren Fahrrädern viel in der näheren Heimat herumkamen, kannte ich die polnischen Familien in Freystadt und in Obersiegersdorf sogar mit Namen. Schon damals konnte ich sechs Familien aufzählen, von denen zwei erst zu Anfang der dreißiger Jahre zugezogen waren. Sie sprachen alle deutsch und besaßen fast alle die deutsche Staatsbürgerschaft. Eine dieser Familien lief sogar zu den Nazis über, und ihr ältester Sohn, wenn er während des Krieges Urlaub hatte, stolzierte in der Uniform eines SS-Unterscharführers (Leutnants) durch die Stadt, was ich jedoch meinen polnischen Gesprächspartnern in der Regel aus falscher Höflichkeit, aber auch um eventuelle Nachkommen nicht zu gefährden, verschwieg.

Ende 1939, nach dem deutschen Angriff auf Polen, kamen viele polnische Kriegsgefangene und Zwangsarbeiter, von ihnen haben wir damals als Schüler zum ersten Mal polnische Laute gehört, was uns natürlich brennend interessierte, weil das für uns neu war. Unsere Lehrerin, Fräulein Eckardt, beschimpfte uns daraufhin wegen unserer Kontakte zu polnischen Gefangenen. Zwar redete sie nicht von Untermenschen, aber vom Stolz der deutschen Jugend.

Es gab eben keine „Autochthonen"; zwar wollte mich 1946 ein mir gewogener Milizionär dazu ernennen und forderte mich auf zu optieren (d.i. die polnische Staatsbürgerschaft beantragen). Doch in meinem Stammbuch findet sich bis hoch ins 17. Jahrhundert kein polnischer Vorfahre. Ich empfand es als schlechten Scherz, daß die Ahnenreihe schon wieder eine Rolle spielte.[13]

Oft wurden mir meine negativen Antworten zu den autochthonen Ureinwohnern nicht geglaubt. Da nämlich die Besetzung Schlesiens und die Vertreibung der Bewohner nicht wie eine Gegenaggression aussehen sollte, leitete man völkerrechtliche Ansprüche auf Niederschlesien auch aus der Existenz polnischer Volksgruppen her. Ich antwortete dann häufig wahrheitsgemäß, daß in Mitteldeutschland und auch im Ruhrgebiet geschlossene polnische Gemeinden bis heute existie-

---

13 Aus der „Verordnung des Ministers für die Wiedergewonnenen Gebiete vom 6. April 1946 über das Verfahren zur Feststellung der polnischen nationalen Zugehörigkeit von Personen, die in den Wiedergewonnenen Gebieten wohnhaft sind." Unterzeichnet: Der Minister für die Wiedergewonnenen Gebiete i.V. Wl. Czaikowski Unterstaatssekretär.: U.a. „§ 4. Interessierte Personen können die polnische nationale Zugehörigkeit mit allen Beweismitteln nachweisen, insbesondere: – a) kann die polnische Abstammung nachgewiesen werden durch Personalausweis oder standesamtliche Urkunden, sie kann auch aus der Form des Namens oder aus der Verwandtschaft mit Polen ausgehen." – Weitere Möglichkeiten werden genannt und in späteren Verordnungen erweitert und eingeschärft (z.B. Rundschreiben vom 28. Mai 1946).

ren, meines Wissens aber nicht in Freystadt und Umgebung. Viele wollten das nicht hören; diese Botschaft brachte ihre Geschichtsideologie durcheinander.

Wichtiger als der Ausweis war uns die Frage, ob wir nun endlich aus dem Milizgebäude ausziehen und uns frei bewegen durften. Der Ausweis legte diesen Gedanken nahe, doch der ausstellende Beamte gab auf unsere Frage nur eine ausweichende Antwort. Natürlich hatten wir auch die üblichen Verständigungsschwierigkeiten. Noch mehr aber überraschte uns wenige Tage danach ein anderer Milizbeamter, der uns eröffnete, daß wir von nun an monatlich 200 Zloty verdienen sollten. Das war zwar recht wenig, denn nach meiner Erinnerung bekam man für diese Summe ungefähr vier bis fünf Brote, wir aber freuten uns dennoch darüber.

Unser Umzug auf die Färbergasse – ul. Bartosza Glowackiego 12

Frau Elisabeth Parnitzke, der ich eigentlich ein Denkmal setzen müßte, bot uns wiederholt an, in ihr Haus zu ziehen. Sie besaß nahe am Saganer Tor ein altes, eingeschossiges Haus und lebte dort als Witwe mit ihrer Mutter, die schon weit über 70 Jahre zählte. Heute steht dieses Haus nicht mehr, irgendwann während der sechziger Jahre wurde es, wie viele andere Gebäude auch, abgerissen. Ihre Tochter wohnte irgendwo in der amerikanischen Zone. Nun wagten wir es, aus unserer Dachbude in der ehemaligen Gaststätte auszuziehen. Das war insofern kein Problem, als wir unsere wenigen Sachen mühelos auch ohne Koffer oder Handtasche tragen konnten. Sehr erleichtert aber fühlten wir uns, als der Milizkommandant unseren Umzug genehmigte. Wir machten fröhliche Witze darüber, daß auch diese zweite „Entlassung" – nunmehr aus dem polnischen Knast – wieder ohne Entlassungsschein erfolgte. Immerhin aber besaßen wir einen Ausweis, doch fiel uns der Glaube schwer, daß dieses Dokument von nun an ein normales bürgerliches Leben garantieren würde.

Wir zogen also zu Frau Parnitzke in das hintere Zimmer in ein fast sicheres Haus. Denn umsichtig wie sie war, klebte an ihrer Haustür ein „Ukas" der sowjetischen Militärkommandantur, der russischen Soldaten das Betreten dieses Hauses auf das Strengste verbot. Ständig aber plagte sie die Unsicherheit, ob dieses Stück Papier nun auch bei den Polen galt. Jedenfalls war sie bisher, und wurde von anderen deshalb manchmal beneidet, von Plünderungen tatsächlich verschont geblieben. Schon im März 1945 hatte sie diesen „Ukas" bekommen, weil ein von den Russen und später von den Polen hochgeschätzter Ingenieur in ihrem Hause wohnte. Er war zurückgeblieben von einer im Krieg nach Freystadt ausgelagerten Elektrofabrik, die einige Luxemburger in unsere Stadt gebracht hatten. Unmittelbar nach dem Russeneinmarsch im Februar 1945 reparierte er das kleine Elektrizitätswerk der Stadt und das damit verbundene Wasserwerk. Auch in der Polenzeit gab es niemanden außer ihm und seinen deutschen Mitarbeitern, die das Werk in Betrieb halten konnten. Diese Leistung wurde schon damals als ein Meisterstück technischer Improvisationskunst bezeichnet. Denn bis zum Kriegsende trieben zwei riesige Dieselmotoren die Elektrogeneratoren an; schon als Schüler bestaunten wir sie. Als diese Aggregate gegen Ende der dreißiger Jahre nicht mehr ausreichten, führte man eine zusätzliche Hochspannungsleitung von der Bobertalsperre Mauer nach Freystadt, die aber im Februar 1945 unterbrochen wurde. Schon im März 1945 demontierten russische Techniker die großen Dieselmaschinen und transportierten sie mit Schwerlastern zum Bahnhof. Die Elektrogeneratoren aber ließen sie im E-Werk stehen. Unser pfiffiger Ingenieur beschwatzte damals die Russen, auf dem Rückweg vom Bahnhof eine Lokomotive auf ihrem Schwerlaster mitzubringen. Die bockte er dann vor der Maschinenhalle auf, schraubte die großen Räder ab, verlängerte den Schornstein um einige Meter, und funktionierte sie zu einer ortsfesten Antriebsmaschine für die Elektrogeneratoren um. Es war ja außerdem um vieles leichter, Kohle und Holz für die Lokomotive zu beschaffen als große Mengen Dieseltreibstoff.

Tagsüber gab es dann eben oft keinen Strom, und abends hörte man bis in die Innenstadt das Schnaufen der Lokomotive. Doch immer mehr polnische Familien bezogen Wohnungen in der Stadt, und sie alle wünschten Elektroenergie. Dafür reichte die Kraft der Lokomotive nicht mehr aus. Dieses Problem wurde jedoch ganz einfach gelöst. Die polnische Verwaltung ließ eben bald nach ihrer Machtübernahme im Juni 1945 alle deutschen Haushalte, die bis dahin wie selbstverständlich ihren Strom hatten, komplett abschalten. Technisch war das allerdings nicht so leicht durchführbar. Deshalb wurde kurzerhand ein strenges Verbot mit Strafandrohungen für Deutsche erlassen, die man bei der Benutzung elektrischen Lichtes ertappte. Davon blieb niemand ausgenommen, nicht einmal unsere Frau Parnitzke, weshalb wir dann abends manchmal bei unserem Ingenieur saßen. Meines Wissens war er der einzige Deutsche, der Elektroenergie verbrauchen durfte.

Die deutschen Bürger übten sich also wieder einmal mehr im Improvisieren. Denn Kerzen gab es nicht, und wer irgendwo welche auftrieb, ging sehr sparsam damit um. Die abenteuerlichsten Öllampen wurden erfunden. Da aber Petroleum auch nicht zu haben war, es sei denn irgendwo aus vergessenen alten Beständen, kam nur Pflanzenöl in Betracht. Rapsöl zum Beispiel, das mit selbstkonstruierten Handmühlen gepreßt wurde; ich habe selbst eine solche Mühle gedreht, was ein ziemlicher Kraftakt war. Pflanzenöl aber galt überall als ein hochgeschätztes Lebensmittel. Deshalb gingen die meisten Deutschen sehr zeitig ins Bett, um Licht zu sparen.

Kartoffelernte im Dezember 1945 – die Lebensmittellage

Voll Frohlocken haben sie sich mein Land angeeignet. Voll Schadenfreude haben sie das Weideland erbeutet.
(Ezechiel 36,5)

Die Verantwortlichen schienen sich im Dezember 1945 doch Sorgen um die Lebensmittelversorgung zu machen. Es gab inzwischen in Zissendorf ein „Milizgut", auf dem viele Deutsche zur Arbeit verpflichtet wurden. Es war das ehemalige Nadolle-Gut, mit etwa 100 Hektar Fläche, vielleicht auch größer; es grenzte unmittelbar an die Landwirtschaftsflächen des schon erwähnten Rodewaldhofes. Die 99 Hektar des Rodewaldhofes hatte man einfach zum Milizgut dazugeschlagen. Nun besann man sich also, daß man im Winter Kartoffeln brauchte. Die im Frühjahr noch von deutschen Bauern, meist von ihren Frauen, bestellten Felder warteten ja – wie schon erwähnt – fast alle noch auf die Ernte. Da die Früchte glücklicherweise noch immer nicht erfroren waren, kamen nun täglich einige Kartoffelfuhren auf unserem Gaststättenhof an. In kurzer Zeit füllten wir alle Keller bis an die Decke. Glücklicherweise wußte ich, wie man eine Kartoffelmiete im Freien einrichtet und fing schnell damit an. Die Miete bekam dann bis zum ersten Frost ständig Zuwachs und hatte schließlich eine beträchtliche Länge. Mit dem Milizgut in Zissendorf bekamen wir in den folgenden Monaten noch ziemlich häufig zu tun.

Ein milder Dezember wurde uns beschert, und so konnten sich noch viele Leute auf herrenlosen Feldern mit Kartoffeln eindecken. Uns beiden aber fehlte die

Zeit dazu; wir mußten eben sehen, wie wir auf andere Weise unsere Nahrung beschafften. Denn da wir jetzt „privat" wohnten, wurden uns – außer mittags – nicht mehr alle Mahlzeiten von der Milizküche zur Verfügung gestellt. Für unsere Hausherrin mußten wir schließlich auch etwas tun.

Als dann ab Mitte Dezember plötzlich Frostwetter einsetzte, war es mit der Kartoffelernte schlagartig vorbei. Einem landwirtschaftlich interessierten Menschen konnten vor Zorn die Tränen kommen, wenn er am Wegrand hektarweise Kartoffelfelder sah, die nun ebenso verdarben wie im Sommer und Herbst die Getreidefelder. Im Kreisgebiet kamen da nicht nur einige tausend Hektar, sondern zusammengerechnet etliche Quadratkilometer zusammen. Für uns war diese Erfahrung um so schmerzlicher, weil wir gerüchtweise vom Hungerelend in der sowjetischen und in den westlichen Zonen hörten.

Doch da gab es eine Variante, angefrorene Kartoffeln zu verarbeiten, die uns ganz unbekannt war. Man besorgte sich einen großen Kartoffeldämpfer, wie man sie damals in Futterküchen verwendete. Dazu brauchte man Schläuche, Glasröhren und anderes Kleinmaterial. Aus all dem wurde eine sehr einfache aber wirksame Schnapsdestille zusammengebaut. Da angefrorene Kartoffeln einen höheren Zuckergehalt besitzen, man muß sie nur sofort verarbeiten, eigneten sie sich sogar sehr gut zu dieser Verwendung. Die erstaunliche Findigkeit polnischer Bauern, die diese Produktion betrieben, nötigte uns Respekt ab. Zwar konnte der produzierte Schnaps höheren Qualitätsansprüchen nicht genügen, doch war er ziemlich hochprozentig; und das allein zählte.

Die Miliz erklärte sich mit dieser Schnapsproduktion durchaus nicht einverstanden, denn auch in Polen beanspruchte der Staat das Alkoholmonopol. Nun aber konnte die Miliz wirklich eine echte Polizeiaufgabe erfüllen und fuhr unentwegt umher, illegale Schnapsdestillen auszuheben. Oft wurden wir dann mit dem Pferdewagen an eine der Fundstellen beordert und mußten die umgebauten Kartoffeldämpfer verladen. Es gab bei diesen Geräten interessante und intelligente technische Lösungen.

Weihnachten rückte näher, und die Schnapsproduktion ging offenbar weiter. Denn an Abenden, insbesondere an den Wochenenden, mußten wir anspannen, zwei bewaffnete Milizionäre saßen auf, und dann streiften wir durch die Straßen der Stadt. In unbewohnten Hausgrundstücken lagen sie, sinnlos betrunken, keiner Bewegung mehr fähig. Die beiden Milizionäre packten sie an Händen und Füßen und warfen sie mit Schwung auf den Bretterwagen, daß es nur so knallte, nicht selten mehrere aufeinander. Dann wurden sie mit ähnlich energischem Schwung in den Milizkeller zur Ausnüchterung transportiert. Ich weiß es nicht mehr, wie viele solcher Fahrten wir unternehmen mußten. Oft fuhren sie nämlich allein, weil wir zu unserem großen Glück auch betrunkene Polen nicht anfassen durften. Dieser Aspekt der „Lebensmittelproduktion" beschäftigte sie fast den ganzen Winter. Dennoch verdarb der weitaus größte Teil der Kartoffeln auf den Feldern. Auch im nächsten Frühjahr wurde dann der größere Teil davon nicht umgepflügt und neu bestellt.

Hilfslieferungen der UN

Es war kurz vor Weihnachten. Da bekamen wir den Befehl, auf dem Bahnhof einen Waggon auszuladen. Wir staunten, daß da ein neuer, gedeckter Waggon aus der amerikanischen Zone kam. Die Aufschrift UNRRA sagte uns erst gar nichts. Bis wir herauskriegten, daß es sich dabei um eine Hilfsorganisation der Vereinten Nationen handelte. Der Waggon war mit 15 t Weizenmehl, in starken Papiersäcken zu je 50 kg sauber abgepackt, schwer beladen. Wir haderten bald mit den amerikanischen Farmern, die gewiß Gabelstapler oder ähnliche Hebemaschinen besaßen; denn diese sehr glatten Säcke zu schultern, und es handelte sich immerhin um 300 Stück, war eine harte Arbeit. Bei der Entladeaktion stand ein bewaffneter Posten pausenlos dabei. Wie viele Pferdewagen voller Mehlsäcke wir zur Gaststätte fuhren, weiß ich natürlich nicht mehr. Dort mußten wir sie jedenfalls im Hof, die Treppe zum Bühnenraum des Saales hinaufschleppen und stapeln. Auch hier paßte ein Bewaffneter ständig auf uns auf. Nur einmal ging er auf die Toilette; und kurz entschlossen nutzte ich diese wenigen Minuten, um zwei Säcke in die angrenzende Kegelbahn zu schleppen, die voller Gerümpel lag, wo ich sie in wenigen Sekunden verstecken konnte. – Auch Fässer mit Salzheringen waren eine Variante der Hilfslieferungen. Allerdings standen sie bei den Milizionären nicht in allzu hoher Wertschätzung. An ein großes Faß kamen wir leicht heran und bedienten uns kräftig; denn es stand unbeachtet im Gang zum Speise- und Aufenthaltsraum

Damit begann für uns beide eine Art neue Karriere. Denn inzwischen wußten wir vom bedrohlichen Lebensmittelmangel vieler deutscher Familien, die ja meist nur aus Frauen und Kindern bestanden. Wenn eine Frau keine Arbeit hatte, und gearbeitet wurde in der Regel nur für das Essen, war sie allein auf die Mildtätigkeit der anderen Deutschen angewiesen, die selbst nichts besaßen. Irgendwelche soziale Absicherungen, ob Krankengeld, Sozialhilfe oder ähnliches gab es nicht einmal in Ansätzen. Deutsches Geld galt nicht mehr, war nur noch das Papier wert, und polnisches Geld bekamen die wenigsten in die Hand. Wehe wenn ein Kind krank wurde, und die Mutter nicht zur Arbeit gehen konnte. Das bedeutete für die Familie sofort lebensbedrohliche Entbehrungen und Hunger. – Nun gab es neben polnischen auch einen deutschen Bäcker, einer der wenigen, der noch in seinem Haus wohnte. Dem aber teilten die Behörden grundsätzlich kein Mehl zu, wie etwa den polnischen Bäckereien, und deshalb konnte er nur noch für Leute backen, die ihm Mehl brachten. So verhalfen wir mit dem geklauten Mehl einigen Familien zu etwas Brot, und verklärten von nun an unsere Diebstähle mit dem Heiligenschein, besser vielleicht der Scheinheiligkeit selbstloser Hilfe für andere. Ähnliche Not aber gab es auch mit anderen Lebensmitteln. Deshalb sahen wir uns etwa ab Weihnachten 1945 ständig um, wo es irgendetwas zu „organisieren" gab. Das lautmalerisch so schöne russische Wort für Diebstahl, „Zappzerapp", machte unter Polen wie unter Deutschen die Runde. Mit kleinen Angelegenheiten haben wir uns dabei kaum oder nur selten abgegeben. Natürlich lebten wir von nun an wieder gefährlich. Zwar wurde überall maßlos geklaut, doch wehe dem, der erwischt wurde.

Es kostete uns so manchen ehrlich-unehrlichen Schweißtropfen, die Mehlsäcke aus der Kegelbahn und aus dem Gelände herauszuschmuggeln, was uns aber an einem dunklen Abend gelang. Niemand bemerkte, daß zwei Mehlsäcke aus der Hilfslieferung fehlten.

Tagelang kamen Angehörige der Milizionäre und fuhren mit Hand- oder Pferdewagen Mehl ab. Größere Lieferungen gingen an die Milizstationen des Kreises. Niemand schien darüber Buch zu führen, und den besten Überblick glaubten schließlich nur wir beide zu haben, weil wir stets die Säcke für die Abholer schleppen mußten. Dabei aber stellten wir unsere eigenen Betrachtungen an. Für wen wohl waren diese Hilfslieferungen der Vereinten Nationen bestimmt? Gewiß nicht ausschließlich für die Polizei und die Behörden; doch niemand anderes bekam etwas von diesem Segen ab. In der Folgezeit trafen weitere großzügige Hilfslieferungen ein, die stets auf die gleiche Weise verteilt wurden. Die einfachen Menschen – Polen oder Deutsche – sahen davon nichts.

Wieder wurde uns ein Eisenbahnwaggon zum Entladen angekündigt, dieses Mal aber keine UN-Hilfslieferung, sondern ein Waggon Steinkohle aus Oberschlesien. Wir beide fuhren mit Gabel und Schaufel bewaffnet auf den Bahnhof. Der Kommandant hatte angeordnet, daß jedem Beamten und jedem Milizionär je drei Sack Kohle zugeteilt würden. – Auf dem Bahnhof zeigte sich, daß die Entladetüren des ungedeckten Waggons so stark beschädigt waren, daß wir sie auch mit Brecheisen und anderem schweren Werkzeug nicht zu öffnen vermochten. Wir mußten also von oben schaufeln und uns schrecklich schinden, bis wir auf den Boden des Waggons kamen. Dann zeigte sich zu unserem Entsetzen, daß die Milizionäre das befohlene Maß „drei Sack Kohle" auf ihre Weise ausgelegt hatten. Keiner der mitgelieferten Säcke faßte weniger als 100 Kilogramm, viele sogar deutlich mehr. All diese Säcke mußten wir nun in vielen Fahrten zu den angegebenen Adressen bringen und dann in die Keller oder Kohlenschuppen schleppen. Das war nicht nur wegen der je über 100 kg eine Arbeit für professionelle Gewichtheber, sondern auch eine Sucherei ohnegleichen; zeigte doch die uns übergebene Adressenliste nur die neuen polnischen Straßennamen an, die wir kaum kannten.

Unsere stets umtriebige Hauswirtin, Frau Parnitzke, bekam sofort von unserer Aktion Wind und brachte uns schneller Kohlensäcke als manche Milizionäre. Die Absprache mit ihr war ebenso schnell getroffen. Weil auf ihrer Gasse schräg gegenüber die Familie eines Milizbeamten wohnte, galt für uns allerdings die höchste Alarmstufe. Sie wartete also hinter ihrer nur einen Spalt geöffneten Haustür, und als wir dann so eng wie möglich daran vorbeifuhren, die rechte Wagenklappe heruntergelassen, warfen wir die gefüllten Kohlensäcke, ohne anzuhalten, vom Wagen direkt in den ebenerdigen Flur hinter der Haustür. So glückte auch dieses verwegene Bubenstück.

Diese harte Verteilerarbeit aber vermochten wir an einem Tage nicht zu beenden. Bei vielen Milizionären mußten wir außerdem hochprozentigen Wodka trinken, ihn abzulehnen, war nämlich bei einigen ausgesprochen gefährlich. Nach dieser Aktion fühlten wir uns trotz unserer jungen Jahre kräftemäßig dem Zusammenbruch nahe.

„Notschlachtungen"

Kurz vor Weihnachten kam ein Sergeant und befahl uns, einen großen Kessel heißes Wasser zu bereiten, unsere Pferdeeimer auszuspülen und das heiße Wasser in den Pavillon, ganz hinten auf der Wiese zu bringen. Sofort bekamen wir mit, daß sie in diesem ehemaligen Konzertpavillon eine Kuh schlachteten. Die Sache erschien uns nicht ganz koscher, weil sie sich alle erdenkliche Mühe gaben, ihr Schlachtfest da hinten vor anderen Milizionären geheimzuhalten. Denn erstens schenkten sie uns die Leber, und wir waren gerührt über so viel Großzügigkeit. Zweitens sollten wir unsere Arbeit von anderen nicht sehen lassen. – Später, als sie schon das Tier zerlegten, kam ein anderer Sergeant dazu, mit dem sie aufgeregt diskutierten. Als ich mich beim Zurücktragen der Wassereimer zufällig umwandte, bemerkte ich, wie dieser fremde Sergeant zwei Eimer voll Fleisch zur Seitentür heraustrug und unter der kleinen Treppe verbarg, denn der Pavillon stand etwas erhöht auf vielen Holzpfählen. Mit dieser milden Gabe hatten sie offenbar sein Schweigen erkauft.

Diese Erkenntnis elektrisierte uns. Denn zwei Eimer voll Rindfleisch wären genau das Richtige für uns, zumal der Sergeant wegen seines Schummelgeschäftes sich hüten würde, eine Untersuchung einzuleiten. Wir mußten ihm also nur zuvorkommen. Es ist ja im Dezember sehr zeitig finster, und damals war eine besonders dunkle Nacht. Straßenbeleuchtung gab es ohnehin keine. Der besagte Pavillon stand für uns außerdem sehr günstig am Rande der Wiese, unmittelbar an der Hecke, hinter der die Neusalzer Straße lag, auf deren gegenüberliegenden Seite sich der finstere Kalkreuth'sche Schloßpark erstreckte. Wir krochen also nach unserem späten Arbeitsschluß unter dem Pavillon durch, denn zu unserem Pech fing es leise zu schneien an, und wir durften ja keine Fußspuren hinterlassen, griffen uns beide Eimer und machten uns davon. Da wir an der Stadtmauer entlang und auch sonst jeden Weg und Steg, vor allem aber jene Gassen kannten, wo es noch viele leere Hausgrundstücke gab und noch kaum Polen wohnten, kamen wir zwar mit erhöhtem Blutdruck, doch unbeschadet bei unserer Frau Parnitzke an. Sie übersah sofort die Lage, machte ohne viel zu fragen Fleischstücke zurecht, die wir zu deutschen Familien trugen, und einen Rest weckte sie ein. Am nächsten Tage sahen wir die drei Amateurfleischer zusammenstehen, und der Sergeant beschuldigte sie, daß sie seinen Anteil weggenommen hätten. An uns dachten sie dabei glücklicherweise überhaupt nicht. – Ähnlich ging es kurz darauf zu, als ein Pferd – nicht eins von den unsrigen – geschlachtet wurde.

Ein anderes Mal hat Reinhard von einer „Dienstfahrt" nach Neusalz einige große und gute Fleischstücke organisiert. Er verstaute sie im gefütterten Kutscher-Fußsack und stand mit seinen Schuhen darauf. – Eines anderen Tages mußte ich die schöne Kutsche anspannen und zwei Offiziere zu einer Hochzeit in Herzogswaldau fahren. Polnische Hochzeiten werden ja fast immer in ganz großem Rahmen wie ein Volksfest gefeiert. Freilich durfte ich als deutscher Kutscher an der Feier nicht teilnehmen. Ich wartete eben stundenlang auf dem Hof, im

Pferdestall, doch bekam ich in der Küche ausreichend, wenn auch nicht hochzeitlich, zu essen. Dort klaute ich schamlos einen Ring Wurst, so groß, daß er sich wie ein Gürtel um die Taille legen ließ, was ich auch ohne Zögern tat, natürlich unter der Jacke und dem Hemd. – Viele Einzelheiten ließen sich diesen Episoden anfügen. Sie zeigen nur, daß auch wir unsere Vorstellungen über Diebstahl und Eigentum tiefgreifend relativiert hatten.

Zum ersten Mal wieder in unserer Pfarrkirche

Am dunklen Abend eines Adventssonntages gingen wir an unserer Pfarrkirche vorbei. Es zog uns ja doch immer wieder dorthin. Ich klinkte an der Tür, die früher tagsüber immer geöffnet war, und fand sie trotz der Dunkelheit noch offen; zu meinem Erstaunen war auch die Tür zur Orgelempore nicht verschlossen. Wir gingen die lange Treppe hinauf, denn hier kannten wir uns auch im Finstern aus. Unsere gute alte Orgel, früher eine große Barockorgel, wurde 1905 zwar verkleinert, doch ihre Stimmen blieben unverändert. Ich probierte die elektrische Notenbeleuchtung, und sie brannte. Im Notenschrank fand ich viele Notenbücher meines Vaters, doch ließ ich sie dort liegen. Seine Instrumente sah ich nirgends; sie waren verschwunden. Vor allen anderen tat es mir um sein italienisches Meistercello leid, das gewiß einen um Größenordnungen höheren Wert besaß, als alle anderen Instrumente zusammengenommen. Vielleicht aber lag es auch zu Hause, wo es entweder zerstört oder geklaut worden war. Es ist kaum anzunehmen, daß irgendeiner der Plünderer den hohen Wert dieses Instrumentes erkannte. – Fünfzig Jahre später bot mir der Pfarrer an, die Noten meines Vaters wieder in Besitz zu nehmen, denn sie lagen immer noch im Schrank hinter der Orgel. Ich mußte ihm sagen, daß mein Vater sich fünfundzwanzig Jahre früher über seine Noten mächtig gefreut hätte, denn damals schrieb er sich viele Noten, die er früher besaß, mit der Hand für die Arbeit mit seinem Chor ab; nun aber sei es zu spät, denn schon vor vielen Jahren war er gestorben.

Ich konnte es an jenem Abend wirklich nicht lassen und fing an, Adventslieder auf der Orgel zu spielen. Doch meine Freude dauerte nicht lange. Schritte stapften suchend die Treppe herauf und ein polnischer Offizier, den wir nicht kannten, erschien. Mit barschen Worten befahl er mir, das Orgelspiel sofort einzustellen und brachte die merkwürdige Begründung vor, daß die Menschen, die hier vorbeigingen, sich fürchten würden. Die Sache hatte kein Nachspiel, doch mich machte es sehr froh. Es war übrigens unser erster Besuch in der Pfarrkiche.

Den Pfarrer aber sahen wir erst später. Er wohnte nämlich nicht im Pfarrhaus unmittelbar neben der Kirche, sondern bei Familie Goldmann auf der Herrnstraße. Das Pfarrhaus, noch leer und mit offenen Türen, hatte bis jetzt niemand repariert und wieder hergerichtet. Von den Russen wurde es nach der Erschießung unseres Pfarrers Guzy am 15. Februar 1945 nicht nur gründlich verwüstet, sondern zwischenzeitlich einige Monate vom NKWD (KGB) genutzt. Es sah so schlimm aus, daß der neue Pfarrer offenbar noch nicht die Zeit und den Mut gefunden hatte, es wieder bewohnbar zu machen. Bald konnte ich ihn sprechen. Denn es war unser früherer Kaplan, Pfarrer Wyrwol. Während des Krieges wurde er aus Oberschlesien nach Freystadt versetzt, weil er in der Gegend von Oppeln große Schwierigkeiten mit der Gestapo hatte. Da er fließend polnisch sprach und auch für Polen optiert hatte, duldeten ihn die neuen Bewohner als Pfarrer in Freystadt. Doch nicht sehr lange, denn zum Ende der vierziger Jahre wurde er versetzt. Wir wunderten uns darüber, denn nach dem damals geltenden Kirchenrecht konnte der Bischof einen Pfarrer nur sehr schwer und nur unter genau festgeschriebenen Rechtsgründen zur Resignation bewegen. Das wußte ich auch damals schon. Während dieser finsteren Jahre aber schienen selbst kirchliche Behörden immer dann, wenn es um nationale Fragen ging, das Recht nicht allzu genau zu nehmen. Ich hatte in den Kriegsjahren ein sehr gutes Verhältnis zu Pfarrer Wyrwol, wußte er doch auch um die Einstellung meines Vaters und meiner Familie. Nun aber begegnete er mir unsicher und distanziert, was mich sehr betroffen machte. Ich verlor dann seine Spur, obwohl ich später von Deutschland aus versuchte, seinen Aufenthaltsort ausfindig zu machen.

Bis zu unserer Vertreibung im Juli 1946 habe ich unsere Pfarrkirche nicht mehr betreten. Wir gingen nach wie vor in die Kapelle des Stiftes aus den schon weiter oben beschriebenen Gründen. Auch die große Fronleichnamsprozession, die über den Ring und durch die Straßen der Stadt führte, durften wir nicht mitmachen, denn wir galten ja immer noch als halbe Nichtkatholiken und mußten deshalb an diesem Feiertage arbeiten. Kurz darauf erfuhr ich, daß die Offiziere der Miliz und der UB in Uniform neben dem Allerheiligsten herschritten, und je zwei von ihnen sogar unter dem Baldachin gingen, um symbolisch die Arme des Priesters zu stützen. So fanden wir es im nachhinein ganz gut, daß wir nicht daran teilnehmen durften, denn wir wären damit gewiß nicht so leicht fertig geworden.

Insgesamt aber verdankten wir der katholischen Kultur der Polen, und mochten sie uns Deutsche als Katholiken auch nicht für voll nehmen, daß die Sonn- und Feiertage gehalten wurden und daß wir an diesen Tagen, von Ausnahmen abgesehen, nicht arbeiten mußten. Wir nahmen das keineswegs als selbstverständlich oder als ein uns geschuldetes Recht hin. Hatten wir es doch im sowjetischen Lager radikal anders erlebt.

Begegnungen mit polnischen Neusiedlern

So lernten wir auch polnische Menschen kennen, die ein hohes Maß an christlichem Leben verwirklichten, einfache Menschen oft, aber in ihrer Haltung um so eindrucksvoller. In Weichau, wo ich mit einem älteren deutschen Bauern im Pferdestall übernachtete, bahnte sich zu einer Familie, die erst vor wenigen Wochen aus dem ehemaligen Ostpolen kam, ein nahezu freundschaftliches Verhältnis an. Freilich hatte mein Kamerad, ein erfahrener, alter Viehzüchter, dem polnischen Bauern, dessen Kuh krank war, mit guten Ratschlägen erfolgreich geholfen. Doch immer, wenn wir abends bei seiner Familie eingeladen wurden, bewirteten sie uns mit einer beispiellosen Herzlichkeit, was uns die Aggressionen anderer Leute viel leichter ertragen ließ. Es rührte uns, wenn der polnische Bauer mit Liebe über seine Heimat in der Gegend von Lemberg erzählte, wie gerne er dahin zurückgehen würde, und welch fruchtbaren Ackerboden er dort verlassen mußte. Er hatte Schwierigkeiten, sich mit den ganz neuen Verhältnissen, vor allem mit dem Boden, vertraut zu machen. Und es beeindruckte uns sehr, daß er mit ganz klaren christlichen Maßstäben von den Eigentumsrechten seines deutschen Vorgängers sprach. Den hatte er nie kennengelernt; um so erstaunlicher war es für uns, was er alles über ihn zu sagen wußte, nur weil er die Ergebnisse seiner Arbeit aufmerksam beurteilte.

Solche überzeugende Christen fanden wir noch eine ganze Reihe, doch kaum unter den Milizionären und schon gar nicht unter den führenden Verwaltungsleuten. Unter den Milizionären war nur einer, der uns seine Bindung zur Londoner Exilregierung und auch seinen Widerwillen über das Verhalten seiner Kameraden den

Deutschen gegenüber bekannte. Meines Wissens hat er sich an Plünderungen und Ausschreitungen niemals beteiligt. Eine Szene mit ihm ist mir in ganz lebendiger Erinnerung. Er mußte mich mit seiner Maschinenpistole auf einer Fahrt nach Naumburg am Bober begleiten, wo er sich dann ziemlich heftig betrank. Auf der Heimfahrt nach Freystadt fing er dann an, auf die Kommunisten zu fluchen, was glücklicherweise niemand hören konnte, denn die Straße war menschenleer. Dann aber warf er seine Waffe in den Straßengraben und schrie, daß er nach dem Westen abhauen wollte; er beschimpfte dabei mit harten Worten und Flüchen die Kommunisten und auch seine Kameraden als Diebe und Räuber, mit denen er von nun an nichts mehr zu tun haben wollte. Ich hielt ungerührt an, legte seine Waffe wieder auf den Wagen und versuchte ihn zu beruhigen. Doch das gelang mir nicht. Mehrmals noch schmiß er seine Maschinenpistole in den Straßengraben und drohte mir sogar, als ich sie wieder aufhob. Ich versteckte sie schließlich unter dem Heu, das ich immer für die Pferde mitnahm, und er fiel in den tiefen Schlaf des Alkoholisierten. Endlich in Freystadt angekommen, brachte ihn dann einer seiner Kameraden mit Mühe ins Quartier. Am nächsten Tag kam er zu mir, und ich gab ihm seine Waffe wieder. Seine Dankbarkeit war sehr groß. Er sagte mir auch, welch schlimme Bestrafung auf ihn zugekommen wäre, wenn er seine Waffe verloren hätte. Seitdem hatte ich in ihm einen treuen Fürsprecher und Beschützer.

Es wäre ein eigenes Kapitel, über die gravierenden politischen Differenzen unter den Polen zu berichten. Sehr viele waren zornig und resigniert über die kommunistische Herrschaft, beschuldigten die Westalliierten, Polen in Stich gelassen zu haben, und einige zeigten sich empört über die Ausschreitungen gegenüber Deutschen. Einfache Menschen sagten mitunter: Wir bleiben hier nicht. Ihr Deutschen müßt das Land ja eines Tages zurückbekommen, denn wir können dieses große Land ja doch nicht bewirtschaften, und außerdem gehört es euch. Solche Äußerungen gingen dann bei Deutschen von Mund zu Mund; vor allem bei den Bauern, deren Familien seit vielen Generationen auf ihrem Hof gelebt hatten. Sie hielten sich an solchen Aussagen verständlicherweise innerlich fest.

Dann wieder erlebte man, daß Kommunisten mit ihren erklärten Gegnern gemeinsame Sache machten, wenn es gegen Deutsche ging. Ihr Nationalismus ließ sie dann sogar harte politische Gegensätze vergessen. Ihren Deutschenhaß begründeten sie in überaus brutalen Erlebnissen mit den Nazis. Wir verstanden das nur zu gut, waren aber über blinde Rundumschläge der Rache stets von neuem entsetzt. Doch selbst diese von den Nazis so schrecklich gequälten Zeitgenossen lebten, was ihr „wiedergewonnenes Land" betraf, in einer tiefgehenden Rechtsunsicherheit. Wir sprachen schon damals darüber, daß das diese Leute eigentlich ehrte, weil dahinter ein naturrechtlich kerngesundes Eigentumsdenken stand.

Jahrzehnte später erst, als ich die Vertragstexte der „Berliner Viermächteerklärung" vom 5. Juni 1945 las, in denen die Aufteilung Deutschlands in Besatzungszonen innerhalb der Grenzen von 1937 festgeschrieben wurde, als ich ferner die Protokolle der „Potsdamer Konferenz" vom 17. Juli bis 2. August 1945 studieren konnte, dazu auch noch die Rundfunkerklärung des amerikanischen Präsidenten Truman zur „Potsdamer Konferenz" vom 9. August 1945, wurden mir neben den menschlich-christlichen auch die politischen Gründe für diese überall spürbare Rechtsunsicherheit der polnischen Neusiedler klar. Denn in all diesen Texten stecken widerstreitende politische Standpunkte, angefangen welche deutsch-polnische Grenze es sein sollte, die östliche Neiße in Oberschlesien oder die westliche Neiße bei Görlitz, ob Stettin dazugehören sollte oder nicht, weil diese große Hafenstadt ja westlich der Oder-Neiße-Linie liegt. Und immer wieder betonten die Alliierten, zum Beispiel der amerikanische Präsident bei seiner Rundfunkansprache am 9. August 1945, daß er „jedem Vorgriff auf Gebietsregelungen vor dem Abschluß eines Friedensvertrages widersprochen hatte", wozu er im übrigen die unter den damaligen Verhältnissen unerreichbare Zweidrittelmehrheit des Senats gebraucht hätte. Fast ebenso interessant wie diese Texte waren für mich die Kommentare. Da sagte zum Beispiel einer der amerikanischen Berater seinem Präsidenten: „Wenn wir aus historischen Gründen dem polnischen Rechtsanspruch auf dieses Land zustimmen, weil es vor 600 Jahren zu Polen gehörte, dann müßten auch wir Nordamerika räumen, weil wir es erst seit etwa 200 bis 300 Jahren besitzen."

Wenn auch die Deutschen in Schlesien von diesen hochbrisanten politischen Vorgängen nichts wußten, so drang doch vieles davon - wenn auch propagandistisch gefiltert - mindestens zu polnischen Intellektuellen durch. Den Rest erledigten unter den polnischen Neusiedlern die stets kursierenden Gerüchte. Noch viele lange Jahre, als wir Deutsche längst „transferiert" waren, wie sie es nannten, befanden sie sich in einer ausgesprochen tragischen Situation: Denn was sollte man mit dem „neuen Besitz" anfangen, wenn man seiner nicht völlig sicher war? Man tat eben nur das unbedingt Notwendige, um überleben zu können, und zehrte weiter von der Substanz. Die reichte freilich noch eine ganze Weile, denn Schlesien galt schon lange vor dem Krieg als eines der reichsten Länder Deutschlands. Bei der Potsdamer Konferenz fiel von englischer Seite sogar das Wort: „Eine der reichsten Regionen Europas", womit allerdings nur das Gebiet links der Oder von der Lausitzer bis zur Glatzer Neiße gemeint wurde. Doch als die Substanz schließlich aufgezehrt war, fiel das Land etwa um die Mitte der fünfziger Jahre in tiefe Armut. – Ganz ähnlich war es ja in der verflossenen DDR. Was den Leuten nicht gehörte, verkam. Gras und junge Birken wuchsen in den Dachrinnen, das oberste Geschoß wurde zuerst wegen Nässeschäden geräumt, nach einiger Zeit die nächsten Wohngeschosse, am Ende das Haus „freigezogen“ – ein typisches DDR-Wort – und verfiel schnell zur Ruine. Niemand von den Bewohnern kam je auf die Idee, das Loch im Dach rechtzeitig abzudichten, es gehörte ihm ja nicht.

Diese Probleme zeichneten sich für uns schon damals sehr deutlich ab, und tragische Beispiele dafür erlebten wir fast täglich, auch die zahlreichen Brände, von denen noch zu berichten sein wird, ohne daß wir von den oben genannten politischen Vorgängen irgendetwas wußten. Heute ist es für mich interessant, daß wir diese grundlegenden Fragen schon damals einigermaßen realistisch gesehen hatten.

Die Notgemeinschaft der Deutschen

Sie wollen Felder haben und reißen sie an sich, sie wollen Häuser haben und bringen sie in ihren Besitz. Sie wenden Gewalt an gegen den Mann und sein Haus, gegen den Besitzer und sein Eigentum. (Micha 2,2)

Doch die meisten Kontakte fanden wir naturgemäß zu Deutschen. Dazu nur ein Beispiel: Die Konditorei Hanke am Ring galt einmal als das führende Café in der Kleinstadt. In einem alten denkmalsgeschützten Haus aus dem 17. Jahrhundert, mit wunderschönen Gewölben im Erdgeschoß, wie die meisten historischen Bauten am Ring, war ihr Besitz schon seit dem Winter 1945/46 in fremden Händen: Hankes wurden aus ihrer Wohnung ausgewiesen, ohne daß sie etwas von ihrem beweglichen Hab und Gut, außer einigen Kleidungsstücken, mitnehmen konnten. Nun wohnten sie in einer Dachwohnung am Ring, Ecke Herrnstraße, über dem ehemaligen Lebensmittelgeschäft Matzke. Dort fanden wir sie und besuchten sie, obwohl das wegen unserer langen Arbeitszeiten nur selten geschehen konnte. Wir staunten darüber, daß sie wieder einigermaßen eingerichtet waren.

Schon im März 1946 wurden sie gezwungen, auch diese Wohnung zu räumen. Sie zogen nun in eine verlassene und verwüstete Wohnung in einem der alten Häuser gegenüber der katholischen Kirche am Kirchplatz. Obwohl sie aus der alten Wohnung wiederum nur das mitnehmen durften, was sie tragen konnten und die ersten Nächte auf dem Fußboden schliefen, fand sich bald wieder die notwendigste Einrichtung zusammen. Denn die Solidarität unter den Deutschen war vorbildlich. Immer wenn eine Familie die Wohnung räumen mußte, kamen viele und halfen mit den verschiedensten Sachen. Die einen brachten Möbelstücke, andere Betten und Kochtöpfe. Immer gab es noch irgendetwas aus den leerstehenden Häusern zu organisieren, zu reparieren und Unbrauchbares wieder verwendungsfähig zu machen. Auch unsere Frau Parnitzke hatte viele Gegenstände des täglichen Bedarfs in verlassenen Grundstücken gesammelt und teilte nun freigiebig davon aus. Magdalena aber erzählte auch vom abendlichen Besuch einer polnischen Frau, die diese Räubermethoden tief verabscheute, sich dafür schämte und der Familie Gebrauchsgegenstände schenkte. Wir freuten uns über diese christliche Haltung sehr und hätten viel dafür gegeben, sie häufiger zu erleben.

Eines Nachts nun, etwa Anfang Mai 1946, fuhr die Miliz vor diesem Hause in der Kirchgasse vor. Zum ersten Mal mußte ich zu einer solchen Aktion anspannen und fahren; bis zu diesem Zeitpunkt führten sie nächtliche Plünderungen immer ohne uns durch. Zwar wußte ich zuerst nicht, was sie transportieren wollten, doch als sie in die – nunmehr dritte – Hankewohnung stürmten, begriff ich meine mehr als schwierige Situation. Die Großeltern Hanke samt den jungen Leuten und dem Enkelkind wurden aus den Betten auf den Flur gejagt, und dann ging die Filzerei in der Wohnung los. Sie schleppten alles Brauchbare die Treppen herunter, sogar die Betten. Sie befahlen mir, Möbelstücke zu tragen. Ich weigerte mich und fürchtete nun die üblichen Repressalien. Doch zu meinem Erstaunen beschimpften sie mich nur und drohten nicht einmal Prügel an. Ich blieb stur auf meinem Kutschbock sitzen. Trotzdem fühlte ich mich als Mittäter und habe mich bei Hankes entschuldigt. Sie akzeptierten das mit einer Großzügigkeit, die mich tief berührte. Auf unser gutes Verhältnis fiel nicht einmal ein Schatten. Freilich versuchte ich es in der Folgezeit durch mancherlei, leider auch nur geklaute, Dinge wiedergutzumachen. Magdalena erinnert sich an eine Menge Steinkohle, die wir ihr brachten und an ein großes Stück Speck, das ihr Reinhard, auf eine Heugabel gespießt, über den Zaun reichte.

Dieses Beispiel einer einzigen Familie aber schreibe ich hier stellvertretend für viele auf. Denn derartige Raubzüge wurden sehr häufig und keineswegs nur nachts durchgeführt, sie waren echt an der Tagesordnung, vertrieb man doch in aller Öffentlichkeit tagsüber die meisten aus ihren Wohnungen, und das über viele Monate hinweg. Wenn man bei einer solch rechtlosen und in sich bösen Willküraktion überhaupt von Menschlichkeit sprechen kann, so gab es doch bei der Durchführung erhebliche Unterschiede. Menschlicher in diesem eingeschränkten Sinne ging es oft zu, wenn eine Neusiedlerfamilie aus Ostpolen kam und sich völlig unbürokratisch und ohne lästige Schreiberei, natürlich auch ohne einen Pfennig bezahlen zu müssen, eine brauchbare Wohnung suchte. Sie ließen dann der deutschen Familie angemessen Zeit, um ihre tragbare Habe zusammenzupacken und auf Nimmerwiedersehen zu verschwinden.

Viele der ankommenden Neusiedler aber zeigten sich begreiflicherweise sehr unsicher, wußten nicht so recht, wie sie sich verhalten sollten und brachten deshalb einen Milizionär mit, der freilich in Wohnungsräumungen hinreichende Erfahrungen besaß. Dann aber ging es auf eine Art und Weise zur Sache, wie es heute für einen Mitteleuropäer, der ja die „Unverletzlichkeit der Wohnung“ für ein selbstverständliches Grundrecht hält, völlig undenkbar ist. Wenn zum Beispiel die „Wohnungssuchenden“ kurz vor Mittag der deutschen Familie ihren unerwarteten Besuch abstatteten, und das Mittagessen auf dem Herd schon zubereitet wurde, dann durfte die deutsche Hausfrau es den ungebetenen Gästen auftragen, denn die eigenen Familienangehörigen waren ja mit dem Zusammenpacken einiger Habseligkeiten voll beschäftigt. Und wenn die neuen Bewohner etwas auf sich hielten, bekamen sie auch die Betten noch frisch überzogen und wichtige Gegenstände des Haushalts überreicht. Dann aber wurde die Hausfrau mit ihrer Tasche und mit den Kindern auf die Straße gewiesen, und nicht selten gab es, meistens im Falle des Widerspruchs, Prügel. Möbel, Geschirr, Bettzeug oder gar Wertgegenstände mitzunehmen, war in der Regel ganz ausgeschlossen. Das zuvor berichtete Hanke-Beispiel macht ja deutlich genug, wie oft einer Familie eine derart rabiate Zwangsräumung ohne jedes Gerichtsurteil widerfahren konnte.

Die völlige Rechtlosigkeit der verbliebenen oder wieder zurückgekehrten Deutschen war für heutige Begriffe so unvorstellbar chaotisch, daß in vielen der Wunsch nach der Ausreise über die Oder-Neiße-Linie von Woche zu Woche wuchs. – Nur die wenigen Deutschen, die bei der – ab Juli 1945 – nur noch sehr kleinen sowjetischen Kommandantur arbeiteten, erfreuten sich eines gewissen Rechtsschutzes durch die Sowjets, freilich nicht immer, denn das hing auch von der augenblicklichen Stimmung des sowjetischen Kommandanten ab. Einen schützenden „Ukas“ an der Haustür wie unsere Frau Parnitzke besaßen höchstens zehn Deutsche. Alle anderen Deutschen hatten nicht die geringste Möglichkeit, irgendwelche Straftaten anzuzeigen und strafrechtlich verfolgen zu lassen, auch Kapitalverbrechen nicht, also Mord, Totschlag und schweren Raub, was ja wahrlich nicht selten vorkam. Menschen, die heute in einem Rechtsstaat leben, sind mit Sicherheit nicht in der Lage, sich in eine derart verzweifelte Unrechtssituation hineinzudenken.

Uns jungen Kerlen ging es da um vieles besser als diesen Familien. Denn uns wurde oft ein freundliches Entgegenkommen, eine elternhafte Förderung zuteil. Nicht nur unsere Frau Parnitzke, die für die Miliz und uns die Wäsche wusch; auch die Eltern einer Schulfreundin, er Arzt und deshalb für die polnischen Neubürger ein wichtiger Mann, luden uns sonntags zum Mittagessen und zum Kaffee ein. Dr. Klimke war in Freystadt geblieben, weil seine Frau aus der Ukraine stammte, und weil er deshalb von den Nazis verachtet wurde, was ihm aber bei den neuen Machthabern keineswegs half. – Sogar mit unseren Englischkenntnissen konnten wir einige Zloty verdienen: Besagter Ingenieur aus Luxemburg brachte von polnischen Offizieren – Freystadt war wieder Garnisonsstadt – einige Beipackzettel mit, die sie nicht lesen konnten. Zum ersten Mal erfuhren wir dabei von der Existenz amerikanischer Antibiotika. Nur mit dem Begriff „Einheiten“ konnten wir nicht weiterhelfen; er war nicht nach Gramm oder ähnlichen Gewichtseinheiten aufzulösen. Also haben sie gewiß aufs Geratewohl dosiert, aber unsere Übersetzung honoriert.

Doch das waren nur seltene Lichtblicke; denn unser Arbeitsalltag vom frühen Morgen bis in den späten Abend formte sich durch die unmittelbare Tuchfühlung mit den Milizionären der polnischen Polizeitruppe. Normalbürger hatten begreiflicherweise große Angst vor ihnen, dadurch aber auch deutlich weniger Kontakte und Erfahrungen, weil sie ja Begegnungen mit diesen Gesetzeshütern wo immer möglich vermieden. So hatten wir beide durch unsere täglichen Beobachtungen eine bedeutend größere Erfahrungsbreite als andere Zeitgenossen. Schon deshalb bewegten uns Fragen, über die wir nicht selten diskutierten, doch Antworten fanden wir nicht. Zum Beispiel über das Selbstverständnis dieser Milizionäre: Was hätten wir dafür gegeben, etwas darüber zu hören.

Wenn man nur das eben genannte Stichwort „Gesetzeshüter" bedenkt: Verstanden sich die Milizionäre so? Eine ganze Reihe Erfahrungen schienen dem zu widersprechen. Zum Beispiel erlebte man nicht selten, daß ein kleiner Milizionär, dessen Uniform nicht einmal mit einem Sternchen oder Streifchen geschmückt war, vorsichtige Einsprüche schroff mit dem ständig wiederholten Standardsatz niederschrie: „Hier - ich Kommandant!", und das hieß fast immer, daß er seine eigenen willkürlichen Vorschriften erdachte, sie als Gesetze ausgab und notfalls mit Gewalt erzwang. So benahmen sich aber keineswegs alle Milizionäre, besonders im persönlichen Umgang nicht, während dieselben Leute in der Gruppe oft zu gnadenloser Härte neigen konnten. War das nun von Haßgefühlen induzierter Machtmißbrauch, oder konnten sie sich auf gesetzliche Vorgaben berufen? - Diese Fragen interessieren mich noch heute; doch schon damals versuchten wir an gesetzliche Bestimmungen heranzukommen, durch die rigide Handlungen und Unterlassungen der polnischen Miliz in jenen Jahren begründet wurden. Leider ist uns das damals und auch später nicht gelungen.

Denn alle Staaten unserer Welt haben ja ihre Polizeigesetze, in denen die Rechte und Pflichten der Ordnungskräfte festgeschrieben werden. Darin spielt der Schutz von Recht und Gesetz und das weite Feld der Grundregeln menschlichen Zusammenlebens eine wichtige Rolle. Auch wenn man bei der praktischen Ausübung dieser Gesetze menschliches Fehlverhalten großzügigst einkalkuliert, so kann doch der polizeiliche Rechtsschutz nur dann funktionieren, wenn jeder einzelne Polizist diese Regeln sich zu eigen macht, sie verinnerlicht,wozu gewiß auch ein Minimum persönlicher Charaktereigenschaften gehört. – Bald wußten wir ja auch, welche Milizionäre sich als katholische Christen betrachteten und erwarteten, daß das auch in ihrem Verhalten Deutschen gegenüber irgendwie sichtbar wurde. Das aber war in der Regel nicht der Fall. Allzusehr enttäuscht waren wir darüber nicht. Wußten wir doch aus der Nazizeit, wie oft wir aus Feigheit mitgeschwommen waren, anstatt uns als einzelne im christlichen Sinne zu bekennen oder anders zu handeln. Nur litten wir echt unter der schreienden Ungerechtigkeit, daß nicht einmal die Verweigerungshaltung einiger Deutscher während der Nazizeit respektiert wurde. Wir wurden als Deutsche radikal und unterschiedslos über einen Kamm geschoren. Manchmal fragten wir uns bitter, ob man denn wenigstens deutsche Martyrer der nationalsozialistischen Diktatur anerkennen würde. Natürlich gab es auf diese rein theoretische Frage erst recht keine Antwort.

Gewiß waren die Verhaltensmuster der Polizei sozialistischer Diktaturen ideologisch stark infiziert. Doch gab es ja auch eine deutliche Aufgabenteilung: Denn um die Durchführung ausgesprochen menschenverachtender Gesetze sorgten in der Regel die Staatssicherheit, der KGB, die UB, während die „normale" Polizei sich um die Beachtung der Grundregeln menschlichen Zusammenlebens zu kümmern hatte. Anarchisten waren ja die Sozialisten keineswegs. – Sogar bei den Nazis gab es ja diese niemals zugegebene Unterscheidung: Gestapo, SS und die berüchtigten Sondereinheiten verübten staatlich sanktionierte Verbrechen, zum Beispiel auf Grund der berüchtigten „Nürnberger Rassengesetze", während die „Schutzpolizei" zuerst für den zivilen Bereich zuständig war. Natürlich galt das nicht ausschließlich. Es gibt ja unter anderen das großartige Beispiel des Schutzpolizeireviers am Hackeschen Markt im Zentrum Berlins – in der Nähe der Berliner Synagoge –, dessen Beamte sich mutig gegen die Judenverfolgung wehrten.[14]

Mögen also die Rechts- und Ordnungsvorstellungen der Polizei in demokratischen oder in sozialistischen Staaten noch so sehr voneinander abweichen, es findet sich dennoch ein gemeinsamer Hauptnenner, und wenn man nur an hochspezialisierte kriminalistische Ermittlungen denkt. Es war ja schon die Rede davon, daß die Miliz zum Beispiel bei der Bekämpfung illegaler Schnapsbrennerei eine originäre Polizeiaufgabe zu erfüllen hatte. In Sachen Gewaltverbrechen, Raub, Körperverletzung oder bei der Ermittlung von Brandursachen bemerkten wir jedoch polizeiliche Aktivitäten niemals. Wir und auch andere Zeitgenossen bildeten uns wenigstens ein, dieses Problemfeld unmittelbar vor Ort mit Aufmerksamkeit zu beobachten, und es ist nicht sehr wahrscheinlich, daß wir das alles restlos übersahen.

---

14 *Heinz Knobloch*, Der beherzte Reviervorsteher. Ungewöhnliche Zivilcourage am Hackeschen Markt, Fischer Taschenbuch Verlag, Frankfurt/Main 1996. Es berichtet unter anderem von der Pogromnacht des 9. November 1938. SA-Männer waren in die große Synagoge an der Oranienburgerstraße eingedrungen und legten in den Vorräumen Feuer. Da erschien der Reviervorsteher von Revier 16, Polizeioberleutnant Wilhelm Krützfeld mit einigen seiner Polizisten, vertrieb mit vorgehaltener Pistole und mit dem Hinweis auf den Denkmalsschutz des Gebäudes die SA-Brandstifter und holte sofort die Feuerwehr. Die Synagoge wurde nicht in der Pogromnacht vernichtet, wie später oft behauptet, sondern erst bei einem britischen Bombenangriff im Jahre 1943.

Eigentum war bedeutungslos geworden

Weh dem, der zusammenrafft, was ihm nicht gehört.
(Habakuk 2,6)

Was uns beiden dabei schwer zu schaffen machte, war die flächendeckende Auslöschung der Eigentumsmoral, und wir hatten aus mancherlei Erlebnissen den deutlichen Eindruck, daß dieser „Wertewandel" – so würde man wohl heute dazu sagen – mindestens offiziös von staatlichen Stellen und leider auch von kirchlichen Würdenträgern gedeckt oder mindestens begünstigt wurde. Denn durch die vollständige Verstaatlichung allen Eigentums, vom Haus bis zum letzten Kochtopf – mag man es nun Sozialisierung, Volkseigentum oder gesetzlich sanktionierten Diebstahl nennen, der Effekt ist der gleiche –, raffte schließlich ein jeder, ob Pole, Deutscher oder Russe, alles zusammen, was er eventuell zum Leben brauchen könnte, ob es nun bewegliches oder unbewegliches Gut war. Daß irgendein Gegenstand rechtmäßig einem Mitbürger gehören könnte, kam vielen Menschen nicht einmal mehr in den Sinn, und Gewissensvorwürfe in Sachen Eigentum schienen fast völlig ausgeblendet. Es war wie ein Krebsgeschwür, das die ganze Gesellschaft, ob Polen oder Deutsche, mit seinen tödlichen Metastasen durchwucherte, daß Diebstahl eigentlich nichts Verwerfliches, sondern ein erstrebenswertes Gut wäre. Wer immer sich diesem allgemeinen Trend entziehen wollte, brauchte dazu eine heroische Tugendhaltung, denn er hätte dafür mit größerem Elend und womöglich mit Hunger bezahlen müssen. Trotzdem belastete uns dieser Zustand derart, daß wir die Ausreise aus unserer Heimat mehr und mehr ersehnten; denn diese Art zu leben, hatte mit Heimat nichts mehr zu tun.

Jahrzehnte später erst las ich, daß Friedrich Engels diese Umbewertung des Eigentumsgebotes schon im 19. Jahrhundert theoretisch grundgelegt hatte. Er folgerte daraus, daß es Diebstahl im Kommunismus nicht mehr geben werde, die Leute sogar verständnislos fragen werden, was das überhaupt sei, und einen „Moralprediger, der verkündet ‚Du sollst nicht stehlen', auslachen werden" und so weiter.[15] Dieser ahnungslose Theoretiker des Sozialismus wußte anscheinend nichts von den Abgründen der menschlichen Psyche, und noch weniger von den unterschwelligen Verknüpfungen menschlichen Fehlverhaltens. Denn setzt man erst die Achtung fremden Eigentums offiziell außer Kraft, da achten die Leute auch das eigene nicht mehr. Daraus aber wuchert wie eine böse Folge: Die Selbstachtung gerät unmerklich in Verlust. Ob der Mensch dann will oder nicht, der Verachtung des Mitmenschen öffnen sich folgerichtig Tür und Tor, und aus diesen giftigen Wurzeln wuchern schnell Gewalt, Lüge und Terror.

Schließlich „fällt ein Haus über das andere", wie die Bibel sagt. Und später stimmen alle unisono in den Chor ein: „Das haben wir nicht gewollt." So war es bei den Nazis, die „nur" das fünfte Gebot, „Du sollst nicht töten", zeitweilig außer Kraft setzten, und hochanständige Menschen bleiben wollten. So erlebten wir es nun wieder aus kommunistisch geprägter Ideologie, wie man aus politischem Kalkül nur den einen Grundwert, das siebente und zehnte Gebot über das Eigentum, zeitweilig als ungültig erklärte. Doch wir erfuhren am eigenen Leib, welche Verwüstungen – psychisch und materiell – damit angerichtet wurden. Nicht wenige Polen und Deutsche litten darunter. Sie waren deshalb, neben anderen Gründen, für alle späteren sozialistischen Überzeu-

---

15 *Friedrich Engels,* Anti-Dühring, S. 113 f.: vgl. *M.I.Kalinin*, Über komunistische Erziehung, Berlin 1950.

gungsversuche immun geworden. Später wußten selbst die DDR-Kommunisten genau, warum sie den Heimatvertriebenen nur mit Mißtrauen begegneten.

Gar nicht so selten hörten wir von polnischen Christen, wie sehr sie unter diesem Zustand litten. Womöglich waren sie, was die seelischen Belastungen betraf, noch schlimmer dran als wir. Denn wir konnten unsere „ausgeleierten" Gewissen immer noch mit der Ausnahmeregelung des „Mundraubes" einschläfern, obwohl das, was wir klauten, oft bedeutend mehr war, als der moralische Begriff des Mundraubes zuließ. Bei unseren polnischen Mitchristen aber ging es ja um ungleich größere Beträge, nämlich um damals noch wertvolle Immobilien, die freilich im Laufe der folgenden Jahre durch rapiden Verfall ihren Wert mehr und mehr verloren und heute gegen Null tendieren.

Es ehrt polnische Historiker und Journalisten, daß sie sich mit dieser während der sozialistischen Ära verdrängten Problematik heute befassen. Im „Digest des Ostens" wurde zum Beispiel ein Artikel aus der Warschauer Wochenzeitung „Polityka" vom 29.4.1995 mit dem Titel „Das große Beutemachen, das große Organisieren" („Wielki szaber") veröffentlicht. Mit schonungsloser Offenheit werden in diesem ausführlichen Aufsatz die rechtlosen Zustände in den ehemals deutschen Gebieten während der Nachkriegsjahre dargelegt. Es ist keineswegs die einzige Veröffentlichung zu diesem schwierigen Thema. Man kann daraus durchaus den Eindruck gewinnen, daß die Verdrängungstendenzen in Polen heute geringer sind als in Deutschland.[16]

---

16 „Wielki szaber" (Das große Beutemachen) von *Mariusz Urbanek* in „Polityka", Warschau 29.04.1995 auszugsweise übersetzt von Wolfgang Grysz in „Informationen und Berichte – Digest des Ostens", Nr.5 / Mai 1995 – 16 DIN A4 Seiten Text, Herausgeber und Verlag Albertus-Magnus-Kolleg Königstein.

50 Jahre danach, haben wir wieder eine engagierte Diskussion um Werte und um den Wertewandel in Europa. Dabei werden die Problemfelder nicht selten so vorgetragen, als ob hohe Werte im Gegensatz zu verwerflichen Unwerten, für die Gesellschaft auf das Gleiche herauskämen. Damals, vor 50 Jahren, erlebten wir am eigenen Leib, welch vernichtender Irrtum das ist.

Weihnachten 1945 im Pferdestall

Doch gehen wir zurück in den Dezember. Das Weihnachtsfest stand vor der Tür. Am Heiligen Abend mußten wir arbeiten. Als es finster wurde, konnten wir noch immer nicht nach Hause gehen. Doch verwöhnten uns die Küchenmädchen mit einem guten Abendessen. Danach gingen wir in den Stall, denn dort war es warm. Wir steckten einige Fichtenzweige in die Futterkiste, Kerzen besaßen wir nicht, waren ziemlich schweigsam und gingen unseren Gedanken nach. Uns wurde klar, daß wir eigentlich noch niemals einen so sinnentsprechenden und dem Original von Betlehem so ähnlichen Weihnachtsabend gefeiert hatten. Das machte uns auch auf eine besondere Art froh, so daß wir frohgestimmt zur Mitternachtsmesse in unserer Stiftskapelle gingen. An den Feiertagen war Ruhe, wir brauchten nichts zu fahren, und unsere Herbergsmutter, Frau Parnitzke, zauberte uns ein hervorragendes Essen aus dem gestohlenen Rindfleisch. Am ersten Feiertag gingen wir zu Hankes, die uns auch ein Mahl aus organisiertem Fleisch auftischten.

Der Winter wurde immer schwieriger, denn wir besaßen keine Winterkleidung und litten darunter. Doch die körperliche Arbeit half uns oft darüber hinweg. Wir misteten nach russischer Methode die Ställe nicht mehr aus. Die Tiere standen zwar mit den Hinterbeinen bald höher als vorn, doch der dicht zusammengetretene Mist gab viel Wärme ab. Das half den Tieren und uns. – Nun fing neben den Fahrten nach Naumburg, Neusalz und in benachbarte Orte eine neue Serie nächtlicher Fahrten an. Offiziere wollten zum Bahnhof nach Sprottau, immerhin etwas über 20 Kilometer. Dazu mußte ich die gedeckte Kutsche anspannen, einen echten alten „Landauer“, die Achsen weich abgefedert und die Sitze gut gepolstert wie in einem Mercedes. Aus welchem Hof sie dieses gepflegte Fahrzeug organisiert hatten, konnte ich nicht herausbekommen. Während die Herren in Decken gehüllt im Fond schliefen, mußte ich wach bleiben, um sie gegen 23 Uhr am Sprottauer Bahnhof abzuliefern. Da ich am folgenden Tag trotzdem arbeiten mußte, wurde es ausgesprochen sauer für mich, als andere Herren in der folgenden Nacht wieder nach Sprottau gefahren werden wollten. Da schlief ich auf meinen Kutschersitz ein. Pferde bleiben normalerweise am Straßenrand stehen, wenn sie keine leitende Hand mehr am Zügel spüren. Nicht so unser kleiner Schimmel, denn der lief gehorsam weiter und zog sein Gespannpferd mit. Den Weg mit seinen Straßenabzweigungen hatte er sich aus der letzten Nacht genau eingeprägt. Vor dem Sprottauer Bahnhof blieben die Pferde stehen, und erst dort wachte ich wieder auf. Das war auch mein Glück. Denn hätten die Herren den Zug durch meine Schuld verpaßt, wäre mir gewiß Schlimmes widerfahren.

Es gab natürlich auch Tagesfahrten nach Sprottau. Daß jedesmal ein bewaffneter Milizionär mit von der Partie war, gehörte zu den Selbstverständlichkeiten unseres Alltags; nur selten fuhr ich ohne bewaffnete Begleitung. Für diese jungen Burschen war die Fahrt sicherlich langweiliger als für mich, denn mich interessierte ja fast jedes Haus, jeder Hof und jedes Waldstück. So vertrieben sich einige von ihnen die Zeit auf ihre eigene Art und Weise: Sie übten sich vom Wagen aus im Schießen, natürlich nur dann, wenn keine Offiziere mehr im Wagen saßen. Beim preußischen Militär wurde ja über jede Patrone Buch geführt, und wehe, es fehlte eine. Bei der polnischen Miliz war das nicht so. Einer der Milizionäre schoß mit seinem alten deutschen Karabiner 98K mit wachsender Begeisterung auf die Porzellanisolatoren der Telefonleitung, die an der Sprottauer Straße entlanglief. Er traf sogar öfter und freute sich jedesmal mächtig darüber. Ich fragte ihn nur einmal, ob es ihm keinen Kummer machte, daß nun die Telefonverbindung von Freystadt nach Sprottau und sicherlich darüberhinaus gestört oder sogar unterbrochen wäre, zumal doch vor allem die Miliz und die Behörden ihre Telefone brauchten. Privatleute besaßen ja damals solchen Luxus nicht. Sein Erstaunen zeigte mir, daß ihm dieser Gedanke ganz fremd war.

Andere Milizionäre, die als Bewacher mitfuhren, entwickelten eine besondere Liebe zur Jagd. Ich mußte dann mit dem Wagen irgendwo am Straßenrand warten, während sie dem Wild nachspürten. Einmal schoß einer meiner Bewacher einen wunderschönen Fasan, sehr selten auch mal ein Reh. Da die Kameraden jedoch ihre Jagd mit dem Infanteriegewehr oder gar mit der Maschinenpistole ausübten, sahen nachher die erlegten Tiere entsprechend aus. Am häufigsten aber begleitete mich der Telefon-Schütze, und der hatte auch die meisten Erfolgstreffer. Ich habe mich immer darüber gewundert, daß ihm diese Nachrichtenverbindung offenbar vollkommen gleichgültig war. Bei späteren Fahrten sah ich nur selten, daß sich jemand um eine notdürftige Reparatur der Leitung bemüht hatte. Später hat man das aber sicherlich getan. Denn noch 1995 existierte dort die Uralt-Telefontechnik von 1938 – genau wie in der verflossenen DDR.

Der Winter verging langsam, und das Futter für Pferde und Vieh wurde knapp. Schon lange gab es auch keine von deutschen Bauern mit Rüben gefüllten Keller und keine Mieten mehr, die man ungefragt ausräumen konnte. Wir mußten sehen, wo wir in verlassenen Bauernwirtschaften noch Heu auftreiben konnten. Kaum daß das erste Grün aufsproßte, führten wir unsere Gäule und die Kühe auf die Weide.

Zu dieser Zeit brachten Milizionäre eine Ziege, wohlgenährt und gut gezogen. Wir erfuhren es nicht, aus welchem Stall sie das Tier requiriert hatten; wir staunten nur, daß sie bei Deutschen immer noch ein Stück Vieh fanden. Fast gleichzeitig hatte im Milizgebäude eine elegante Dame den Dienst als Betriebswirtin, so wurde sie offiziell genannt, aufgenommen. Sie kam oft für ein paar Minuten zu uns herunter, verhielt sich sehr höflich, und verstand zu unserem Glück nichts von Viehwirtschaft. Ihr machte ich klar, daß die neue Ziege eine ganz alte Ziege – „stara kosza" – wäre, die man nur noch schlachten könnte, doch das Fleisch, zäh und alt, müßte man stundenlang kochen; Milch gäbe sie wegen ihres fortgeschrittenen Alters überhaupt keine. Die Dame glaubte es mir, und ich fühlte mich gar nicht wohl bei diesem Betrug. Natürlich war das Tier nicht so alt, und es gab auch gute Milch. Nun mußte Reinhard immer Schmiere stehen, wenn ich unsere Ziege molk. Die Milch haben wir oft in einem Kännchen zu einer Familie mit Kindern getragen. Nur einmal wären wir dabei um ein Haar aufgeflogen, als wir uns abends auf den Heimweg machten, und der Wachtposten an der Haustür uns zurückrief. Er wollte den Inhalt des Kännchens sehen, das ich trug. Doch der Milizionär, dem ich auf einer Fahrt die weggeworfene Maschinenpistole zurückgegeben hatte, stand dabei und rettete mich, indem er seinem Kameraden sagte: „Laß ihn doch, der ist in Ordnung." So konnten wir unentdeckt nach Hause gehen. Endlich nach vielen Wochen wurde das Tier doch noch geschlachtet.

Der Leutnant und das Pferd

Im Frühjahr kam ein neuer Leutnant der Miliz; wie er uns erzählte, war er aus Zentralpolen nach Kozuchow in die „wiedergewonnenen Westgebiete" versetzt worden. Er kam stets in makelloser Offiziersuniform auf unseren Hof und interessierte sich sehr für die dreijährige Fuchsstute, von der ich weiter oben schon sprach. Bald darauf brachte er sehr schönes Sattelzeug mit allem, was dazugehörte. Bei der vornehmen, mit Metall verzierten Trense fehlte auch die Kandare nicht. Dazu gab er mir sehr eindeutige Anweisungen: Am nächsten Tage um 15 Uhr wollte er mit weißen Handschuhen erscheinen, und wenn das Pferd nicht ordentlich geputzt und gesattelt wäre, könnte ich etwas erleben. Er brachte dabei die *„dwadziescia piec na dube"* wieder zur Sprache, und erfand auch einen neuen Vornamen für mich, nicht mehr „Friitz" sondern „Göring", obwohl ich doch im Gegensatz zum fetten Hermann Göring damals spindeldürr war. Bald übernahmen auch andere diesen Spitznamen, was ich eher als Beleidigung empfand.

Da mich sein Vorhaben wenig begeisterte, versuchte ich ihn davon zu überzeugen, daß man ein junges Pferd ohne Sattel zureiten müßte. Doch davon wollte er nichts wissen. Zwar hatte sich das Pferd inzwischen gut an mich gewöhnt, gehorchte auch bei den „Rundläufen" im Garten, doch es zu putzen war stets ein ganz besonderes Unternehmen. Den Striegel konnte man kaum verwenden, und wenn man mit der Bürste nur in die Gegend des Bauches kam, wieherte es auf ganz besondere Art und machte einen Buckel fast wie eine Katze. Reinhard sagte: Es quietscht. Doch schlug es wenigstens nicht mehr nach mir aus.

Da ich aber nicht daran zweifelte, daß dieser Operettenoffizier wirklich mit weißen Handschuhen kommen würde, machte ich kurzerhand zwei Eimer Wasser warm, stellte mich auf die Futterkrippe, badete meinen Gaul damit und rieb ihn anschließend ab. Doch ihn zu satteln war ein besonderes Vergnügen. Offenbar hatte das Pferd noch nie einen Sattel getragen. Ich konnte am Sattelgurt ziehen, so oft ich wollte, es holte tief Luft, blähte seinen Bauch auf und konnte die Luft erstaunlich lange anhalten. Als ich es endlich geschafft hatte, kam ein noch schwierigeres Unternehmen dran, nämlich das Zaumzeug überzustreifen.

Als der Leutnant pünktlich erschien, bestand er darauf, daß ich dem Tier auch die Kandare anlegte, was ich vorher nicht getan hatte. Meine Versuche, ihm klarzumachen, daß man bei einem so jungen Tier keine Kandare verwenden dürfte, fruchteten nichts. So bekam das Pferd die Kandare, jedoch unterschlug ich dabei die Kinnkette, so daß die schmerzhafte Hebelwirkung, die einem jungen Tier die noch weichen Lippen verletzen konnten, wirkungslos blieb. Da der Leutnant nichts davon bemerkte, machte ich mir meine eigenen Gedanken über seine Reitkünste. Ich sagte ihm noch, daß er aufspringen müßte, ohne die Steigbügel zu benutzen, denn beim Zureiten würde das Pferd sofort losspurten. Das konnte er sogar sehr gut, und die junge Stute schoß wie ein geölter Blitz aus dem Hoftor.

Am Abend warteten wir von einer Stunde zur anderen. Gegen 21 Uhr kam das Pferd ohne Reiter angerannt, völlig naßgeschwitzt, es ließ sich willig von mir abreiben. Am nächsten Morgen erst sahen wir den Leutnant, der mich sogleich anschrie, ich hätte das Pferd verrückt gemacht, und er würde mich dafür bestrafen. Nachmittags war er wieder da und befahl mir, ihm das Tier vorzureiten. Das erwies sich für mich als Problem, weil wir schon seit Monaten Holzschuhe mit etwa fünf Zentimeter dicken Sohlen trugen; mit denen aber kam ich nicht in die Steigbügel hinein. Also hängte ich sie hoch und bestieg mit einem mulmigen Gefühl das Pferd. Doch unter mir ging es die Neusalzer Straße herauf und herunter, um den Denkmalsplatz herum, fromm und brav, als ob es niemals einen Reiter abwerfen könnte. Das aber machte den Herrn Leutnant wieder mutig, doch wieder stob die Stute wie am Vortage davon.

Am Abend das gleiche Drama: Sie kam allein wieder und am nächsten Morgen erschien der Leutnant mit einem Stock. – Die Sache hatte für mich erstaunlicherweise ein positives Nachspiel. Der Milizkommandant, ein Major, hatte die Geschichte erfahren und mich beim Vorreiten auf dem Denkmalsplatz gesehen. Da er am Zureiten des jungen Pferdes interessiert war, befahl er mir, das Tier von nun an täglich eine Stunde zu bewegen. Meine Reitstunden dauerten aber nicht allzu lange; und ich vermochte, mangels ausreichender Erfahrung, dem Pferd auch nicht alle Unarten abzugewöhnen. Nun aber ritt der Kommandant seine Baschka, so nannte er sie, selbst, und er konnte es gut. Manchmal mußte ich dann das Pferd in Neusalz abholen. Im Frühjahr aber ritt er dann dieses wertvolle Tier zu Tode. Wie ich hörte, war er im gestreckten Galopp bis Neusalz und weiter geritten, und das hielt das Tier nicht aus.

Gespanndienste für die Feuerwehr

Die vielen Brände in der Stadt und der näheren Umgebung waren ein besonders düsteres Kapitel während dieser Zeit, jedenfalls ereigneten sie sich um ein Vielfaches häufiger als zu meiner Kindheit. Motorisierte Löschzüge gab es nicht mehr, die Russen hatten sie schon im März 1945 mitgenommen. Nur eine alte handbetriebene, mit Pferden bespannte Löschpumpe ließen sie da, die während unserer Kindheit bei den Feuerwehrfesten als museale Attraktion vorgeführt wurde. Den Gespanndienst mußten wir im Notfall leisten. Doch wir waren sehr häufig unterwegs, und da brannten eben Hausgrundstücke bis auf die Grundmauern ab. Ich kann mich sehr gut daran erinnern, wie es zuging, als das große Wohngebäude mit zahlreichen Mietwohnungen an der Grätzmühle, Richtung Obersiegersdorf, abbrannte. Ich zockelte gerade mit einer schweren Ladung Brennholz von Zyrus auf Freystadt zu, als ein Milizionär mit dem Fahrrad kam und mich antrieb, schneller zu fahren, weil es brannte. Als ich endlich unseren Hof erreichte, setzte sich Reinhard auf eins der Pferde und ritt gemächlich zum Spritzenhaus. Doch nach vielen Minuten kam er wieder und berichtete, daß die Waage (das Gerät für die Zugriemen der Pferde) am Spritzenwagen fehlte. Irgendein cleverer Mensch hatte sie geklaut. Also suchten wir uns einen passenden Schlüssel und schraubten endlich die Waage von einer unsrer Kutschen ab in der Hoffnung, daß sie passen würde. Reinhard schulterte das Gerät und ging zum Spritzenhaus zurück. Vom Familienhaus war natürlich kaum noch etwas zu retten. Wenige Jahre später aber baute man es wieder auf.

Ich kann nicht mehr alle Gebäude nennen, die auf diese Weise vernichtet wurden. Auch unser Rodewaldhof hat die weitläufige Süd- und Ostseite, Ställe und Scheunen, durch Feuersbrunst verloren. Nur eine Seite und das große Wohnhaus blieben stehen. Niemals bemerkten wir, daß die Miliz Untersuchungen zu den Brandursachen anstellte, was ja auch damals eine originäre Polizeiaufgabe gewesen wäre, freilich konnten uns solche Bemühungen auch entgangen sein, was aber nicht sehr wahrscheinlich ist.

Auch nachdem wir im Juli 1946 mit fast allen restlichen Freystädtern das Land verlassen mußten, gingen die Feuerkatastrophen weiter. Irgendwann brannte später das herrliche Kommunikandenstift, und einige Zeit darauf soll die evangelische Gnadenkirche niedergebrannt sein; andere jedoch erzählen, daß sie nur durch

Verfall abbruchreif wurde. Besonders die evangelische Gnadenkirche, aber auch das Komunikandenstift hatten einen hohen kulturhistorischen Wert, nicht nur im regionalen Sinne sondern die Gnadenkirche sogar im europäischen Rahmen.[17] Offensichtlich erkannten die zuständigen Behörden diesen Wert nicht. Das ist um so erstaunlicher, da Polen nicht nur über ausgezeichnete und erfahrene Restaurateure verfügt, sondern auch hochgebildete Kunsthistoriker von europäischem Rang aufzuweisen hat. Deshalb war ich entsetzt, als ich nach langer Zeit während der achtziger Jahre wieder nach Freystadt kam und sah, daß man die Ruinen beider Gebäude vollständig weggerissen hat, anstatt die Ruinen bautechnisch zu sichern, um sie für einen späteren Wiederaufbau zu erhalten. Auch das kunsthistorisch wertvolle Kalkreuth'sche Schloß, das von den Russen einige Tage nach dem Einmarsch angezündet wurde, ist Jahre später vollständig abgerissen worden, nur ein Torbogen steht heute noch im Park. Offenbar schien in diesen beklagenswerten Fällen eine verinnerlichte Beziehung zu diesen kulturgeschichtlichen Zeugnissen zu fehlen; woher sollte sie auch kommen?

Deutsche Mädchen im „Dienst der Miliz"

Dieses belastende Kapitel würde ich gerne auslassen, doch gehört es zum Zeitbild dazu. In Naumburg wohnten zwei Mädchen in der Milizstation und eins außer-

---

17 Es gab in Schlesien sechs „Gnadenkirchen". Sie wurden auf Veranlassung des Schwedenkönigs Karl XII. für die evangelischen Bürger kurz nach 1700 errichtet und zeichnen sich durch ihren besonderen kunsthistorischen Wert aus. Die Freystädter Gnadenkirche ist nun weggerissen, nur den Kirchturm hat man als Ruine stehengelassen, was aus den übrigen fünf wurde, ist mir nicht bekannt.

halb. Sie arbeiteten in der Küche und mußten Tag und Nacht für die sexuellen Bedürfnisse der Milizionäre zur Verfügung stehen. Natürlich taten sie das nur für das tägliche Essen, nur manchmal bekamen sie auch irgendein Geschenk. In Freystadt lebten sie nicht im Milizgebäude, sondern in einer eigenen Wohnung. Die meisten von ihnen waren schon von den Russen vielfach mißbraucht worden, es gab auch junge Frauen darunter, die damit ihre Kinder ernährten, doch fast alle litten unter diesem brutalen Teufelskreis und wünschten sich die baldige Ausreise.

Wehe, wenn eine von ihnen geschlechtskrank wurde. Eine Naumburgerin wurde deshalb in den Freystädter Milizkeller gebracht, und eine aus Neusalz ebenfalls. Als ich irgendwelche Sachen nach Sprottau fuhr, mußte ich sie mitnehmen. An der Straße standen übrigens immer noch abgeschossene sowjetische Panzer: Unterhalb des Kommunikandenstiftes einer, ferner an der Stelle, wo die Straße nach Großenborau abzweigt, und an anderen Stellen mehr. Gern wäre ich nun mit den Mädchen bei Pfarrer Frank in Großenborau vorbeigefahren. Möglicherweise hätte er ihnen helfen können, zum Beispiel den Aufenthaltsort ihrer Eltern ausfindig zu machen, den sie beide nicht kannten. Doch der Bewacher erlaubte es nicht. Auch ich hatte während der vielen Monate keine Gelegenheit, Pfarrer Frank zu besuchen. Erst als wir im Juli 1946 ausgewiesen wurden, sah ich ihn wieder.

Der begleitende Milizionär duldete es, daß eins der verhafteten Mädchen vorn mit auf dem Kutscherbrett saß. Dort erzählte sie mir von ihrer behüteten Kindheit, von dem alles zerstörenden Tag, als die Russen kamen, und aus der schlimmen Zeit danach. Es war so trostlos, daß ich es auch heute nicht detailliert berichten kann. In Sprottau erlebte ich dann, wie sie in den Gefängniskeller gesperrt wurden, grüßte sie noch durch das schmale

Gitter und fuhr nach Freystadt zurück. Wo sie diese jungen Mädchen hinbrachten, ob zu einer medizinischen Behandlung, das aber wäre auch in Neusalz oder sogar im Freystädter Krankenhaus möglich gewesen, oder ob sie über die Oder-Neiße irgendwohin abgeschoben wurden, haben wir nie erfahren.

Reinhard muß aufs Milizgut nach Zissendorf

Das war für uns, vor allem für Reinhard eine böse Nachricht. Denn allein der tägliche Fußweg hin und zurück betrug etwa sieben Kilometer, und Reinhard ging diesen Weg sehr oft, wenn auch nicht täglich. Mindestens die staatlichen Behörden und die Miliz merkten, daß sie nun endlich Felder bestellen mußten, damit die Nahrungsmittelgrundlagen nicht ganz wegbrachen. Wintersaaten hatte im Herbst 1945 niemand eingebracht, denn um diese Zeit standen die meisten Höfe leer, weil die ehemaligen Besitzer im Juni vertrieben worden waren. Von den zahlreichen, nicht geernteten Kartoffelflächen, die im Frühjahr 1945 meist von den deutschen Bauernfrauen noch gesteckt werden konnten, erzählte ich ja schon. So konzentrierte die Miliz auf ihrem Gut in Zissendorf zahlreiche Deutsche, die möglichst viele Felder mit Sommersaaten, Kartoffeln und anderen Früchten bestellen sollten. Das aber erwies sich als außerordentlich schwierig. Denn die schlesische Landwirtschaft war bis in den Krieg hinein technisch sehr gut ausgestattet. Beim ehemals deutschen Besitzer des jetzigen Milizgutes, Nadolle, liefen zwei Traktoren, zwei auch auf dem Rodewaldhof. Die dazu passenden Maschinen, von den Mehrscharpflügen, über die Drillmaschinen, die mit Zapfwellen angetriebenen Erntemaschinen, bis zu Mehrzeilenkartoffelrodern, waren aber alle speziell für Zugmaschinen konstruiert und für die Bespannung mit Pferden ungeeignet. Alle Traktoren und einen Teil der Maschinen aber hatten die sowjetischen Soldaten nach Rußland verladen. Alte Maschinen für Pferde hatten auf den großen Höfen Seltenheitswert oder waren nicht in Ordnung.

Nun mußte man überall nach alten, ausgedienten Maschinen suchen, und weil sie oft viele Jahre im hintersten Winkel des Maschinenschuppens vor sich hin rosteten, wurden sie mit viel Improvisationskunst repariert und gebrauchsfähig gemacht. Es ist klar, daß das einer zügigen Frühjahrsbestellung nicht förderlich war. Reinhard erzählte mir oft davon, wie die jungen Leute zur Arbeit angetrieben wurden, und daß man auch ältere deutsche Bauern zusammenzog, deren Höfe bereits von polnischen Neusiedlern in Beschlag genommen worden waren. Diese erfahrenen Leute kannten sich wenigstens mit den alten Maschinen aus und verstanden es, aus zweien eine gebrauchsfähige zusammenzubauen. – Im Ganzen aber zeitigte diese Aktion für die Eigenversorgung der Behörden und der Miliz einen gewissen Erfolg. Doch wenn man durch das Land fuhr, sah man selbst im Juni 1946 unbestellte und verunkrautete Flächen weit in der Überzahl. – Reinhard bereiteten die landwirtschaftlichen Arbeiten große Schwierigkeiten, weil er früher niemals etwas damit zu tun hatte. Mit dem Pflug eine gerade Furche zu ziehen, ist ja auch eine Kunst. Später sah das der Kommandant des Milizgutes ein und stellte ihn zu Kurierdiensten ab: Täglich eine Kanne Milch in die Zentrale nach Freystadt bringen oder gelegentlich die Frau des Kommandanten und seine Nichte in die Stadt zu kutschieren.

Nach einem kirchlichen Feiertag pöbelten zwei angetrunkene Soldaten Reinhard auf dem Heimwege an, weil er als Deutscher keine weiße Armbinde trug – eines der wenigen Privilegien der Milizarbeiter. – Im Wald von Zissendorf mußte er sich ausziehen und nachweisen, daß er in der Achselhöhle kein eintätowiertes Blutgruppenzeichen wie die SS-Angehörigen trug. Er ist ihnen dank seiner Ortskenntnisse fortgelaufen, obwohl sie fluchten und hinter ihm her schossen. Auf seinem gelben Ausweis blieben Blutflecken, denn sie brachten ihm schlimme Schlagwunden bei.

Bald mußte auch ich mit dem Gespann, doch nicht sehr oft, nach Zissendorf, um zu helfen. Ich ritt dann eben mit meinen Gäulen in aller Ruhe die Straße entlang. Reinhard hatte die gute Gelegenheit sofort erkannt, einen Rucksack mit Getreide gefüllt, den er mir auf den Heimweg mitgab. Das ist heute leichter gesagt, als ich es damals tun konnte. Denn als die Schmuggelware erst einmal vom Hof in Sicherheit gebracht worden war, schnallte ich mir den schweren Rucksack auf den Rücken und wollte mein Pferd besteigen. Der Gaul aber weigerte sich zu laufen, weil ihm die Last ungewohnt schwer wurde. In Zeitlupe ging er vorn und dann hinten hoch, schnaubte und benahm sich störrisch wie ein Esel. Es half mir alles nichts, ich versuchte den Rucksack schließlich meinem Handpferd aufs Geschirr zu schnallen. Dieser Gaul aber war inzwischen so mager geworden, daß sein Bauchgurt durchhing und sich nicht mehr festschnallen ließ. So rutschte der schwere Rucksack bei den ersten Schritten zuerst an die Seite des Pferdes und dann bis unter den Bauch. Nun schlug es natürlich danach, und unser Getreide geriet in große Gefahr. Ich wußte keinen Rat mehr und versteckte den Rucksack schließlich in einem verlassenen Hausgrundstück, aus dem ich ihn am Tage darauf abholen konnte.

Reinhard war damals trotz der Knochenarbeit guter Dinge. Denn vor langer Zeit hatte er seinen Eltern geschrieben; auf schwierigen Wegen hatte er ihre Anschrift erhalten. Und nun bekam er tatsächlich eine Antwort seiner Familie aus Jüterbog.

Die Miliz zieht um – vom Gasthof in die alte Post

Das war das allerletzte, was wir brauchen konnten. Denn es bedeutete für uns beide schwere Transportarbeit und unentwegt in der Stadt hin und her zu kutschen. Einige Zeit zuvor erledigten wir den Umzug eines Milizoffiziers von der Herrnstraße in ein Einfamilienhaus, mußten das gesamte schwere Mobiliar die Treppen herunter und dann wieder herauf schleppen, und bekamen dadurch auch einen Überblick, welche Unmassen von verschiedensten Gegenständen sich eine Familie in wenigen Monaten angeeignet hatte. Deshalb wußten wir wohl, was auf uns zukommen würde. Weil übrigens der Herr Offizier für die Knochenarbeit weder ein Trinkgeld noch eine Kleinigkeit zum Essen für uns erübrigte, klauten wir ihm zwei Hartwürste mit der guten moralischen Ausrede der „geheimen Schadloshaltung". Da ich sie mir aber beide unter das Hemd und den Hosengurt steckte, bekam ich sehr große Schwierigkeiten beim Transport, weil ich mich zum Anfassen der schweren Möbelstücke nicht mehr richtig bücken konnte. Übrigens erfanden wir damals auch das anmaßende Gebet: „Lieber Gott, erhalte mir meine guten Ausreden."

Das gesamte ehemalige Landratsamt und die Gaststätte Eckert mußten nun geräumt und das Inventar in das alte Postamt gefahren werden. Es ist das große mehrgeschossige Eckgebäude am Saganer Tor; seine Vorderseite steht an der Schulstraße, die Rückseite im ehemaligen Wallgraben, über den die Saganer Straße hoch wie eine Brücke geführt ist, was sie bis ins 18./19. Jahrhundert hinein auch war. Denn damals führte der Wallgraben noch Wasser; auch steht am Geländer noch heute eine schöne barocke Madonnenfigur; genau wie auf der ehemaligen Wallgrabenbrücke am Crossener Tor der

Brückenheilige, Johannes Nepomuk, thront. Beide Bildwerke stammen aus der jahrhundertelangen österreichischen Zeit Schlesiens und haben die Zerstörungen des Krieges leidlich überdauert. Auf dem Hof des alten Postamtes, der auf der tiefen Sohle des Wallgrabens liegt, befinden sich einige Garagen, in denen während der zwanziger Jahre die Postautos untergestellt wurden, bis man zu Anfang der dreißiger Jahre das neue Postamt auf der Hindenburgstraße erbaute.

Wir sollten uns diese Garagen als Pferdeställe einrichten. Davon waren wir keineswegs begeistert, hieß das doch, daß wir alles selber basteln mußten, Futterkrippen, Heuraufen, Eisenringe zum Anbinden der Tiere und so weiter. Jedenfalls hatten wir viel Arbeit damit. Glücklicherweise nahmen die Verantwortlichen für diesen Umzug auch andere Transportmöglichkeiten in Anspruch, denn wir beide wären in einigen Wochen mit dieser Arbeit nicht fertig geworden. Leider konnten sie uns an dieser sehr übersichtlichen Stelle im Wallgraben nun viel leichter überwachen, was uns sehr mißfiel. Mit dem Umzug wurden wir etwa Ende April 1946 fertig, doch die Gaststätte Eckert blieb noch wochenlang im Besitz der Miliz, weil halt viele Gegenstände nicht so schnell abtransportiert werden konnten.

Dabei ging es uns auch um eine „Altlast“, die uns schon lange auf dem Herzen lag. Wir ärgerten uns, daß wir die Sache auf die lange Bank geschoben hatten. Es handelte sich um eine größere Menge Ölsaaten, auf die wir scharf waren. Im Gasthof Eckert gab es nämlich mehrere Toiletten, eine davon für den großen Saal. Doch diese blieb wahrscheinlich schon seit dem Kriegsende unbenutzt. In die gefliesten Räume hatten irgendwelche Milizionäre große Mengen Raps geschüttet. Es handelte sich nach unserer Schätzung um fast 20 Zentner. Dieser Schatz wurde schon vor unserer Zeit irgendwo requiriert und achtlos in diesem Toilettenraum untergebracht. Außer einer kleineren Menge hatten wir bisher noch nichts davon mitgenommen und wollten das nun schleunigst nachholen. Viele Säcke füllten wir mit Raps, denn er bedeutete für uns und für andere eine lebenswichtige Kostbarkeit. Daß er in der Toilette lag, störte uns nicht im Geringsten, wir ließen halt die unterste Schicht liegen. Wenige Wochen später, ich werde darauf zurückkommen, drehte ich in Weichau mit diesem wertvollen Stoff eine Ölmühle.

Trotzdem blieb es uns unbegreiflich, daß man diese Menge an Raps nicht zur Frühjahrsaussaat nutzte. Denn damit hätte man eine große Feldfläche bestellen können, wozu es jetzt aber schon viel zu spät war. Trotz der hektischen Bemühungen auf dem Milizgut in Zissendort zeigte sich niemand daran interessiert. Wir vermochten soviel Gleichgültigkeit nicht zu begreifen und meinten, daß es doch irgendwo Verantwortliche geben müßte, die sich darum sorgten, wovon die Menschen im nächsten Winter leben sollten. Möglicherweise nahm man das deshalb nicht so tragisch, weil es ja immer noch die schon erwähnten UN-Hilfslieferungen gab. Freilich kostete es uns wie immer einige angstbesetzte Mühe, die schweren Säcke in Sicherheit zu bringen, zumal es ja vermutlich fürs „Organisieren" – sprich: Stehlen – keine dienstfreien Schutzengel gab.

Doch zurück zu unserem Umzug. Unsere Arbeit beschränkte sich ja nicht nur auf die Versorgung der Pferde: Für das restliche Vieh, die Kühe und die Schweine, nahm die Miliz einen Ackerbürgerhof, das dritte Grundstück links auf der bergan führenden Saganer Straße in Beschlag. Der ehemals deutsche Besitzer war schon im Juni 1945 vertrieben worden und nicht zurückgekehrt. So mußten wir also die verwüsteten Ställe einrichten; Heu- und Schüttböden brauchten wir ja auch. Natürlich waren die längst von anderen Zeitgenossen völlig leer geräumt worden.

Den „Milizkeller" im Landratsamt hatten wir nur als Insassen erlebt, dann aber fast völlig aus den Augen verloren, weil er ja ziemlich weit vom Eckert'schen Gaststättenhof entfernt lag. Nun aber, in der alten Post, waren die Gefängniszellen ganz in unserer Nähe eingerichtet worden, so daß wir das Elend stets vor unseren Augen und Ohren hatten. Immer wieder brachten sie neue Gefangene, meist junge Frauen oder Mädchen, auch ältere Männer, in der überwiegenden Mehrzahl Deutsche. Ebenso oft wurden sie abtransportiert, um neuen Gefangenen Platz zu machen. Wohin man sie überführte, haben wir nie erfahren. Auch behelligten sie uns damit nicht mehr. Das Erleben dieses Elends – wir hörten ja das Schreien bei den sogenannten Verhören – war nicht dazu angetan, unsere Arbeitsmoral zu beflügeln. Der einzige Vorteil des neuen Milizhauptquartiers bestand für uns darin, daß wir nun nicht mehr so weit zur Arbeit laufen mußten; so brauchten wir mit unseren hohen Holzschuhen nicht mehr in aller Morgenfrühe durch die Straßen der Stadt zu klappern, wo wir gewiß manchen polnischen Mitbürger aus dem Schlaf geweckt hatten, zumal in Schlesien damals nicht die mittel- sondern die osteuropäische Zeit galt, also alles eine Stunde früher passierte. So verbrachten wir den Monat Mai mit unserer Arbeit, mit dem üblichen Organisieren und mit der Sorge um das tägliche Durchkommen.

Das Vieh und die Pferde ließen wir nicht selten im ehemaligen Wallgraben grasen, der zur deutscher Zeit „Promenade" hieß, und als Parkanlage mit herrlichen alten Bäumen und mit vielen Blumenrabatten, gepflegten Wegen und Ruhebänken einen wunderschönen Anblick bot. Doch das alles war verschwunden, vergrast und verunkrautet, weshalb unsere Tiere dort genug zu fressen fanden.

Irgendwie verschärfte sich zu dieser Zeit das menschliche Klima, was sicherlich nicht nur am Umzug ins neue

Hauptquartier lag. Zwar waren die menschlichen Beziehungen zu einigen Milizionären inzwischen brauchbar bis fast gut geworden, doch nun gab es deutlich häufigere Vorwürfe wegen der Naziverbrechen. Die gegen uns erhobenen Beschuldigungen vermittelten den Eindruck, daß fast ein jeder von ihnen im Nazi-Konzentrationslager gequält worden war. Wir schwiegen dazu, wußten wir doch inzwischen so manche Einzelheiten über deutsche Verbrechen an Polen. Das aber ging alles Hand in Hand mit Gerüchten, daß das schlesische Land bald vom „deutschen Unflat" *(plugastwo)* befreit werden würde. Dieses Wort hörte man nicht selten; es stammte aus dem Tagesbefehl eines hohen Kommandeurs.[18] – Wenn man das heute so aufschreibt, klingen solche Aussagen überaus brutal, doch andere Bezeichnungen, die man uns damals zuordnete, trafen in Wirklichkeit noch tiefer unter die Gürtellinie und sind für jede Art literarische Verwendung ungeeignet. Es war bestürzend, daß auch ernstzunehmende Leute solche Worte aus der Fäkaliensprache uns gegenüber ungerührt verwendeten.

Heuernte in Weichau

Im Juni 1946 trennten sich wieder einmal unsere Wege, was uns beiden gar nicht gefiel. Reinhard mußte wieder aufs Milizgut zurück, und für mich gab es eine neue, ganz unerwartete Aufgabe. Mit einem älteren Bauern aus Niedersiegersdorf, der seinen Hof längst verloren hatte, mußte ich nach Weichau, einem schön gelegenen

18 „Nun ist in der Geschichte Polens der historische Tag angebrochen, um den deutschen Unflat aus diesen ewig polnischen Gebieten herauszuwerfen." Durchführungsbefehl des Befehlshabers der 5. Infanteriedivision vom 21.6.45. Zit. nach *Franz Scholz,* Hlondheft, 2. Aufl. 1997.

Dorf in der Hügellandschaft des niederschlesischen Landrückens, etwa acht Kilometer südwestlich von Freystadt. Der ältere Kamerad, dessen Namen ich leider vergessen habe, bekam auch ein Gespann, und niemand von uns wußte, wo sie das noch aufgetrieben hatten. In Weichau zeigte uns ein Milizionär zahlreiche Wiesen, zusammengenommen viele Hektar. Wir sollten sie mit unseren Gespannen mähen. Befehle konnten sie ja hervorragend geben. Wir aber mußten erst einmal - und das ganz schnell - brauchbare Mähmaschinen suchen, sie in Ordnung bringen, die verrostete Mechanik gängig machen, die Messer schleifen - woher das alles und auch noch eine ordentliche Schleifmaschine nehmen? - Unseren Befehlshaber kümmerte das überhaupt nicht. - „Ihr seid hier zu Hause und wißt Bescheid!" Überdies sollten wir selbstredend sofort mit der Arbeit beginnen. Ohne meinen Kameraden, den älteren Bauern, wäre ich verloren gewesen, weil nur er sich mit diesen Maschinen auskannte und sie auch reparieren konnte.

Wir fuhren nun mit zwei Mähmaschinen immer getreulich hintereinander her um die erste große Wiese herum. Das hatten wir uns allerdings viel leichter vorgestellt. Denn ständig blieben unsere beiden Maschinen im dichten Gras stecken, auch mein erfahrener Kamerad hatte das früher bei der Heumahd niemals erlebt. Es lag aber daran, daß die sehr große Wiese im Vorjahr nicht gemäht worden war, und nun wurde unseren Maschinen der Filz des vorjährigen Grases so hinderlich, daß sich die Messer festklemmten und die Antriebsräder der Maschinen über die Wiese rutschten. Wir wußten uns schließlich nur dadurch zu helfen, daß wir die Mähbalken ein ganzes Stück höher einstellten, was jedoch dem kontrollierenden Milizionär gar nicht gefiel.

In unserer Naivität glaubten wir, daß das Gras nun zu Heu gemacht werden sollte. Wozu auch sollte sonst die Grasmahd gut sein? Dazu aber hätte man es wenden und systematisch trocknen müssen. Doch als wir mit dieser ersten Fläche fertig waren, und das Gras in dichten Schwaden auf der Wiese lag, mußten wir sogleich zur nächsten fahren und weitermähen. Da unsere Gäule bei dieser schweren Arbeit abmagerten, wir aber nicht, denn wir saßen ja den ganzen Tag auf den Maschinen, fuhr ich oft frühzeitig gegen 5 Uhr auf einen alten Luzerneschlag, mähte mit der Sense so viel, daß ich einen kleinen Ackerwagen füllen konnte und fütterte die Pferde damit. Denn Hafer gab es schon monatelang keinen mehr.

Ich weiß heute nicht mehr, wieviele Wiesen und wieviele Hektar wir mähten. Bei den letzten drei mußten wir endlich einen Heuwender einsetzen, denn irgendwoher hatten sie deutsche Frauen und Mädchen dienstverpflichtet, und nun wurde ganz zum Schluß fachgerecht und ordentlich Heu gemacht. Auf den zahlreichen bereits gemähten Wiesen aber blieb das Gras liegen. Da uns während der ganzen Zeit schönes Wetter erfreute, ließ sich damit vielleicht doch noch etwas anfangen.

Diese hektischen, landwirtschaftlichen Aktivitäten brachten neue Gerüchte unter den Deutschen in Gang. Man erzählte sich unter vorgehaltener Hand, daß irgendeine amerikanisch-englische Kommission angekündigt wäre, die sich von der landwirtschaftlichen Nutzung Schlesiens ein Bild machen wollte. Es könnte doch nicht anders sein, so glaubten wir schließlich auch, weil das Abmähen so vieler Wiesen sinnlos war, wenn man das frische Gras einfach liegen ließ. Doch haben wir eine solche Kommission nicht erlebt.

Da wir beide von dieser Arbeit am Abend nicht sonderlich erschöpft waren, saßen wir an den langen Frühsommerabenden oft mit deutschen Bewohnern zusammen, denn auch nach Weichau waren seit der wilden Vertreibung im Juni 1945 viele Bauernfamilien illegal wieder auf ihre verlassenen Höfe, in das damals noch menschenleere, aber total ausgeplünderte Dorf, zurückgekehrt. – Inzwischen aber, wir schrieben ja schon Mitte 1946, waren schon eine ganze Reihe polnischer Bauern zugezogen, und sie hatten ziemlich viele deutsche Höfe besetzt. Sie ließen aber fast ausnahmslos die ehemaligen deutschen Besitzer weiterarbeiten und verjagten sie nicht; freilich empfanden es viele Deutsche als Unrecht, nun auf dem alten Eigentum als Knechte arbeiten zu müssen. Viele aber sagten: Das ist immer noch besser, als in die Fremde vertrieben zu werden. – Bei dem polnischen Bauern aus der Lemberger Gegend, von dem ich schon erzählte, wurden wir mehrmals zum Abendessen eingeladen. Es gab sogar schon damals echte Versöhnungsgesten, die uns innerlich tief berührten. Ein anderer zeigte uns wiederum verwilderte Schweine in seinem Stall, die er sich eingefangen hatte und fragte meinen Kameraden um Rat, doch der konnte trotz seiner reichen Erfahrungen in diesem Falle nicht helfen. –

Noch wichtiger war für uns, daß ein deutscher Bauer, der noch auf seinem Hof wohnte, eine selbstgebaute Ölmühle in seiner Futterküche besaß. Wir drehten mit großem Kraftaufwand mindestens einen Zentner Raps durch die Mühle, weil wir glaubten, das Öl im nächsten Winter dringend zu brauchen. Doch sollte es ganz anders kommen, was wir freilich noch nicht wußten.

Bald begannen wir von den zuletzt gemähten Wiesen das Heu einzufahren. Das dauerte fast zwei Wochen, denn jede Fuhre mußte ja nach Freystadt, wo wir bald den Heuboden auf dem Ackerbürgerhof gefüllt hatten. Weiteres Heu stauten wir dann auf anderen Böden. Irgendwo in Weichau hatten wir zwei Säcke Getreide aufgetrieben. Auch die konnten wir mit der schon gewohnten, ängstlichen Frechheit auf einer hohen Heufuhre in Sicherheit bringen. Das Öl bereitete uns keine großen Probleme, denn es war ja in Flaschen abgefüllt. Das Getreide aber wurde dann mit großer Mühe in Handmühlen, von vielen Deutschen sogar in Kaffeemühlen, mehr zerkleinert als gemahlen. Doch was tat man nicht alles, um Brot zu haben, zumal man in vielen Gerüchten von der Hungersnot in den Besatzungszonen westlich der Oder-Neiße-Linie hörte. Ich aber konnte nun die Gäule wieder in die ehemaligen Postgaragen bringen und brauchte gar nicht lange auf die Befehle meiner vielen Dienstherren zu warten. Meinen guten Kameraden, den Bauern aus Niedersiegersdorf, verlor ich leider aus den Augen, was ich noch jahrelang bedauerte, denn er war ein guter Freund und ein hervorragender Fachmann.

Die erste Postkarte von meiner Familie

Eine große Freude wurde mir Ende Juni 1946 zuteil: Von meiner ältesten Schwester Gisela kam eine eng beschriebene Postkarte aus Meißen, abgeschickt am 12. Mai 1946 – „Bundesland Sachsen, Russische Zone, Questenbergschule", lautete wörtlich der Absender. Meine Anschrift bekam sie von Reinhards Eltern. Die hatten von Reinhard schon früher ein Lebenszeichen auf dem einzig funktionierenden Postweg erhalten: Oderschiffer nahmen gelegentlich Karten und Briefe mit, denn die Oder war damals noch für große Lastkähne schiffbar. Heute ist sie über weite Strecken versandet. Nun war die lähmende Ungewißheit für mich zu Ende, und ich konnte sicher sein, daß meine Familie wirklich in Meißen lebte. Wie meine Schwester mir mitteilte, hatte sie bereits zwei Briefe an mich geschrieben; doch die kamen in Freystadt niemals an. Die schlichte Postkarte machte mich sehr froh, vor allem weil darauf geschrieben stand, daß Vater vorzeitig aus amerikanischer Gefangenschaft entlassen worden war. Alle weiteren Mitteilungen trugen das Siegel einer rührenden Unkenntnis über die Verhältnisse in Schlesien. Zum Beispiel, so schrieb sie, hätte unsere Großmutter, vermutlich im März/April 1945, eine

Truhe mit wertvollen Sachen aus unserem Hause nach dem Rodewaldhof gebracht; danach sollte ich doch schauen und retten, was ich noch retten könnte. Und dann sollte ich auf dem Orgelchor unserer Kirche nachschauen, ob da noch Giselas Heizsonne stünde, und ihr wie unserem Vater einige wichtige Noten mitbringen, die in einem bestimmten Schrank zu finden wären.

Es ist natürlich verständlich, daß meine Schwester, wie auch die meisten Menschen, in welcher Besatzungszone auch immer, nicht den Schimmer einer Ahnung hatten, wie chaotisch es in Schlesien zuging. Denn von all den Sachen, um die ich mich kümmern sollte, war kein Löffel und kein Taschentuch mehr vorhanden. Wir schrieben nun den Eltern immer nur die beschwörende Bitte: Versucht um Himmels willen nicht nach Freystadt zurückzukommen. Auch freute ich mich über eine kurze Bemerkung, daß eine große Kiste mit Wäsche und vielen Bekleidungsstücken in Rositz bei Altenburg angekommen war: Mit meiner Schwester Rita brachte ich dieses schwere Stück am 27. Januar 1945, kurz vor dem Russeneinmarsch, auf den Bahnhof. Offenbar war es mit einem der letzten Züge noch abgegangen.

Die Russen forschten übrigens schon im März 1945 intensiv nach vergrabenen oder eingemauerten Wertgegenständen. Diese Suche erlebte unter polnischer Herrschaft eine neue Konjunktur und setzte sich bis in unsere Tage fort. Noch heute dürften erhebliche Werte unentdeckt im Erdboden versteckt, oder in historischen Gebäuden geschickt eingemauert sein. Reinhard und ich wußten sogar einige Stellen, doch da wagten wir uns nicht heran. Was sollten wir auch mit Silbergeschirr oder mit irgendwelchen Pretiosen anfangen? Nur eine einzige Ausgrabung riskierten wir in einer Nacht im Mai: Wir wußten, daß an dieser Stelle Dauerbackwaren und andere langfristig haltbare Lebensmittel in Blechkisten unter der Erde lagen. Weil sich diese Lebensmittel nicht über

Jahre halten würden, dessen waren wir sicher, buddelten wir sie aus und verbrauchten sie. Dem Eigentümer, einem alten Freund, den wir nach Jahren in Österreich wiederfanden, haben wir diesen unerlaubten Zugriff, allerdings mit wenig Reue, bekannt.

Jahrzehnte später plagte mich die Versuchung, polnischen Freunden ein historisches, völlig verborgenes Gewölbe zu offenbaren. Doch entschloß ich mich kurzfristig, es zu unterlassen. Eines Tages werden sie es ohnehin selber finden. Schließlich wußten schon die alten Lateiner, so dachte ich mir, daß „Eigentum nach seinem Herrn schreit“ (res clamat ad dominum). – Nebenbei gesagt sind diese Schreie glücklicherweise nicht hörbar. – Doch wer, so dachte ich mir, ist wohl der rechtmäßige Eigentümer dieser Wertgegenstände, die in den unentdeckten Verstecken lagern? – Der Staat? – der zufällige Entdecker? – oder vielleicht der, der es vor fremder Habgier verbarg? – Ist das nicht eine ganz überflüssige Frage, auf die es von der Sache her eine eindeutige Antwort gibt? Doch heutzutage ist selbst eine derart klare Angelegenheit zu einer strittigen Frage geworden, für die unsere Zeitgenossen die merkwürdigsten Auskünfte bereit halten.

In unser Haus aber ging ich während dieser Zeit niemals, vor allem weil andere Deutsche mich davor warnten. Mein Vater erbaute es im Jahre 1925 als Einfamilienhaus. Auch damals mußte ein Lehrer, der den Ehrgeiz hatte, ein eigenes Haus zu besitzen, sehr sparsam sein. Er wohnte nicht einmal zwanzig Jahre darin. Weil es ein schönes und geräumiges Haus mit einem tausend Quadratmeter großen Garten war, hatte es längst eine polnische Familie ohne lästige Formalitäten in Besitz genommen. Unter anderen Dingen fanden sie unser Familienalbum, in das unser Vater die Fotografien seiner hoffnungsvollen Sprößlinge, Bilder von Familienfesten und Urlaubszeiten sorgsam eingeklebt hatte. Dieses Album fand eine deutsche Frau auf dem Müll- oder Komposthaufen unseres Grundstückes. Angeschimmelt und arg nässegeschädigt ist es dann auf verschlungenen Wegen in unseren Besitz gekommen. Diese bemerkenswerte Art der neuen Besitzer, mit den persönlichen Sachen der alten Eigentümer umzugehen, ließ mich nichts Gutes ahnen. Deshalb bin ich da lieber nicht hingegangen. Wußte ich doch, daß bei solch unerwünschten Besuchen oft die Miliz geholt wurde, die in solchen Fällen mit der Verhaftung und mit dem Einsperren ganz schnell war, wie ich es ja im UB-Kerker an den leidvollen Schicksalen anderer Deutscher erfahren hatte.

Zwanzig Jahre später erst in meinem Elternhaus

Erst zwanzig Jahre später merkte ich, daß meine Vorsicht höchstwahrscheinlich unbegründet war. 1965 durfte ich zum ersten Mal von Bautzen aus nach Freystadt fahren. Zwar mußte ich dafür mehrmals bei der DDR-Volkspolizei vorsprechen, weil man etliche Genehmigungen dafür forderte, doch schließlich erhielt ich die notwendigen Reisepapiere wie ein Gnadengeschenk. Normale DDR-Bürger durften ja schon lange nach Polen fahren, doch ich galt ja nicht als normaler DDR-Bürger, weil ich seit 1953 katholischer Priester war; und dieser Sorte Reaktionäre verweigerte man bis 1965 die Reise nach Polen. Ich erlebte die Reise nach Freystadt als ein eigenartiges, schwer beschreibbares Wiedersehen. Lange stand ich auf den Höhen zwischen Zissendorf und Freystadt und schaute auf die alte Heimatstadt. Dann fuhr ich zu unserer Kirche, besuchte den Pfarrer, der zunächst sehr unsicher reagierte, denn er hatte gewiß nicht erwartet, daß unter den Vertriebenen, die ja damals noch allesamt als Nazis verschrien wurden, ein katholischer Priester war. Noch erstaunter reagierte er, als ich ihm erzählte, daß drei Jungen aus meiner Neusalzer Gymnasialklasse heute katholische Priester sind. Ich wohnte während der wenigen Tage auch nicht im Pfarrhaus, sondern bei Lizaskes, einer deutschen Familie, die als eine der ganz wenigen – keine fünf hatten dieses Glück – in Freystadt bleiben durfte, weil Frau Lizaske ziemlich gut polnisch sprach, und deshalb die ganze Familie für Polen optieren konnte.

Schon am nächsten Tage kamen die Leute, die nun unser Haus bewohnten und luden mich herzlich ein, ihnen einen Besuch zu machen. Es war mir ein Rätsel, wie sie so schnell erfuhren, daß ich nach Freystadt gekommen, und daß ich früher in ihrem Haus gewohnt hatte. Ich wurde mit großer Höflichkeit und mit einer beispiellosen Gastfreundschaft empfangen. Freilich gewann ich den Eindruck, daß das ein wenig daran lag, weil ich als Priester kam. Nach einem aufwendigen Essen zeigte mir das Ehepaar das Haus vom letzten Keller bis zum Dachboden. So ausführlich wollte ich es eigentlich gar nicht besichtigen. Denn schon der äußere Anblick bestätigte mir, daß der bauliche Zustand sich während der letzten Jahrzehnte sehr verschlechtert hatte. Interessant war, daß drinnen sogar noch einige wenige unserer Möbelstücke standen, vor allem Vaters Einbauschränke. Auf dem Boden zeigten sie mir die Bleistiftmarkierungen an einem senkrechten Balken des Dachstuhles, wo unser Vater die Namen seiner Kinder angeschrieben und jedes Jahr mit einem Lineal das Längenwachstum seiner Sprößlinge markiert hatte. Der neue Hausherr demonstrierte mir, wie er nach den Frostschäden die Zentralheizung wieder in Ordnung brachte und zeigte sich besorgt darüber, daß im Keller das Grundwasser stand. Ich versprach, daß mein Vater ihm eine Zeichnung über die Lage des Drainagesystems anfertigen und schicken würde, denn er wußte begreiflicherweise nicht, daß ein solches Entwässerungssystem überhaupt existierte. So blieb ich einige Stunden dort; doch wurde es mir mehr und mehr peinlich, weil die neuen Bewohner mir wiederholt bekundeten, daß ihnen dieses Haus eigentlich gar nicht so richtig gehörte, weil sie es von uns weder gemietet noch abgekauft hätten. Ich versicherte ihnen darauf mehrmals ihre Besitzrechte und sagte, daß mein Vater gewiß bereit wäre, eine beglaubigte Schenkungsurkunde auszustellen, wenn das ihrem Rechtsgefühl entsprechen würde. Sie nahmen meinen Vorschlag dankend, wenn auch ein bißchen unsicher an. Dieses Gespräch belastete mich, und meine Partner wahrscheinlich auch. So war ich im Grunde froh, als ich wieder gehen konnte. In den späteren Jahrzehnten bis zum heutigen Tage habe ich den neuen Besitzern keinen Besuch mehr gemacht, weil ich ihnen und mir solche Gespräche ersparen wollte. –

Fünfzig Jahre danach – im Jahre 1995 – stand das Haus noch immer so da, wie es mein Vater im Jahre 1925 erbaute. Inzwischen sind die Schornsteinköpfe gerissen, das Dach ist noch immer das alte, Dach- und Firstziegel liegen zerbrochen auf dem Flachdach des Balkons, der Putz fällt stückweise von den Hauswänden, und die in den Mauern aufsteigende Nässe beschleunigt den Verfall. Das Gebäude ist wegen unterlassener Reparaturen längst amortisiert, und sein Verkehrswert liegt rechnerisch bei plus oder minus Null.

Vom Rechtsunsicherheitssyndrom, das ich bei diesem Besuch in meinem Elternhaus erfuhr, sprach ich ja schon. Es war nicht das letzte, das ich bei meinen Reisen nach Schlesien erlebte. Interessanterweise wurden ja von den polnischen Behörden sogar die alten Grundbücher gesammelt und sorgfältig archiviert. Meine älteste Schwester brauchte am Ende der sechziger oder am Beginn der siebziger Jahre Grundbuchauszüge wegen des westdeutschen Lastenausgleichs. Sie konnte erstaunlicherweise, freilich erst nach einigen Bemühungen, auf dem Katasteramt in Neusalz (heute: Nowa Sol) das entsprechende Freystädter Grundbuch einsehen, und durfte auch die Eintragungen über die Grundstücke unserer Familie abschreiben. Man muß allerdings dazusagen, daß sie durch den befreundeten Herrn Lizaske an die Beamten dieser Behörde vermittelt wurde. Warum aber archiviert man diese alten Bücher, obwohl sie doch durch die Annektion Schlesiens und durch die endgültige Grenzziehung zwischen Polen und Deutschland wertlos geworden sind?

Was ich als sehr positives Erlebnis meines ersten Besuches in Freystadt außer der großen Gastfreundschaft vermerken muß, ist folgendes: Einige polnische Bürger kannten mich noch als Milizknecht, zwei der alten Milizionäre waren sogar noch dort, die jedoch ein Wiedersehen offenbar scheuten. Damals galten wir als die Ärmsten der Armen; zerlumpt, mager und völlig heruntergekommen hatte man uns „ausgesiedelt". Nun aber kam ich mit einem fast neuen und modernen westdeutschen Auto angereist, für sie ein Symbol unerreichbaren Wohlstandes. Stets sah ich es von neugierigen Leuten umringt, wenn ich es irgendwo in der Stadt parkte. Mir war das sehr peinlich, denn ich befürchtete neidvolle Aggressionen, die in Deutschland mit Sicherheit nicht ausgeblieben wären, und ich ärgerte mich über meine mangelnde Sensibilität. Freilich hatte ich mit dem Absturz dieses Landes in eine derart erschütternde Armut, wie ich sie in diesen Tagen erlebte, auch nicht annähernd gerechnet. Doch erfuhr ich nicht einmal den Anflug irgendeiner neidischen Äußerung, was mich außerordentlich beeindruckte. –

Im Juli 1946 war der zweite Weltkrieg für uns zu Ende

Weint nicht um die Toten, und beklagt sie nicht. Weint vielmehr um die, die fortmußten; denn sie kehren nie wieder zurück, nie mehr sehen sie ihr Heimatland.
(Jer 22,10)

Die zweite Vertreibung im Juli 1946

Kehren wir zurück in das Jahr 1946, das für alle deutschen Freystädter einen schicksalhaften Lebenseinschnitt mit sich brachte. Ein uns wohlgesonnener Milizionär verriet uns schon im Juni unter dem Siegel strengster Verschwiegenheit, daß wir uns auf die „Aussiedlung" vorbereiten sollten, ab Mitte Juli 1946 würde es damit losgehen; wir sollten es aber um Himmels willen nicht verbreiten. Wir sagten es trotzdem weiter. Viele aber werteten diese Nachricht nur als eines der stets neu kursierenden Gerüchte und wollten es nicht glauben. Sie meinten, daß die Polen uns als Arbeitskräfte dringend brauchten. Denn noch immer stünden zahlreiche Häuser und Bauernhöfe leer und wären dem Verfall preisgegeben. Dementsprechend bliebe der größere Teil der landwirtschaftlichen Flächen unbestellt und würden bald ganz versteppen. Außerdem könnten die Polen auf die vielen deutschen Fachleute nicht verzichten, denn es kämen doch viel zu wenige polnische nach. Wenn man nun alle Deutschen aussiedelte, würden diese Zustände noch schlimmer, und der Schaden für das Land wäre unabsehbar groß. Denn es kämen ja nicht nur zu wenig Fachleute, sondern auch viel zu wenige polnische Neusiedler aus den ostpolnischen Gebieten, um diesen Verfall aufzuhalten und einen neuen Anfang zu machen. Einige wußten sogar, daß im ehemaligen polnischen Osten nicht einmal zwei Millionen polnische Bürger wohnten, also nur ein Bruchteil der Bevölkerung Schlesiens. So argumentierten viele und beruhigten sich damit.

Doch unsere Frau Parnitzke nahm die Nachricht ernst und bereitete sich auf die „Aussiedlung" vor. Trotzdem traf uns die Ankündigung, überall in der Stadt in deutscher und polnischer Sprache plakatiert, wie ein Blitz. Die Abreise war wie überall ganz kurzfristig angesetzt. Alle Deutschen hatten sich am Sammelpunkt, vor der neuen Milizstation, einzufinden. Die Benutzung von Handwagen erlaubte man uns. Der Transport nach Deutschland sollte mit der Eisenbahn erfolgen. Nur Reinhard erfuhr davon in Zissendorf nichts, denn die übrigen deutschen Landarbeiter mußten dableiben. Reinhard aber las die Plakate bei der Milchfuhre und türmte auf Umwegen.

Die umsichtige Vorbereitung unserer Hauswirtin, die wir jetzt immer unser „Frauchen" nannten, machte sich bezahlt. Sie hatte einen geräumigen Handwagen besorgt, etwa von der Größe, wie man sie für ein Ponygespann verwendet. Wir beide, Reinhard und ich, besaßen ja nicht viel. Unsere Sachen paßten in einen einfachen Sack, an dem unsere Betreuerin Riemen angenäht hatte, so daß wir ihn als Rucksack verwenden konnten. Frau Parnitzke aber vermachte uns noch jedem ein ordentliches Federbett und weitere nützliche Gebrauchsgegenstände. Sie packte ihren Handwagen im Flur des Hauses, zu unserem Pech jedoch so breit und hoch, daß er beim Versuch aus dem Hausflur auf die Straße zu fahren, nicht durch die Tür paßte. Ich wollte sie kurzerhand samt dem Türstock aus der Hausmauer reißen, was mit dem vorhandenen Werkzeug ganz schnell gegangen wäre. Doch wurde ich glücklicherweise gewarnt, denn alle Häuser waren bereits zum polnischen Eigentum erklärt worden, verbunden mit drastischen Strafandrohungen an jeden, der an den Immobilien Schäden verursachte. Obwohl die Zeit drängte, packte unser Frauchen in aller Ruhe ihren Wagen um, und so kamen wir endlich durch die Tür. Den Hausschlüssel mußten wir außen stecken lassen, auch das wurde allen streng vorgeschrieben. Unser Kraftwerksingenieur, von dem ich schon erzählte, zog einige Tage vor uns aus. Denn er sollte noch einige Zeit in Freystadt bleiben; offenbar konnte nur er die Strom- und Wasserversorgung des Städtchens mit Hilfe seiner alten, ortsfesten Lokomotive zuverlässig in Gang halten.

Heute deutet nichts mehr darauf hin, daß an der ul. Glowackiego 12 (Färbergasse) das alte Haus unserer Frau Parnitzke stand, außer daß diese Hausnummer auf dieser kleinen Straße fehlt. Es war ein eingeschossiges Haus mit einem hohen Dach, so wie einfache Leute vor 150 Jahren gebaut hatten. Die dicken Mauern mit den kleinen Fenstern, der starke Dachstuhl, den ich kannte, weil ich mal ein Loch im Dach reparierte, lassen einen späteren Einsturz des Hauses wegen Baufälligkeit nahezu als ausgeschlossen erscheinen. Ist es abgebrannt? Oder wurde es nur abgewohnt und dann verlassen und weggerissen? Letzteres geschah ja sehr häufig. Jedenfalls ist es schade drum, daß sich niemand gefunden hat, der sich mit diesem Hausbesitz identifizierte, – er hätte gewiß etwas Schönes daraus machen können, und heute stünde es sicherlich unter Denkmalsschutz.

Unser „Frauchen" mit ihrer alten Mutter ging neben uns her in Richtung Sammelplatz und wandte sich nicht mehr um. Ihre innere Unabhängigkeit vom materiellen Besitz bewunderten wir. Sie sagte nur: „Gut, daß das mein Mann nicht mehr erleben muß"; der war Briefträger und schon kurz vor dem Krieg verstorben. Wir beide zogen natürlich ihren hochbepackten Wagen, und kamen zum Sammelplatz eben ein bißchen zu spät.

Ganz kurzfristig erst erfuhren wir, daß wir bis zum Bahnhof nach Neusalz laufen mußten. Schon für uns junge Leute bedeutete das mit dieser Zuglast eine nicht geringe Strapaze. Doch die älteren Leute und die Kinder, die große Mehrheit unseres Trecks, kam dadurch in die erste verzweifelte Situation. Denn wir mußten eine Wegstrecke von zwölf Kilometern zurücklegen, und es war an diesem Tage sehr heiß. Auch die Mutter unserer Frau Parnitzke, knapp 80 Jahre alt, und viele ebenso alte Leute mußten diesen Weg zu Fuß gehen. Nur wer unterwegs nicht mehr weiterkonnte, bekam die Erlaubnis, auf einen einzigen mitgeführten Pferdewagen aufzusteigen, der schon nach kurzer Zeit überfüllt war. Die „Marschkolonne" zog sich über mehrere hundert Meter hin, und die Milizionäre gingen in größerer Zahl schwer bewaffnet an den Rändern dieses Elendszuges. Sie hatten ihre Mühe damit, die weit über eintausend Menschen einigermaßen zusammenzuhalten. Mit den sonst üblichen Antreibebefehlen aber hielten sie sich erstaunlicherweise zurück. Einige unter uns sagten, daß unsere Kolonne, vorsichtig geschätzt, gegen 1500 Menschen zählte, und sie wußten auch Bescheid, daß die Polen annähernd zweihundert deutsche „Spezialisten" zurückgehalten hätten. Angesichts der Tatsache, daß unsere Stadt im Juni/Juli 1945 bei der ersten wilden Vertreibung schon einmal von deutschen Einwohnern entleert wurde, fanden wir es erstaunlich, daß es ein Jahr später schon wieder so viele deutsche Freystädter gab. Nicht wenige nämlich gingen mit uns, die nun zum zweiten Mal vertrieben wurden. Sie waren, wie bereits erwähnt, nach der ersten Vertreibung im Juni 1945 auf gefährlichen, illegalen Wegen zurückgekehrt.

Einige verließen mit uns sogar zum dritten Mal ihre Heimat: Beim ersten Mal wurden sie zwar nicht vertrieben, sondern flohen im Januar/Februar 1945 vor den Russen. Im April/Mai 1945 zurückgekehrt, erlitten sie im Juni 1945 die wilde Vertreibung. Da sie wiederum zurückkamen, befanden sie sich, fast ausnahmslos Bauern mit besonders starker Bindung an ihren Familienbesitz, im

Juli 1946 wieder unter uns. So leicht lassen sich eben Menschen nicht aus ihrer Heimat wegjagen, und wir fragten uns mit sarkastischem Galgenhumor, ob im nächsten Jahr eine weitere Vertreibungsaktion nötig werden würde. Wir wußten aber, daß die Oder-Neiße-Grenze inzwischen militärisch abgeriegelt war, und hielten es deshalb nicht für möglich, daß sich erneut Rückkehrer nach Freystadt durchschlagen könnten. Doch irrten wir uns mit dieser Annahme; denn im Sommer 1947 sahen sich die polnischen Behörden gezwungen, wiederum einen ganzen Güterzug mit Deutschen nach dem Westen abzutransportieren. Später erst habe ich von jungen Freystädtern erfahren, daß sie kurz nach unserer 1946er Vertreibung im August und im September des gleichen Jahres illegal nach Freystadt durchgekommen und dann mit dem 1947er Transport ein weiteres Mal vertrieben wurden. Also verließen eine unbekannte Anzahl Freystädter ihre Heimat insgesamt viermal. – Ist dieser Vorgang, der in der europäischen Geschichte einmalig sein dürfte, jemals untersucht und mit halbwegs zuverlässigen Zahlen belegt worden? Ich habe darüber nichts gefunden. Möglicherweise erscheint dieses Geschehen den Historikern so unglaublich, daß sie sich da nicht heranwagen.

In Neusalz wurden wir nicht zum Bahnhof, sondern in unser Gymnasium geführt, das ich noch im Krieg mit Reinhard gemeinsam besucht hatte, deshalb kannten wir in diesem sehr modernen Gebäude jeden Winkel. Die Klassenzimmer fanden wir nach Russenart völlig ausgeräumt vor, außerdem total verdreckt wie auch die sanitären Einrichtungen; und nun wurden immer so ungefähr 50 Personen in einen Raum eingewiesen. Das bedeutete natürlich, daß das gesamte Gepäck hochgeschleppt werden mußte.

Ein polnischer Milizoffizier zeichnete für die Organisation und die Abfertigung der weit über 1000 Menschen verantwortlich. Er hatte sich einen deutschen Ingenieur, Herrn Thorand und Herrn Malermeister Schild, als Dolmetscher und ähnlich wie bei den Russen als „Lagerleitung“ auserkoren. Thorand kam nun auf uns beide zu, ob wir ihm und Herrn Schild nicht helfen könnten; der Milizoffizier hätte diesem Vorschlag bereits zugestimmt. Wir kannten beide gut, denn sie waren alte Freystädter und vor allem ausgezeichnete Männer. Dennoch beunruhigte mich ein sehr ungutes Gefühl, und so glaubte ich vorerst ein deutliches Nein sagen zu müssen. Doch das Versprechen, dafür der allgemeinen Filzung zu entgehen, gab den Ausschlag. Unsere Tätigkeit beschränkte sich dann glücklicherweise vor allem darauf, den Leuten in den einzelnen Zimmern zu vermelden, wann sie zur sogenannten Kontrolle drankamen, und ihnen das Gepäck zu schleppen. Außerdem mußten wir Namenslisten anfertigen. Immerhin befanden sich unter den Offizieren einige „Anders“-Polen, also Vertreter der Londoner Exilregierung. Viel half uns das aber nicht. – Uns jedoch bescherte diese Vorzugstätigkeit gelegentlich ein besonderes Essen, Büchsenfleisch aus den USA; dafür mußten wir auch drei lange Transportzüge „abfertigen“, täglich einen, und konnten erst mit dem letzten abdampfen. So bekamen wir auch eine deutlich intensivere Kenntnis von den Kontrollen und den Schikanen, die man den Leuten antat.

Denn daß es eine Ausreise ohne Filzung gab, glaubten wir ohnehin nicht. In der Turnhalle und in der Aula waren zu diesem bösen Zweck lange Tischreihen zusammengestellt. Jeder mußte seine Säcke vollständig auf den Tischen entleeren, Koffer besaß kein Mensch mehr, und die Sachen wurden nun von den Milizionären, die hinter den Tischen standen, bis zum letzten kleinen Gegenstand durchsucht. Ganze Berge von beschlagnahmten, meist armseligen Habseligkeiten türmten sich bald hinter den Tischen auf. Von Zeit zu Zeit aber brachte man sie weg, damit die Nächsten, die zur „Kontrolle“ in diese Räume kamen, nicht allzusehr erschraken. Unserer Frau Parnitzke, die ja wirklich nicht zu den Reichen gehörte, „beschlagnahmten" sie ungefähr die Hälfte ihrer Sachen – angefangen von Federbetten und Decken bis zu Küchengeschirr. Wir hätten uns also die zwölf Kilometer nach Neusalz nicht so zu schinden brauchen. Wertsachen wurden wie selbstverständlich restlos weggenommen. Doch es erstaunte uns, daß auch alles deutsche Geld, Reichsmark, konfisziert wurde, denn bisher galt es ja als wertlos. Uns betraf das nicht, denn wir besaßen keinen Pfennig deutsches Geld, und die wenigen polnischen Zloty hatten wir vorher ausgegeben. Wußten die polnischen Beamten, daß sie den Vertriebenen, wenn die nun nach Deutschland kamen, den letzten Rest der Existenzgrundlage unter den Füßen weggezogen hatten, weil sie nun nicht eine Reichsmark mehr besaßen? Wir vermuteten es. – Viele von uns beneideten die Ostpolen, die in unser Land vertrieben worden waren und meinten, daß man uns doch wenigstens einen Bruchteil der menschlichen Behandlung hätte zugestehen können wie ihnen.

Die sogenannten Kontrollen dauerten tagelang, denn aus vielen Ortschaften des Kreises kamen unübersehbare Vertriebenentrecks zu Fuß. Ihre Zusammensetzung war immer gleich: Vor allem Frauen und Kinder, alte Leute und Kranke, während Männer zwischen 18 und 55 nur eine kleine Minderheit bildeten. Bald nach uns Freystädtern traf eine große Kolonne aus Großenborau ein, die über zwanzig Kilometer laufen mußte. Zu meiner großen Freude, die sich bald mit schwarzem Zorn mischte, begegnete ich in diesem Elendszug Pfarrer Paul Frank mit seinen betagten Eltern, beide zwischen 70 und 80 Jahre alt. Großenborau (heute Borow) war, wie der Name verrät, eins der ursprünglich slawischen Dörfer in unserem Kreis, etwa aus dem Jahre 1100. Die deutschen Ortsgründungen ab 1220 bis etwa 1300 trugen meist den Vornamen ihres Gründers, des vom Landesherrn bestellten Lokators, also zum Beispiel Herwigsdorf, Günthersdorf, Heinzendorf und so weiter. Interessanterweise bestanden in den slawischen Gründungen seit alters her große Herrenhöfe, Dominien sagte man in Schlesien, während die zahlreicheren deutschen Gründungen in unserem Kreis nicht selten reine Bauerndörfer waren, jedoch mit Betriebsgrößen, die in der Regel über den mittel- oder westdeutschen Durchschnittswerten lagen.

Wegen der beiden Dominien hatten die Nazis in Großenborau besonders viele polnische Zwangsarbeiter konzentriert, die jedoch in unserem Kreis nirgends unter Bewachung und in Lagern vegetieren mußten. Von den polnischen Gottesdiensten, die Pfarrer Frank für sie regelmäßig hielt und damit Kopf und Kragen, mindestens aber das Konzentrationslager riskierte, war ja schon die Rede. Es gab nämlich genaue Vorschriften für diese polnischen Gottesdienste, die ich hier noch hinzufügen will: Sie durften nur einmal im Monat, als „stille Messe" und ohne Gesang gehalten werden. Daran aber hielt sich Pfarrer Frank nicht. Deshalb feierte er diese Gottesdienste meistens früh um fünf, manchmal noch früher, auch die Christnacht zu Weihnachten, weil er vermuten konnte, daß die Gestapo in der Regel so zeitig noch nicht aktiv wurde. Ich mußte mich als Dreizehn- bis Vierzehnjähriger deshalb spätestens um 4 Uhr morgens auf das Fahrrad setzen, um im polnischen Gottesdienst dann die Orgel zu spielen. Es ist eigentlich noch heute nicht zu verstehen, daß das nie herausgekommen ist. Denn wenn eine polnische Gemeinde singt, dann wacht mindestens ein Teil der Dorfbewohner auf.

Nun aber glaubte ich fest daran, daß man unserem Pfarrer Frank diesen lebensgefährlichen Dienst für seine polnischen Mitbürger wenigstens durch eine bessere Behandlung honorieren würde. Doch diese meine Hoffnung wurde bitter enttäuscht. Bei der Kontrolle wurde er unterschiedslos auf ebenso üble Weise gefilzt wie alle anderen. Die Hälfte seiner persönlichen Sachen wurde er los. Vorher gab er mir glücklicherweise zweitausend Reichsmark mit der Bitte, daß ich ihm diesen Betrag durchschmuggelte, was ich dann auch tat. Sonst wäre er das Geld mit Sicherheit los geworden. Am Schluß der Kontrolle verspotteten sie ihn dadurch, daß sie ihm unter Hohngelächter eine große Portion weißes Läusepulver über Haupt und Soutane schütteten.

Nachher erzählte er mir mit bitteren Worten, auf welch niederträchtige Art und Weise er aus seiner Pfarrei gewiesen wurde. Er erklärte mir auch, mit welch gravierenden Verstößen gegen den Codex Iuris Canonici (das Kirchenrecht) seine Verjagung aus dem Pfarramt geschehen war. Kein katholischer Bischof auf der ganzen Welt hätte das Recht, so willkürlich zu handeln, ohne vom Papst zur Verantwortung gezogen zu werden. Doch Rom war unerreichbar weit, und es gab für ihn keine Instanz, bei der er sein Recht einfordern konnte. Sein hilfloser Zorn, und gleichzeitig seine geistlichen Bemühungen, diese schwere Ehrverletzung zu ertragen, berührten mich sehr und nötigten mir großen Respekt ab. Doch von seinem gefährlichen Einsatz für die polnischen Gutsarbeiter sprach er mit keinem Wort mehr. Zu tief hatte ihn der „Lohn“ dafür innerlich getroffen. In seinem Bericht nannte er uns, wie vorher schon die Schwestern, den Namen des polnischen Kardinals Hlond, der nach seinem Wissen diese dem geltenden Recht zuwiderlaufende Behandlung deutscher Priester angeordnet hätte. Bald darauf hörte ich diesen Namen noch oft. Als ich viel später dokumentarische Berichte las, nach denen es bei der Vertreibung auch gewaltsame Todesfälle unter deutschen Priestern gab,[19] und die Mitverantwor-

---

19 *Johannes Kaps:* „Vom Sterben schlesischer Priester“, 3. Auflage von Emil Brzoska. Herausgeber Winfried König. Wienand Verlag Köln 1990. – Als Beispiel Seite 51: Pfarrer Alfons Haase ist am 1.9.1945 im Milizgefängnis Landeshut an den Folgen der Schläge durch polnische Miliz gestorben.

tung für diese Blutspur eben Kardinal Hlond zugeordnet wurde, hatte ich innerlich lange damit zu tun. Heute nun wünschen Verantwortliche der katholischen Kirche die Seligsprechung dieses Kardinals. Sollte das wirklich geschehen, käme es nach meinem Ermessen einer geistlichen Katastrophe für unsere Kirche gleich.[20]

Ich hatte noch viele Gespräche mit Pfarrer Frank, auch sehr positive, in denen er vom schlichten, bergeversetzenden Glauben einfacher polnischer Menschen sprach. Dabei aber kam immer wieder die abgrundtiefe Enttäuschung zum Vorschein, daß auch erklärte Katholiken uns Deutsche dem brutalen, antichristlichen Diktat der Kollektivschuld unterwarfen. Die Nationalsozialisten taten das aus ihrer kirchenfeindlichen Weltanschauung heraus, und erzeugten aus dieser bewußten Pervertierung christlicher Werte immer schrecklichere Rache- und Vernichtungsorgien gegen Juden, Polen und Russen. – Nun aber waren es zahlreiche katholische Christen, die mit einem unglaublichen Zynismus Ähnliches verübten. Pfarrer Frank wurde damit nicht fertig, und rang lange um ein ausreichendes christliches Toleranzverhalten. Oft zitierte er aus einem Psalm der Bibel: „Der Herr liebt das Recht und haßt das Unrecht...“; dieses Wort prägte er uns ein. Später in Westdeutschland erfuhr ich, daß der amerikanische Chefankläger bei den Nürnberger Kriegsverbrecherprozessen sogar einer Kollektivbeschuldigung der Nazispitzen mutig widerstand, obwohl er kein katholischer Christ war. – Etwa einen Monat danach verlor ich Pfarrer Frank aus den Augen und kann deshalb auch nicht sagen, wie er mit diesen

---

20 Eine aufschlußreiche Lektüre findet man dazu im „Das Hlondheft. Empfiehlt sich Kardinal Augustyn Hlond, Primas von Polen (†22.10.1948), als Kandidat einer Seligsprechung?“ von *Prof. Dr. Franz Scholz*, 2. unveränderte Auflage 1997, Zentralstelle Grafschaft Glatz/Schlesien e.V.

schweren seelischen Lasten fertig wurde. Ich hörte nur noch, daß er bald darauf – viel zu jung – verstarb.

Vorerst hatte ich jetzt mit mir zu tun. Schon seit einiger Zeit hatte ich Schmerzen in meinen Beinen, und von unten her schwollen sie immer mehr an. Bald wußte ich, daß es nichts anderes als die Mangelkrankheit des Lagers in Laband war, die Wassersucht. Bald hatte ich offene Wunden, die nicht mehr zuheilten. Ich wunderte mich nur, daß ich diese Mangelkrankheit so spät bekam. Ein Arzt in unserem Transport konnte nicht helfen, da er keinerlei Medikamente mehr hatte, nicht einmal Verbandsmaterial, außer einigen Leinenlappen. Er gab mir zwar Verhaltensregeln mit und sagte, daß ich nur froh sein könnte, daß mein Körper so lange damit gewartet hätte, denn jetzt wäre ja eine ärztliche Versorgung nicht mehr weit. Sicherlich war diese Erkrankung auch dadurch bedingt, daß der erbarmungslose psychische und physische Druck der letzten achtzehn Monate auf einmal in sich zusammenfiel, denn auch andere erlebten ähnliche und andere Krankheitsreaktionen.

Der Abtransport in die englische Zone

So spricht der Herr: Sorgt für Recht und Gerechtigkeit, und rettet den Ausgeplünderten aus der Hand des Gewalttäters! Fremde, Waisen und Witwen bedrängt und mißhandelt nicht. (Jer 22,3)

In der zweiten Julihälfte des Jahres 1946 schlug endlich unsere Stunde. Wir mußten zum Neusalzer Bahnhof gehen. Der lag glücklicherweise nur wenige hundert Meter von der Oberschule entfernt. Daß wir in die britische Zone „transferiert“ werden sollten, verriet uns natürlich nach guter alter russischer Sitte kein Mensch. Ja, es gingen nicht einmal Gerüchte um über unser Ziel. Zuerst setzte sich langsam eine riesige Kolonne in Bewegung, selbstverständlich von Milizionären und polnischem Militär, mit Maschinenpistolen im Anschlag, streng bewacht. Viele mußten ihr Gepäck nun schleppen, denn die meisten Handwagen, die ja nach dem beschwerlichen Marsch vor Tagen auf dem Schulhof abgestellt wurden, waren Stück für Stück verschwunden. Die meisten der Jüngeren aber wurden mit dem Tragen fertig, weil ihr Gepäck bei der sogenannten Kontrolle derart verkleinert worden war, daß man einen Handwagen nicht mehr brauchte.

Auf dem Güterbahnhof stand ein sehr langer Zug mit Waggons, die wie neu aussahen, zwar die gewohnten Viehwagen, jedoch nicht rotbraun sondern in einer ungewohnten grünen Farbe und mit fremden Konstruktionsmerkmalen, die wir noch nie gesehen hatten. Ein Symbol, das nur sehr wenige von uns kannten, zierte die Außenwände dieser Waggons: Das stolze Hoheitszeichen der Vereinten Nationen mit den großen Buchstaben UN oder UNRRA[21]. Hatten sie denn diese Viehwagen eigens für die sogenannte „humane Vertreibung“ aus Nordamerika über den Atlantik verschifft? – Wir wußten ja wegen unserer totalen Isolation nur sehr wenig über die Aufgaben der Vereinten Nationen. Ein bißchen später erst erfuhren wir, daß sie schon am 26. Juni 1945 uns deutschen Vertriebenen den Flüchtlingsstatus und die damit verbundene Hilfe ausdrücklich aberkannt hatten.

Doch als wir das breite Schiebetor unseres Waggons öffneten, schreckten wir angewidert zurück: Die Fußböden starrten vor Dreck, als ob man vorher Müll, getrockneten Fäkalschlamm oder ähnlich stinkendes Zeug damit

---

21 UNRRA ist eine Hilfsorganisation der Vereinten Nationen, die in der Nachkriegszeit auch viel Not gelindert hat, offenbar nur bei den Vertriebenentransporten nicht.

transportiert hätte. Die anderen Waggons sahen nur mit geringen Unterschieden ähnlich aus. Rufe hörte man aus der Menge: „Wer hat einen Schrupper mit, wenigstens einen Besen?" Doch wer hätte bei dem bißchen Gepäck an so etwas denken sollen? Die Menschen stauten sich murrend vor den offenen Waggons, während die schwer bewaffneten Wächter einen dichten Kordon bildeten, damit niemand ausreißen konnte; und mit den üblichen Antreibebefehlen forderten sie zum Einsteigen auf. Für die vielen alten Leute unter uns war es ganz ausgeschlossen, die sehr hohen Trittbretter zu erklimmen. So hatten wir wenigen jungen erst einmal genug zu tun, um dabei zu helfen.

Die Inneneinrichtung dieser Waggons bot uns nichts Neues, weil sie nämlich wie bei den Russen vollständig fehlte: Kein Brett als Sitzgelegenheit, keine Bank – nichts. Und nun wurden Männlein, Weiblein und Kinder, Greise und Kranke samt ihrem Gepäck in diese stolzen Menschenrechtssymbole der Vereinten Nationen hineingezwängt, und sollten nun tagelang in dieser Enge und in diesem Schmutz leben. Wir waren nämlich weit mehr als eine Woche, etwa zehn oder elf Tage, unterwegs. „An den alten rotbraunen, preußischen Viehwagen stand wenigstens draußen angeschrieben: 25 Mannschaften oder 15 Pferde", bemerkte einer von uns, „in diese UNO-Waggons aber werden vierzig Menschen hineingepreßt."

Bald wußten wir, warum es drinnen so stank. In der Ecke nämlich stand ein Blechkübel, der offenbar schon von Leuten vor uns benutzt worden war. Wir Jungen wollten am liebsten ausreißen; denn wer würde denn diese Blechkübel ohne Tragegriffe unterwegs entleeren müssen? Und noch eins sagten wir uns: Wenn wir jungen Leute uns auf solch ein Ding nicht einmal richtig setzen konnten, werden wir gewiß die vielen älteren Menschen halten müssen, wie man es bei kleinen Kindern tut! – Mit bissiger Ironie stellten wir fest, daß die berühmten kreisrunden Löcher in den russischen Waggons, manche sogar mit einer Holzeinfassung oder einer Rinne versehen, mit Abstand menschenwürdiger waren. Selbst die weiter oben beschriebenen „Donnerbalken" in den sowjetischen Gulags hatten einen menschlicheren Nutzungswert. – So bereitete uns dieser entsetzliche Kübel unterwegs noch manchen Ärger und schikanöse Arbeit. Beinahe unnötig zu erwähnen, daß es einen Wasserbehälter oder gar eine Waschschüssel in keinem dieser Waggons gab.

Wer auch immer diese schändliche Methode des Menschentransportes sich ausgedacht haben mag, er tat es – ob berechtigt oder nicht – unter dem Hoheitszeichen der Vereinten Nationen. – „Von denen hätten sogar die Menschenschinder Hitler und Stalin noch eine Menge lernen können", kommentierten wir. Als dann später die Vollversammlung die Charta der Menschenrechte verabschiedete, lachten viele von uns mit großer Bitterkeit und mit ohnmächtigem Zorn: Die feierliche Erklärung der Menschenwürde, und kurz zuvor die aktive Beteiligung an der Vertreibung von Millionen Menschen durch die Bereitstellung des Transportraumes, der auch die letzten kläglichen Reste menschlicher Würde verspottete; das empfanden wir als eine neue Qualität boshafter Heuchelei, wie wir sie bei den Russen kaum erlebt hatten. Darauf entgegneten andere freilich mit entschuldigenden Bemerkungen, so zum Beispiel, daß irgendwelche Organisatoren weder ausreichendes Wissen noch Erfahrung mit solchen Transporten hätten, und daß sie es sicherlich gut gemeint hätten. Die Antwort war: Dann hätten sie es lassen sollen. Und im Übrigen ändert es an den Leiden der Vertriebenen absolut nichts, wenn die Motive der Täter aus Bosheit, aus Dummheit, oder gar aus gutem, wenn auch borniertem Willen erwachsen. Das ist allein ihre Gewissensangelegenheit.

Wir glaubten nun fest, daß der Zug auf der Hauptstrecke über Grünberg und Crossen fahren würde. Doch zu unserem Entsetzen bewegte er sich langsam in die entgegengesetzte Richtung; und plötzlich fanden wir uns auf der wohlbekannten Nebenstrecke über Freystadt nach Sagan wieder. Wir fuhren tatsächlich ohne anzuhalten durch den Freystädter Bahnhof. Der anstrengende Marsch von Freystadt nach Neusalz entpuppte sich also als reine Schikane. Oder wollten sie uns durch solche sinnlosen Quälereien den Abschied aus der Heimat noch erschweren? – Innerlich hatten wir nämlich schon von unserer Heimat Abschied genommen, und so mancher bekam nasse Augen, als auf dem schweren Fußmarsch nach Neusalz die Türme Freystadts am Horizont verschwanden. Nun aber fing das ganze Drama noch einmal an. Wir Jüngeren saßen mit Herrn Thorand in der offenen Waggontür, sahen die Stadt an uns vorüberziehen und sprachen über ihre Geschichte. Wir wählten bewußt diese Form der inneren Verarbeitung.

Jeder trug aus seinem Wissen bei. Aber allen war uns bekannt, daß Freystadt etwa im Jahre 1250 unter diesem Namen gegründet worden war. Es gibt auch heute eine weitgehende Übereinstimmung der Historiker, daß die Besiedelung Schlesiens im 13. Jahrhundert eine der ganz wenigen friedlichen Kolonisationen in Europa war. Der Piastenfürst Heinrich und seine Gemahlin, die heilige Hedwig von Schlesien, schickten ihre Werber nicht nur nach Sachsen, Thüringen, Westfalen und in andere deutsche Lande, sondern sogar bis nach Flandern. Dort warben sie junge Bauern, Handwerker und auch Mönche, weil sie das damals unterentwickelte und sehr dünn besiedelte Schlesien aufbauen wollten. In Naumburg, der westlichsten Stadt unseres Kreises, gründete Heinrich I. schon 1220 ein Kloster mit Mönchen aus Flandern, weil Klöster damals auch als landwirtschaftliche Lehr- und Musterbetriebe galten. – Für Menschen des 20. Jahrhunderts ist es schier unbegreiflich, daß es im 13. Jahrhundert ein ausgeprägtes Nationalbewußtsein mit all den gegenwärtigen dämonischen Gegensätzen nicht gab. Die Stadt- und Dorfgründungen im damaligen Schlesien geschahen deshalb hauptsächlich in unbesiedeltem Land; und wenn ein slawischer Ort dort existierte, wurde die Neugründung in seiner Nähe vorgenommen. Die Verteilung der Flächen geschah überall streng geordnet durch die sogenannten „Lokatoren", die im Auftrag der Piastenfürsten handelten. All diese Vorgänge sind hinreichend historisch belegt. – Noch viele weitere Einzelheiten trugen wir, in der Waggontür sitzend, zusammen und staunten, daß sich aus dem historischen Gedächtnis der Einzelnen ein Geschichtsbild wie ein Mosaik zusammensetzte.

In den 750 Jahren, die seitdem vergangen sind, wurde beispielsweise nur die Schreibweise des Namens Freystadt verändert, von Vrienstat zum Beispiel in Vreyenstat, Wrigenstadt und so weiter. Schon in der Schule wurde uns erklärt, daß die deutsche Stadtgründung vor über 750 Jahren in der unmittelbaren Nähe, nördlich eines kleinen slawischen Ortes, namens Cosuchow (was man mit Pelzstadt übersetzte), erfolgte. Dieser Ort, ob Stadt oder Marktflecken, existierte schon seit etwa 1100, lag aber nicht auf dem Gebiet von Freystadt, sondern südlich des Saganer Tores. Die uralte Heilig-Geist-Kirche auf der höchsten Erhebung der Saganer Straße steht noch heute außerhalb der Stadt; ihre Vorgängerin soll in der Mitte des alten Cosuchow gelegen haben. Es gibt dafür nur sehr dürftige historische Hinweise oder Dokumente. Auch archäologische Forschungen interessierter Heimatkundler erwiesen sich, vermutlich wegen der Kleinheit des Ortes, als wenig ergiebig. Vielleicht haben heute polnische Forscher mehr darüber herausbekommen.

Auch über die weitere Geschichte Schlesiens erzählte jeder, was er darüber wußte, über die Schlacht auf der Wahlstatt im April 1241, als Polen und Deutsche gemeinsam unter dem Piastenherzog Heinrich II. gegen die

Übermacht der Mongolen kämpften. Vor allem in den Bauernfamilien Niederschlesiens kursierten bis in unsere Tage Erzählungen und Sagen über die Schlacht gegen die Mongolen sowie über den darauf folgenden gemeinsamen deutsch-polnischen Aufbau des Landes. Thorand wußte von den Zedlitzen aus Großenborau, daß sie zu den „Vettern von Wahlstatt" gehörten, was eine Vereinigung schlesischer Adelsgeschlechter bezeichnete, die nach der Mongolenschlacht gegründet wurde. Auch an der Naumburger Kirche soll ein uralter Grabstein der Adelsfamilie von Nostitz stehen, einer Familie, die sich ebenfalls zu den „Vettern von Wahlstatt" zählte. Erst Jahrzehnte später las ich nähere Einzelheiten darüber und erfuhr weitere Namen: Es sind die Vorfahren derer von Zedlitz, von Prittwitz, von Seydlitz, von Strachwitz, Nostitz und Köckritz, die schon 1241 in Schlesien seßhaft waren und im Ritterheer Heinrichs II. kämpften. Interessante Forschungen darüber findet man in einer Veröffentlichung aus dem Jahre 1991.[22]

Tatsächlich sind ja in diesem 13. Jahrhundert die meisten Städte und Dörfer nach deutschem Recht gegründet und riesige Landwirtschaftsflächen erschlossen und kultiviert worden. Das Wort, das fünfhundert Jahre später nordamerikanische Siedler prägten, „Den ersten der Tod, den zweiten die Not, den dritten das Brot", galt auch damals. – Wir sprachen über die böhmische und die jahrhundertelange österreichisch-habsburgische Zeit Schlesiens, die das Land besonders stark geprägt hatte, bis es der preußische König Friedrich II. der österreichischen Kaiserin Maria Theresia in den schlesischen Kriegen um 1750 abnahm. Maria Theresia soll damals

22 „Wahlstatt 1241" *Ulrich Schmilewski*. Im Auftrag der Stiftung Kulturwerk Schlesien. Bergstadtverlag Würzburg 1991. Besonders S. 235 „Die Vettern von Wahlstatt" von Bernhard Rupprecht.

gesagt haben, daß ihr der kostbarste Edelstein aus ihrer Krone geraubt worden war.

Das alles und noch viele Einzelheiten rekapitulierten wir, um uns diesen zweiten Abschied von der Heimat zu erleichtern, während der lange Zug an der Stadt vorbeifuhr, die weiträumigen Felder und Wälder des Rodewaldhofes kreuzte, von denen ich nun auch noch einmal Abschied nehmen mußte. Der Zug kroch langsam den schlesischen Landrücken bis zu den Hellenbergen hinauf. So kamen wir an der Waldwiese vorbei, auf der wir als Kinder im Sommer unsere Zelte aufgebaut und übernachtet hatten, fuhren auf dem erhöhten Bahndamm über eine ganz kleine Unterführung, in der wir als Kinder oft gespielt, und die wir unser Staubhaus nannten. Was war es doch damals für ein prickelndes Gefühl, wenn da ein Zug drüber fuhr. Wir kamen am Blaubeerwald vorbei, der Name stammt von meiner Schwester Gisela, die mich immer zum Blaubeerenpflücken gewinnen wollte, ich ging aber viel lieber auf die Felder helfen. Wir kreuzten den Rodewaldweg, doch die Bahnschranke hing schief und kaputt halboffen da. Niemand ließ sie mehr herunter. Wir fuhren an unserer Übungswiese vorbei, auf der ich Reiten lernen „mußte", und wo mich das nervöse Pferd meines Onkels mehrere Male abwarf, während mein Onkel sich vor Lachen kaum halten konnte. Wir fuhren an dem riesigen Feldstück vorbei, das vor drei Jahren eine besonders gute Weizenernte gebracht hatte. Ich wußte es noch ganz genau, weil ich das Feld über hunderte Meter mit der Sense „anhauen" mußte. So nannten es die schlesischen Bauern, weil nach ihren Vorstellungen kein Traktor und keine Erntemaschine auf das Feld fahren durfte, ehe nicht an den Rändern ein meterbreiter Streifen eben „angehauen" wurde. Denn es war für diese Bauern undenkbar, daß die Erntemaschine Getreide knickte und in den Boden fuhr. Jetzt erlebte ich diese Felder als trostlose Steppe oder als

Unkrautwüste. Als der Zug endlich die Rodewaldfelder hinter sich ließ, quälte er sich schnaufend die Hellenberge nach Herwigsdorf hinauf. Auch sie gehörten zu unserem Kinderparadies. Wir schwärmten von unseren Skiabfahrten, sahen die Stelle, wo wir uns eine kleine Sprungschanze gebaut hatten; doch davon war natürlich im Sommer nichts zu sehen. Nur wenige Kilometer entfernt lagen die Buschhäuser, ein schönes Ausflugslokal, wohin wir bei guter Fernsicht oft mit unseren Fahrrädern fuhren, denn von dort sah man das Riesengebirge. Die polnischen Behörden machten uns wirklich den Abschied so schwer wie möglich. – Die Buschhäuser gibt es übrigens heute auch nicht mehr. Nicht einmal Mauerreste sind davon zu finden. Der Besitzer wurde mit seiner ganzen Familie von den Russen erschossen.

Nun lag unsere Heimatstadt endgültig hinter uns. Zwar war uns die Unabänderlichkeit dieser Tatsache noch nicht voll bewußt, doch gaben wir uns gewiß keinen Illusionen über eine Rückkehr hin. Wiederum erinnerten wir uns an Andreas Gryphius und seine Dichtung „Über den Untergang der Stadt Freystadt" (siehe im Anhang). Wir deuteten sie nun ganz anders: Man hatte unserer Stadt den uralten Namen genommen und alle ihre Bürger verjagt, die die kleine Stadt über viele Generationen mit Leben erfüllten. Damit ging Freystadt auf radikalere Weise unter als durch den großen Brand, den Gryphius beschrieb. – Die neuen polnischen Bewohner aber wollten von der uralten, deutschen Geschichte der Stadt nichts mehr wissen. Wir erlebten es ja, mit welchem Eifer sie Zeugnisse dieser Geschichte zu beseitigen sich abmühten. Selbst vor den Friedhöfen machte man nicht Halt. Deutsche Gräber, andere gab es ja nicht, wurden zerstört, Inschriften ausgemeißelt; ich ging auch zum Abschied nicht mehr auf den Friedhof, weil ich diese mutwillige Zerstörung nicht ertragen konnte. Es sollte ihnen doch genügen, die Lebenden zu vertreiben, so sagte einer von uns, warum auch noch die Toten?

Als ob sie im Jahre 001 neu anfangen wollten. Werden sie das können? Kann eine Gesellschaft, eine Stadt mit ihren Menschen überhaupt ohne Geschichte leben? Gewiß kann man sie umdeuten, Namen polonisieren, Geschichte neu schreiben und ideologisieren. Doch wie lange halten solche Konstruktionen? Wie werden dann die Menschen mit sich selbst und mit den vielen kulturellen Zeugnissen, den alten Bauwerken der Heimatgeschichte umgehen, wenn sie sich damit nicht identifizieren können oder wollen? Wenn sie einfach nichts oder nur wenig davon wissen? – Dieses Land und diese Stadt besaß ja außerdem einen großen Reichtum an Sagen, an Legenden; und in den alteingesessenen Familien gab es, wie schon gesagt, eine große Erzähltradition. Wenn das mit der Vertreibung alles abrupt endete, wird daraus nicht eine beispiellose kulturelle Verarmung folgen? Wir fragten uns ernsthaft, ob unter solchen Voraussetzungen die Stadt mit ihrem neuen Namen Kozuchow wieder aufblühen könnte.

Der erste stundenlange Halt war auf dem Güterbahnhof in Sagan. Die polnischen Bewacher erlaubten uns auszusteigen, und uns die Füße ein wenig zu vertreten. Ich fragte mich, wie sich diese Uniformierten vorkamen, wenn sie bis an die Zähne bewaffnet, alte Leute, junge Frauen und Kinder bewachten. Ob sie die Lächerlichkeit ihrer Situation überhaupt bemerkten? – Hier sah ich auch Pfarrer Frank wieder, der mit seinen Eltern in der drangvollen Enge eines anderen Waggons hockte; an seinem Talar, hellgrau von der Verspottung mit dem Läusepulver, erkannte ich ihn von weitem. Ich konnte ihm sein Geld aushändigen, und er schenkte mir etliche Hundertmarkscheine.

Wer nun glaubte, daß es unterwegs irgend etwas zu essen gab, wurde bitter enttäuscht. Doch mit soviel Menschenfreundlichkeit rechneten die meisten ohnehin nicht. Allerdings wurde es mit der Wasserversorgung außerordentlich problematisch, denn es war sehr heiß. Wir drei, Thorand, Reinhard und ich, mußten also die polnischen Wachsoldaten überzeugen, daß sie nicht nur zwanzig Leute, sondern hunderte zum Wasserholen gehen ließen; denn es gab ja, um weit über eintausend Menschen zu versorgen, keine ausreichend großen Behälter und Transportmittel. Jede Familie besaß nur ihr kleines Gefäß oder ihren Kochtopf, und manche nicht einmal das. Denn einigen Leuten hatte man in Neusalz die Töpfe, weil sie zu neu aussahen, weggenommen. Schließlich gaben die Bewacher nach, rationierten aber das Wasser dennoch auf ihre Weise, indem sie die Wasserholertrupps zahlenmäßig begrenzten, um sie besser bewachen zu können. Schließlich mußten sie dafür Sorge tragen, daß niemand ausreißen konnte, und dann schlicht und einfach wieder nach Hause ging. So begleiteten sie die durstigen Menschen mit martialischem Blick und mit ihren durchgeladenen Waffen, und fanden das gar nicht komisch. Ihr ständiges „prentko“ (schnell) ging uns auf die Nerven.

Weiter ging die Reise über Sorau (heute Zary), das ja schon zu Brandenburg gehört, in Richtung Sommerfeld (heute Lubsko). Das Land, das wir durchfuhren, wurde ärmer, deshalb auch reicher an Kiefernwäldern, der Ackerboden um vieles geringwertiger als im Kreis Freystadt und im Urstromtal der Oder. Deshalb fand diese Region offenbar wenig Akzeptanz bei den polnischen Neusiedlern. Denn kleine, bestellte Feldstücken zeigten sich immer seltener; im weit überwiegendem Maße mußten wir versteppte Brachflächen an uns vorüberziehen sehen, die früher einmal Kulturland waren. Die vielen 1945 nicht abgeernteten Getreide- und Kartoffelfelder überzog der Sommer gnädig mit frischem Grün. Offensichtlich war diese arme Gegend noch weitgehend menschenleer. Denn auch in den Ortschaften, die wir durchfuhren, sahen wir nur ganz vereinzelte Menschen. Umso mehr verrostete und zerstörte Kriegsreste lagen noch immer herum: Abgeschossene Panzer, verrostete Autowracks, Kanonen und manchmal Flugzeugtrümmer. – Wir bedauerten unsere Orientierungsschwierigkeiten. Denn die ehemals deutschen Namen gab es nicht mehr, nur polnische konnten wir lesen. Doch die kannten wir nicht. So fuhren wir mit mehreren, stundenlangen Aufenthalten der neuen Grenzstadt Forst entgegen.

Um ein Haar wäre in unserem Waggon ein schlimmes Unglück geschehen. Eine ganz junge Frau saß unter uns, die sich an keinem Gespräch beteiligte. In sich verschlossen und bewegungslos hockte sie auf dem Boden, ließ sich auch nicht ansprechen und war ganz allein. Andere wußten von ihr, daß ihr Ehegatte nicht aus dem Krieg zurückgekommen, und daß ihre Kinder und Eltern umgekommen waren. Urplötzlich stand sie auf, stürzte sich auf die offene Waggontür zu, in der wir zu dritt saßen, und wollte wortlos aus dem fahrenden Zug springen. Ich weiß es nicht mehr, wer sie im letzten Augenblick aufhielt, Reinhard oder ich, oder wir alle beide. Sie wehrte sich verzweifelt, fiel schließlich in Weinkrämpfe, redete wirr, flehte uns sogar an, sie nicht aufzuhalten. Sie müßte doch in ihrer Heimat bleiben, sonst könnte ihr Mann sie niemals finden. Dann versuchte sie sich loszureißen, wir konnten aber während der Fahrt die breite Tür nicht schließen, und so wollte sie sich wieder aus dem Zug stürzen. – Schließlich fixierte sie sich auf mich, denn ich konnte sie wenigstens für einige Zeit beruhigen. Ihr Verhalten machte uns deutlich, daß sie vor Schmerz wahnsinnig geworden war. Ich mußte sie nun die ganze weitere Strecke festhalten, mindestens an der Hand, oft sogar in den Armen. Die anderen baten mich, sie nicht loszulassen. Es war eine tagelange schreckliche Mühe für mich. Beim nächsten Halt kam ein Arzt, der in einem der anderen Viehwagen unseres Zuges saß. Doch er hatte keinerlei Medikamente mehr. Er konnte nichts tun, außer am Ende mir die Verantwortung für ihr Leben aufzubürden. Die polnische Wachmannschaft winkte nur müde ab. Der Krankheitsfall interessierte sie überhaupt nicht, und die junge Frau an einer größeren Station in ärztliche Behandlung zu geben, lehnten sie schroff ab. Erst an unserem Zielort kam sie dann in ärztliche Obhut. – Ich habe nie erfahren, was aus ihr geworden ist.

Offenbar hatte doch ein Schutzengel gerade Dienst, denn eine andere Gefahr lief glimpflich für uns ab. Wir hielten uns nur kurze Zeit im Innern des Waggons auf und saßen gerade nicht in der offenen Tür, da löste sich plötzlich das große Schiebetor des Viehwagens und flog ins Bahngebüsch. Ohne schwere Beinverletzungen wären wir sonst nicht davongekommen. – Wir hielten unsere eigenen Betrachtungen darüber und stellten auch fest, daß bei jedem Viehtransport mehr Sorgfalt aufgewendet wird als für uns Vertriebene. Rindvieh zwängt man nicht derart in Waggons zusammen, und man schüttet wenigstens Stroh auf den Boden. Auch gewährt man ihm nicht Wasser zum Saufen wie einen Gnadenakt, und Futter gibt man wenigstens so viel, daß es nicht abmagert, denn es muß ja am Zielort seinen Preis bringen. Eine ältere Dame aus Oberschlesien, der ich davon erzählte, sagte mir: „Da waren Sie ja vom Glück begünstigt. Denn wir wurden auch in solchen Waggons herausgefahren, nur geschah das im strengen Winter 1946, und die Reise dauerte viel länger als bei Ihnen. Unterwegs wurde ein Kind geboren, und die Mutter fror in ihrem eigenen Blut am Waggonboden fest. Das Kind starb und kurz darauf die Mutter auch."

Wenn nun wirklich jemand unter uns glaubte, daß es auf einer der nächsten Haltestationen irgend etwas zu essen und vor allem zu trinken gab, sah er sich bitter enttäuscht. Es gab ja auch einige, die ihre Hoffnung in dieser Beziehung auf die Vereinten Nationen setzten. Denn wenn sie schon die Waggons zur Verfügung stellten, müßten sie ja auch auf eine einigermaßen menschliche Behandlung achten. Doch diese Hoffnung erwies sich als völlig verfehlt. Der Kampf um das Wasserholen wiederholte sich an den nächsten Haltestationen. Der Durst so vieler Menschen wurde bedrückend; Waschen war schon völlig abgeschafft worden. Nach drei Tagen gingen vielen Familien die Nahrungsmittel aus. Einige hatten ohnehin nur Kartoffeln, denn wie knapp den Deutschen das Brot schon lange Zeit vorher wurde, erzählte ich ja schon. Kartoffeln aber konnte man nirgends abkochen, Tee auch nicht. Die Leute teilten zwar das Wenige, was sie besaßen, doch langsam wurde die Lage bedrohlich. Einige erzählten mit großer Wut, daß ihnen in Neusalz bei der sogenannten Kontrolle höherwertige Lebensmittel, Fleisch und Wurst zum Beispiel, als „unrechtmäßig angeeignetes polnisches Staatseigentum" weggenommen wurden, und sie sprachen noch immer fassungslos darüber, daß man die Ärmsten der Armen bestohlen hatte.

Wir atmeten jedesmal froh und erleichtert auf, wenn der Zug nach stundenlangen Pausen auf Abstellgleisen sich langsam wieder in Bewegung setzte. Denn die brütende Hitze jener Tage heizte den Innenraum der Waggons bei jedem Halt unerträglich auf. Viel schlimmer aber entwickelte sich bei diesen Temperaturen der Gestank aus dem offenen Klosettkübel, denn auch den konnten wir nur leeren, wenn ein Bewaffneter uns eskortierte. Und dazu hatten sie verständlicherweise überhaupt keine Lust.

Endlich kamen wir in Forst an. Halt zum Lokomotivenwechsel, und – alle atmeten hörbar auf – die polnischen Wachmannschaften stiegen aus. Nun ging es auf einmal ohne sie, es war fast nicht zu glauben, aber der

Zug lief trotzdem weiter. Der Unterschied des Landschaftsbildes faszinierte uns, obwohl es doch die gleiche arme Niederlausitzer Region war wie drüben in der niederschlesischen Heide. Doch hier gab es kein einziges unbestelltes Feld. Die Dörfer sahen vergleichsweise gepflegt aus, und überall auf den Feldern war schon die Getreideernte in Gang gekommen. Wir sprachen lange über dieses Kontrasterlebnis.

Unser nächster Halt fand schon in Cottbus statt. Dort gab es eine katholische Bahnhofsmission, eine kleine Baracke, die provisorisch auf einem der Bahnsteige stand, denn das Bahnhofsgebäude lag durch einen Bombenangriff in Trümmern. Pfarrer Bruno Broß von der Marienkirche in Cottbus hatte diese lobenswerte Einrichtung im zähen Kampf mit den Behörden gegründet und mit seinen ehrenamtlichen Helfern zehntausenden von Vertriebenen und Heimkehrern erste Hilfe zuteil werden lassen. Auch in seinem Pfarrhaus beherbergte er in diesen Zeiten oft bis zu einhundert Vertriebene; sie kampierten dann in allen Wohnräumen, einschließlich den Fluren und dem Pfarrbüro. Der damalige Caritasdirektor, Franz Scholz, der letzte Pfarrer von Görlitz-Ost, unterstützte ihn dabei tatkräftig. In katholischen Gemeinden der USA trieb er große Mengen Trockenkartoffeln auf, für die ausgehungerten Vertriebenen eine unschätzbare Hilfe. Leider existierte die Bahnhofsmission nur bis zum Beginn der fünfziger Jahre; kurz nach Gründung der DDR wurde sie von den SED-Behörden zwangsweise geschlossen.

Doch unser Transportzug hielt nicht an den Bahnsteigen, sondern weit davon entfernt auf dem ausgedehnten Güterbahnhof. Wir hatten dort lange mit uns zu tun, nämlich eine Zapfstelle für Trinkwasser zu suchen, Kochmöglichkeiten zu improvisieren, Brennholz zusammenlesen, und vor allem den Älteren zu helfen, aus den Waggons auszusteigen. Án einem Bahnsteig fällt das ja nicht schwer. Aber wenn man vom hohen Trittbrett auf den tiefliegenden Bahnkörper springen muß, braucht man wenigstens einen Rest jugendlicher Beweglichkeit.

So fanden einige von uns erst nach Stunden die Baracke der Bahnhofsmission, deren Helfer uns wegen der weiten Entfernung auch nicht entdeckt hatten. Kurz darauf fuhr der Zug weiter. Wir konnten nicht einmal unsere Kranken ausladen, die unter himmelschreiend unwürdigen Verhältnissen auf den vor Schmutz starrenden Waggonböden hockten. Denn wegen der drangvollen Enge konnten sie sich in den vollgestopften Viehwagen nicht einmal hinlegen. Daß es unter diesen Zuständen, die man nicht einmal Tieren zumuten würde, unterwegs keine Toten gab und auch keine Seuche ausbrach, so stellten wir später fest, kam einem Wunder gleich; denn in anderen Transporten starben nicht wenige alte Leute und Kinder. – Die Helfer der Cottbuser Bahnhofsmission wollten sich jedenfalls für die ärztliche Versorgung unserer Kranken einsetzen. Es ging nicht mehr; wir konnten sie nicht mehr ausladen, denn der lange Transportzug setzte sich ohne jede Rücksicht in Bewegung.

So ging es weiter, oft über Nebenstrecken, durch die sowjetische Zone in Richtung Magdeburg. Zwar hatten wir es bei den zahlreichen Aufenthalten leichter, uns mit Wasser zu versorgen, ohne daß uns Schwerbewaffnete wie Verbrecher eskortierten, doch zu essen bekamen wir hier auch nichts. – Irgendwann waren englische Soldaten zugestiegen, wir hatten es nicht einmal bemerkt. Freilich reisten sie nicht in einem Viehwagen wie wir, denn für sie hatte man einen ordentlichen Personenwagen angehängt. Doch wir erfuhren nicht die geringste Unterstützung von ihnen. Sie hielten sich so sehr zurück, daß wir sie kaum zu Gesicht bekamen. Möglicherweise empfanden sie dieses brutale Verfahren mit Frauen und Kindern als peinlich, oder sie schämten sich gar dafür?

Jedenfalls gelang es mir nicht, sie wegen unserer Kranken zu fragen, weil ich trotz einiger Mühe nicht an sie herankam. Später erfuhren wir, daß sich insbesondere der britische Premierminister Churchill für eine „humane Aussiedlung“ stark gemacht hatte. Doch seine Forderungen kommentierten wir später nur als heuchlerische Worthülsen. Getan hatte er dafür – genau wie sein britisches Begleitkommando – weniger als nichts.

Wir saßen noch immer oft an der Tür, fuhren inzwischen durch das mitteldeutsche Flachland und huldigten noch lange mit schwarzem Humor den Vereinten Nationen wegen ihrer so überaus noblen Transportmittel und wegen ihrer fürsorglichen Hilfe. So reagierten wir unseren zornigen Frust ab, der uns innerlich fertigmachen wollte. Viel später erst begriff ich, daß wir jener Gewaltbereitschaft sehr nahe waren, die kurz darauf von den palästinensischen Flüchtlingen über Jahrzehnte ausgeübt und bis zum heutigen Tage praktiziert wird. Denn wir waren uns deutlich bewußt, daß wir außer unserem Leben absolut nichts mehr zu verlieren hatten; schon deshalb tendierten die Gedanken und Gespräche vor allem der jüngeren Leute in diese finstere Richtung der Gewalt. Es gab auch reifere Männer, die sich an unseren Gesprächen beteiligten und die Meinung vertraten, wer sich nicht handgreiflich wehrt, der wird nicht geachtet, nicht ernst genommen und bald brutal in den Dreck getreten. Wir hörten ja später, als wir im Westen ankamen, von den palästinensischen Flüchtlingen, die Terror mit Terror beantworteten; und das imponierte uns außerordentlich. Sahen wir doch deutlich, daß sie sich damit Respekt verschafften, daß die anderen mit ihnen rechnen mußten, und daß sie, wenn auch gehaßt oder gefürchtet, trotzdem oder gerade deshalb in der Welt beachtet wurden, während man uns wie die Lämmer auf die Schlachtbank führte. Darüber diskutierten wir damals oft. – Wenn man heute diesen jugendlichen Gedanken von damals nachgeht, erschrickt man einerseits über ihre Radikalität, andererseits scheint sich die vorhergesagte Nichtbeachtung derer, die ihre Rechte nicht mehr verteidigen, bewahrheitet zu haben. Wir befanden uns ja trotz der teilweise beängstigenden Diskussionen keineswegs in schlechter Gesellschaft. Sagte doch schon lange Zeit zuvor der große Ostpreuße Immanuel Kant: *„Laßt euer Recht nicht ungeahndet von anderen mit den Füßen treten! Wer sich unter seinesgleichen zum Wurm macht, da ihn doch Gott zum Menschen schuf, muß sich nicht wundern, wenn man ihn nachher als Wurm behandelt und unter die Füße tritt."*

Heute wird der feierliche Verzicht auf Gewalt in der sogenannten „Stuttgarter Erklärung" von 1950, die man auch die „Charta der Heimatvertriebenen" nennt, kaum noch oder nur ganz beiläufig erwähnt, als wäre sie niemals geschrieben worden. Und doch ist sie aus meinem Erleben eines der großen politischen Wunder der fünfziger Jahre. Denn damals wurde sie im Gegensatz zu heute von vielen Vertriebenen nur zähneknirschend zur Kenntnis genommen. Vielleicht kann man heute sogar sagen, daß die politische Gesamtsituation damals sehr knapp an Terror, Gewalt oder an bürgerkriegsähnlichen Zuständen vorbeischrammte.

Die abgrundtiefe Enttäuschung vom ersten Tag des sowjetischen Einmarsches an, über das Sklavenleben im sowjetischen Gulag immer am Rande des Hungertodes, bis zum polnischen UB-Kerker hatte uns tief geprägt. War die Nazidiktatur für uns brutal – den Terror, der ihr nahtlos folgte, erlebten wir um Größenordnungen schlimmer. Dabei hatten uns – wie schon gesagt – die „Feindsender" schon lange vor Kriegsende Freiheit und Frieden zugesagt. Nach unseren Erfahrungen beherrschten die Siegermächte die Kunst der politischen Lüge und der gezielten Desinformation ebenso perfekt wie die Nazis. Deshalb gab es für uns zwischen dem sozialistischen und nationalsozialistischen System überhaupt keinen Unterschied mehr, außer dem der Farbe.

Nach dem Historikerstreit, von dem schon die Rede war, ist ja nach der Einheit Deutschlands dieses Thema wieder aufgelebt: Wie unter Wiederholungszwang wird behauptet, daß der Realsozialismus eine völlig andere Qualität besaß als der Nationalsozialismus. Denn im Sozialismus wurden, so sagen sie, nicht Millionen Menschen systematisch ermordet, wie es die deutschen Faschisten taten und so weiter. Das beziehen die eifrigen Verfechter dieser These immer nur auf die ach so humanistische DDR, in der ja auch nicht alles schlecht war – genau wie die alten Nazis 1950 diskutierten: Bei Hitler war doch auch nicht alles schlecht, er hat schließlich fünf Millionen Arbeitslose von der Straße geholt! – Daß aber für den Sozialismus der Internationalismus eines der wichtigsten Grundgebote war, wollen sie nicht mehr wissen. Die Gefangenen des Gulag und die Vertriebenen haben für diese Art der Argumentation kein Verständnis.

Wir fürchteten uns immer noch schrecklich davor, daß der Zug irgendwo in der sowjetischen Zone anhielt und uns das Aussteigen befohlen wurde. Denn viele von uns waren sich einig: Lieber nach Kanada, nach Neuseeland oder nach Südamerika, aber im ganzen Leben nie mehr zu den Russen und Polen. So dachten die meisten unter uns, und handelten später danach. Denn heute findet man Schlesier und auch Freystädter nicht nur im Westen Deutschlands, sondern sie haben sich über Europa, die USA und über andere Länder zerstreut. – Ein unbeschreiblicher Freudentaumel, erfaßte uns, als die Nachricht durch den Zug ging: Wir fahren nach Ülzen, das wir irgendwo in der Lüneburger Heide, also in der britischen Zone orteten.

Endlich am „Ziel“

So hielt unser Güterzug nach etwa zehn Tagen in Helmstedt. Wir trauten unseren Augen nicht. Auf dem Bahnsteig erwarteten uns Frauen und Männer mit den Armbinden der Bahnhofsmission, Ordens- und Rotkreuzschwestern. Sie schenkten uns aus riesigen Kannen zum ersten Mal seit über einer Woche Tee aus, sogar eine einfache Suppe bekamen wir alle. Die Leute waren fassungslos vor Freude.

Bald ging es weiter. Hier gab es sogar im Gegensatz zur Russenzone ein zweites Gleis, und der Zug fuhr wesentlich schneller. Unsere nächste Station war schon Ülzen. Auch hier hielt der Zug am Bahnsteig und nicht auf einem Abstellgleis. – Wir trauten unseren Ohren nicht, kniffen uns gegenseitig in die Arme und versicherten uns, daß wir nicht träumten: Denn eine Musikkapelle stand auf dem Bahnsteig und spielte zu unserer Ankunft. Wieder wurde uns heißer Tee gereicht. Und für unser dürftiges Gepäck standen sogar Fahrzeuge bereit. Es dauerte gar nicht lange, und wir kamen im „Durchgangslager“ an. Sofort sorgte sich eine Rot-Kreuz-Schwester um unsere arme verwirrte Kranke; ich brauchte ihr gar nicht viel zu erklären, da winkte sie schon ab und brachte die junge Frau zum Arzt. Viele wurden mit Tragbahren aus den UNO-Güterwagen zur Krankenbaracke gebracht. Nun endlich hatte das Elend für sie ein Ende.

Was da alles plötzlich auf uns einstürmte, konnten wir kaum verkraften, und manche hatten ihre Probleme, ob sie wachten oder träumten. Wir erlebten eine ganz andere Welt. Als Erstes schickten uns die fleißigen Helfer unter die Dusche, was sie offenbar für besonders notwendig hielten. Wir wollten eigentlich erst ans Essen. Doch aus sehr höflichen und zurückhaltenden Bemerkungen konnten wir erkennen, daß wir nach dem über zehn Tage dauernden Transport schrecklich gestunken haben müssen, denn es gab ja nirgendwo unterwegs eine Möglichkeit zum Waschen, und die ständige Nachbarschaft zu diesem schrecklichen Fäkalienkübel, an dem sich nicht wenige durch das Rütteln der Waggons beschmutzten, tat ein Übriges. Pfarrer Frank, der in einem der vollgestopften Waggons gesessen hatte, sah ebenso heruntergekommen aus wie wir alle; er sorgte sich all die Tage intensiv um Kranke. Doch nun konnten wir wenigstens den äußeren Dreck gründlich abspülen. Essen und Quartier beziehen folgten sogleich. Das Entlausen wurde übrigens in Sekunden mit einer DDT-Spritze von der Größe eines Feuerlöschers praktiziert; ein jeder bekam sie einfach in den Kragen gesteckt, wurde eingestäubt; und die kleinen lästigen Tierchen, die sich während der langen Reise besonders gut vermehrt hatten, waren ein für allemal erledigt. Wir staunten nur, wie unsere Helfer das alles für über eintausend Menschen ohne große Wartezeiten fertigbrachten. Schließlich kamen wir alleinstehenden Männer in eine Baracke mit Doppelstockbetten, bezogene und saubere Betten standen für uns bereit, wir glaubten uns fast im Himmelreich. Auch eine Art Kleiderkammer gab es, wo uns zwar gebrauchte aber brauchbare Sachen verpaßt wurden, denn wir sahen wirklich aus wie die letzten Lumpen.

Natürlich kam auch die Bürokratie zu Wort. Wir mußten uns ja anmelden, Ausweise wurden ausgestellt, doch noch mehr als die Bürokraten bekamen die Ärzte zu tun. Nun konnte auch ich meine unförmig angeschwollenen Beine behandeln lassen. Der Arzt meinte, daß ich für so eine Erkrankung viel zu jung wäre. Ich antwortete ihm nur, daß er im Russenlager eine ganze Kompanie blutjunger Leute mit solchen Elefantenbeinen hätte zusammenstellen können. Er wollte es nicht so recht glauben, auch nicht, daß im Lager viele junge Leute daran gestorben wären, und mir wurde klar, daß unsere Erlebniswelten Lichtjahre voneinander entfernt sein mußten. Doch meine Beine heilten durch die Behandlung sehr schnell. Nur dort, wo die offenen Wunden sich ausgebreitet hatten, blieben mir noch jahrzehntelang dunkelbraune und schwarze Flecken.

Alles war neu, als ob wir es noch nie erlebt hätten. Immer wieder versicherten wir uns gegenseitig mit erstaunter Dankbarkeit: „Jetzt, im Juli 1946, ist der Krieg endlich für uns zu Ende." Die erste Tageszeitung, die ich in die Hand bekam, war fast wie eine Offenbarung. Ich las sie bis zur letzten Zeile. Bücher standen im Gemeinschaftsraum; wir faßten sie geradezu mit Ehrfurcht an. Bald kamen auch CDU- und SPD- Leute und berichteten von ihren Zielen. Dabei war zuerst gar nicht wichtig für uns, was sie im Einzelnen erzählten, sondern daß sich fremde Leute politisch, menschlich um uns bemühten und uns als Menschen ernstnahmen. Das erlebten wir wie eine jahrelang entbehrte, neue existentielle Grunderfahrung. Nur angstbesetzte Träume hatten wir noch lange und sprachen immer wieder über Ereignisse der brutalen Vergangenheit, die uns jetzt wie eine Hölle erschien: So begannen wir wenigstens mit der inneren Verarbeitung und dem tastenden Versuch einer Deutung. Reinhard und ich hatten gerade noch Zeit, unseren Eltern einen Brief zu schreiben, da ging es schon weiter. Denn das Durchgangslager mußte neue Vertriebenentransporte aufnehmen. Erst später wurde mir die nahezu übermenschliche Leistung des Lagerpersonals klar.

Wir fuhren zum ersten Mal nicht in stinkenden Viehwagen, sondern in einem ordentlichen Personenzug nach Alfeld. Dort sollten wir im Ort selbst und in den umliegenden Dörfern Wohnräume zugewiesen bekommen. Wir beide kamen, nachdem wir das schöne Städtchen Alfeld/Leine besichtigt hatten, mit anderen Freystädtern nach Everode. Bei einer Bauernfamilie wurde uns ein Zimmer zugeteilt. Doch unsere Wirtsleute übergaben uns wie normalen Mietern ein leeres Zimmer, denn sie wußten über unser Schicksal fast nichts. Schnell aber begriffen sie, was mit uns los war und möblierten das Zimmer.

Wir betrachteten staunend das Leben im Dorf. Da gab es keine verfallenen und menschenleeren Höfe. Überall war Leben und Ordnung. Fleißige Leute mit Maschinen, Pferden und sogar Traktoren waren auf den Feldern zu sehen, als ob es keinen Krieg gegeben hätte, und wir fragten unseren Bauern ahnungslos, ob denn die Engländer oder die Amerikaner die Autos und die Traktoren nicht beschlagnahmt hätten? Wir boten unserem Hausherrn Hilfe bei der Ernte an. Dankbar stellte er uns ein und merkte bald, daß wir ein wenig Ahnung von der Landwirtschaft hatten. Wir bekamen ordentlichen Lohn für unsere Arbeit. Und bald mußten wir der Familie von Schlesien erzählen. Einigermaßen fassungslos hörten sie uns zu; doch manchmal spürten wir auch, daß sie in unseren Berichten ein bißchen Übertreibung vermuteten.

Jetzt wurde uns auch klar, daß wir ja beide noch etwa zwei Jahre Schule absitzen mußten, wenn wir das Abitur machen wollten. Wir erkundigten uns in Alfeld danach und wären dort ohne Probleme am Gymnasium angekommen. Wir fanden es erstaunlich, wie offen man uns entgegenkam. Hatten wir doch weder Nachweise über unseren früheren Schulbesuch in Neusalz noch irgendein Zeugnis. Natürlich wollten wir beide in Alfeld bleiben, denn mit dem schon erwähnten Motto, „Nie wieder zu den Russen", war es uns ernst. – Doch der Briefverkehr mit unseren Familien kam in Gang, und unsere Eltern und Geschwister setzten uns beiden in gleicher Weise zu, daß wir zur Familie – nach Hause schrieben sie nicht – in die Russenzone kommen sollten. Mutter Roche hatte uns sogar eine Zuzugsgenehmigung besorgt. Sie half uns beim Geschnapptwerden und ersparte uns eine einmonatige Quarantäne.

Sei es, daß wir noch in Gehorsamsvorstellungen lebten, sei es, daß uns die ständigen brieflichen Aufforderungen auf die Nerven gingen, eines Tages im August faßten wir den gemeinsamen Beschluß uns abzumelden. Wir verabschiedeten uns bei unserem Hausherrn, der uns nicht gerne gehen ließ, sagten unseren Freystädter Freunden Lebewohl, schließlich auch unserem Pfarrer Frank, der nun im Pfarrhaus des Nachbarortes wohnte, und bestiegen mit sehr unguten Gefühlen einen Zug nach Helmstedt, nicht ohne vorher alle Lebensmittelmarken für den ganzen Monat eingelöst zu haben. Dort wollten wir „schwarz" über die Grenze gehen, denn legal ging das ja damals nicht.

Doch wieder in der Sowjetzone

In Helmstedt angekommen, sondierten wir erst einmal die Lage und kamen zum Ergebnis, daß wir im weiteren Bereich des offiziellen Grenzüberganges an der Autobahn wenig Chancen hatten, unbehelligt durchzukommen. So wanderten wir gegen 10 Kilometer nach Süden. Irgendwo bei Hötensleben wollten wir nach langer Beobachtung der Grenzsituation unser Glück versuchen. In der Abenddämmerung maschierten wir los. Wir befragten Ortskundige, die uns erst einmal fassungslos anstarrten; denn sie erlebten zwar täglich ungezählte Grenzgänger, aber die kamen alle aus der Sowjetzone. Junge Leute, die zu den Russen hinüber wollten, waren für sie offenbar ein Neuheitserlebnis; vielleicht hielten sie uns auch für Kommunisten. Jedenfalls erklärten sie, daß wir in der sowjetischen Zone bis Völpke gehen müßten, weil von dort eine Kleinbahn oder Nebenstrecke nach Eilsleben führte; von dort aus hätten wir Anschluß nach Magdeburg.

Es gab ja noch nicht einmal ordentliche Grenzsteine oder -zäune, so daß man auf der Wanderung über Feldraine, Waldwege und Wiesen keine Klarheit bekam, ob man noch im englischen oder schon im russischen Gebiet war. Erst bei den späteren „schwarzen Grenzübergängen," etwa ab 1947, war das ordentlich geregelt, so daß man sich als illegaler Grenzgänger mit viel größerer Sicherheit orientieren konnte.

Jedenfalls griffen uns russische Soldaten mit „Stoi", sowie mit all den hirnlosen militärischen Ritualien auf, und das traf uns seelisch schwer. Ich beschimpfte mich selbst: „Mußte ich denn dieses idiotische Risiko eingehen?" und „Du bist nur selber daran schuld..." und so weiter. Sie sperrten uns in eine Garage, in der schon viele Illegale saßen, die uns schweigend empfingen. Die Garage war so mit Menschen überfüllt, daß wir nachts nur sitzen konnten. Doch das Glück war auf unserer Seite, denn am nächsten Morgen ließen sie uns laufen, wahrscheinlich, weil sie uns auf dem Weg in die Zone verhaftet hatten und nicht auf der Flucht aus der Sowjetzone. Doch bald ging zu unserem Ärger diese militaristische Theatervorstellung des Katz- und Mausspieles weiter. Und wiederum schalt man sich einen alten Esel, daß man gegen alle guten Vorsätze gehandelt hatte. – Wir saßen nämlich nicht einmal eine halbe Stunde in der Kleinbahn, da kündigten uns junge Leute, die durch den Mittelgang eilten, eine Paßkontrolle der Volkspolizei an. Volkspolizei, dachten wir, das soll doch eigentlich die Volksverbundenheit dieser Sicherheitsorgane bezeichnen? Zwar hatten wir noch keine Vopos gesehen, doch fühlten wir aus unseren Erfahrungen mit russischer und vor allem polnischer Polizei weder Sehnsucht noch Neugier auf eine solche Begegnung, die jungen Leute übrigens noch weniger als wir. Sie rannten bis auf die vordere überdachte Plattform des Oldtimerwaggons, stiegen von dort mit Schwung auf das Dach und blieben dort oben lange sitzen, weil sie ja mit einem Tunnel auf dieser Flachlandstrecke nicht zu rechnen brauchten. Erst kurz vor der nächsten Haltestation erschienen sie wieder unten, als die Kontrolleure schon lange außer Sicht waren. Wir aber blieben im Waggon sitzen, um unser „Zuzugspapier" auszuprobieren; die Polizisten stellten uns einige Fragen, erkannten das Papier aber an.

In Magdeburg trennten sich nun unsere Wege, und der Abschied fiel uns nicht leicht. Die gemeinsamen Erlebnisse und die vielen überstandenen Gefahren hatten uns in enger Freundschaft miteinander verbunden. Wir wußten genau, daß wir als Einzelne, ein jeder auf sich allein gestellt, diese schlimmen Zeiten bei den Russen und bei den Polen höchstwahrscheinlich nicht lebend überstanden hätten. So bedeutete der Abschied für uns eine tiefe Zäsur, und ein ganz neuer Lebensabschnitt begann. Reinhard fuhr weiter nach Jüterbog zu seinen Eltern und ich nach Meißen.

Ankunft in Meißen

Ich kannte diese schöne Stadt schon. Denn mein Vater hatte mich 1940 - ich war zwölf Jahre alt - auf eine Fahrradtour von Freystadt bis nach Altenburg in Thüringen geschickt. Damals schon besichtigte ich die berühmte Albrechtsburg, die Altstadt, den Dom und auch die Porzellanmanufaktur. Vieles davon hatte sich mir eingeprägt. Nun sah ich diese schöne Stadt völlig unversehrt wieder, denn sie hatte glücklicherweise nie einen Bombenangriff erlebt. Doch die neue Wohnung meiner Eltern zu finden, bereitete mir erhebliche Schwierigkeiten. Sie wohnten in einer Schule. Ungemütliche, knapp vier Meter hohe Klassenräume hatte man provisorisch zu einer Wohnung aufgeteilt. Es war ein wirklich frohes und herzliches Wiedersehen. Doch schnell sah ich, in welch katastrophaler Armut sie lebten. Meine Mutter konnte sich vor Freude nicht genugtun, daß ich eine Bettdecke, Sachen zum Anziehen und sogar einige Lebensmittel mitgebracht hatte.

Mit der Schule gab es nur wenig Probleme. Mein Vater hatte für meine Einschulung schon Sorge getragen. In unserer Klasse fand ich drei „Heimkehrer“ vor, unter ihnen aber nur einen, der aus russischer Gefangenschaft wegen Krankheit entlassen wurde; er sprach perfekt und sogar akzentfrei russisch; im Kriegsgefangenenlager war er als Dolmetscher tätig. Wir setzten uns alle vier zusammen und wurden von einigen Lehrern mit reserviertem Mißtrauen betrachtet. Sobald nämlich irgendein Lehrer anfing, sozialistische Phrasen zu verkünden, stellten wir ihm unsere dialektischen Anfragen, so daß einige bald bei ideologischen Äußerungen vorsichtig auf uns schauten, um an unseren Gesichtern abzulesen, welche ihrer Thesen uns mißfielen. Allerdings war das politische Klima 1946/47 noch wesentlich offener als nach 1949, und es unterrichteten damals erst wenige SED-Lehrer, denen man mit gewissen Vorbehalten sogar noch die eigene Meinung sagen konnte.

Da unter uns vier Heimkehrern ein bewußter evangelischer Christ und drei hartgesottene Katholiken waren, ließen wir vor allem atheistische Äußerungen nicht durchgehen. Der Physiklehrer, der uns noch nicht kannte, riskierte eines Tages zynische Nebenbemerkungen über die dummen und rückständigen Leute, die noch an Gott glaubten. Das tat er aber nur einmal und dann nie wieder. Freilich besaßen wir vier durch unsere Gefangenschaftserlebnisse einen unschätzbaren Erfahrungsvorlauf vor den Klassenkameraden. – Als uns der Direktor eine junge Neulehrerin ankündigte, die uns in Russisch unterrichten sollte, begrüßte sie unser Russischexperte mit Blumen, aber dazu mit einer langen Rede in fließendem Russisch, die er so schnell vortrug, daß das arme Mädchen nichts davon verstand und schließlich hilflos und den Tränen nahe die Klasse verließ.

Mich hielt es nie lange in der russischen Zone. Denn ich sah ja, wie nicht nur Schüler und junge Leute, sondern auch ältere Zeitgenossen, die unter diesem menschenverachtenden System gelitten hatten, sich zum Glauben an Stalin und Lenin bekehrten. Stets mußte ich mich auf das Äußerste zusammenreißen, um jenen Leuten nicht offen zu zeigen, wie sehr mich diese Art Opportunismus anwiderte. Übrigens liefen außerdem nicht wenige alte Nazis zu den Kommunisten über. Für die schlesischen Nazis war das sogar ziemlich einfach, weil sie durch die Vertreibung der Millionen völlig problemlos untertauchen konnten. Über Nacht gewendet, traten sie nun als besonders linientreue SED-Genossen wieder in Erscheinung. Gerade Kommunisten wechselten ja 1932/33, zumindest bei uns in Schlesien, in großer Zahl zu den Nationalsozialisten über. Auch der NSDAP-Kreisleiter von Freystadt war früher aktives Mitglied der Kommunistischen Partei Deutschlands; er hatte das alte Parteibuch der KPD von 1933 an über die Nazizeit hinweg sorgfältig gehütet und avancierte nun mit dessen Hilfe zum SED-Bürgermeister in einer thüringischen Mittelstadt. Mein Vater entdeckte ihn dort.

Während meiner Schulzeit bis Mitte 1948 ging ich etwa zehnmal schwarz über die Grenze nach drüben. 1948 zog ich endgültig nach dem Westen um. Auch von dort aus waren während der Jahre bis 1950 nur „schwarze Grenzübergänge“ möglich. In einer Winternacht 1950 schossen Grenzwächter bei Sonneberg/Thüringen hinter mir her. Ich rannte, so schnell ich konnte, denn ich wußte ja, wie schwer es für einen Schützen ist, nachts ein bewegtes Ziel zu treffen. Die Firma Mannesmann, bei der ich damals arbeitete, und es in finanzieller Hinsicht ziemlich weit brachte, gestand mir nun einen „Vertreterausweis für die Leipziger Messe“ zu. Mit einem so hochwichtigen „Dokument“ wurde man allerdings von den Behörden der Sowjetzone mit exquisitester Höflichkeit behandelt. –

Doch in der Sowjetzone blieb es noch lange ziemlich armselig. Ein Erlebnis kann ich mir fast filmisch aus der

Erinnerung vorspielen: Als ich nach langer Zeit wieder einmal nach Meißen kam, es war Ende 1949, brachte ich viele Lebensmittel mit, auch Schokolade und Bananen. Doch an Brot hätte ich denken müssen! Ich beschimpfte mich als gedanken- und herzlos, daß ich das dürftige Leben in der Zone so schnell vergaß, daß man sich dort die streng rationierten Lebensmittel einteilen und auf vieles verzichten mußte. Als ich bei diesem Besuch meiner jüngsten, damals fünfjährigen Schwester Schokolade gab, sagte sie „Pfui – das sieht aber komisch aus!" und in die Banane wollte sie samt Schale hineinbeißen. Sie hatte eben so etwas noch nie gesehen.

Doch eine kurze Reminiszenz an die „Penne" in Meißen im Jahre 1948 muß ich noch nachholen: Als ich nämlich das Abitur bestanden hatte – eines der unerklärlichen Wunder in meinem Leben – wurden anläßlich eines Festaktes in der Aula für etwa fünfundzwanzig Abiturienten drei Studienplätze öffentlich vergeben. Ich bekam einen, nicht wegen meiner guten Leistungen, sondern als Auszeichnung mit der feierlichen Begründung, daß mein Vater als Verfolgter des Naziregimes geführt wurde. Faschismus und Antifaschismus sagte man nun, und das Wort Nationalsozialismus war, vermutlich aus Sorge vor falschen Assoziationen oder Vergleichen, verpönt. Auch das Wort Heimatvertriebene durfte niemals ausgesprochen werden; Umsiedler oder Neubürger hieß die beschönigende Umschreibung. –

Vor versammelter Mannschaft lehnte ich den Studienplatz ab, was einen kleinen Eklat auslöste. Denn ich leitete mein Nein aus der Sippenhaftung der Nazis ab, die man doch jetzt nicht einfach in Sippenbelohnung umdrehen könnte. Ich hatte mich inzwischen mit einiger Wahrscheinlichkeit für die Theologie entschieden, um katholischer Priester zu werden, sicherlich nicht nur aus Gründen der Vergangenheitsbewältigung, doch spielte auch dieses Motiv bei meiner Entscheidung eine Rolle.

Denn eines mindestens hatte ich von den Pfarrern Guzy und Frank gelernt: Wenn es nach diesem schrecklichen Krieg Versöhnung geben soll, dann ist Schuld vergeben notwendig, was aber ohne Schuld zugeben von vornherein blockiert wird. Wenn aber Vergebung die eine Säule darstellt, die den Frieden stützt, dann ist die zweite Recht und Gerechtigkeit.

Doch wie gesagt, ab 1948 war ich im Westen und somit bis 1954 zum ersten Mal in meinen Leben Bundesbürger. Es war eine gute Zeit, die ich wie eine Belohnung für die schrecklichen Nachkriegsjahre empfand. Allerdings mußten die meisten von uns die Kosten für das Theologiestudium selbst verdienen, denn es gab damals nur in wenigen Ausnahmefällen Stipendien, auch war „Bafög" noch nicht erfunden, und von den Eltern in der Sowjetzone hatten wir nichts zu erwarten. Doch genügend Geld zu verdienen, machte mir weniger Schwierigkeiten, weil ich bald einen „Stammplatz" bei Mannesmann hatte, wo mir die Kenntnisse aus der Sklavenarbeit im Stahlwerk zu Laband außerordentlich nützten, mir sogar nach einiger Zeit einen Vorarbeiterposten und mehr einbrachten. Auch für den Arbeitsschutz konnte ich dort, durch meine bösen Erfahrungen auf diesem schwierigen Gebiet, einiges tun, einmal sogar mit einem kleinen Streik. Dennoch verabschiedete sich der zuständige Direktor bei mir persönlich, als er hörte, daß ich in die Sowjetzone gehen und katholischer Priester werden wollte. Er machte mir nicht nur Vorhaltungen, sondern auch interessante Angebote, im Werk zu bleiben; dann hätte ich es bald nicht mehr nötig, ein altes Auto zu fahren, so versicherte er mir mehrmals.

Trotz des notwendigen Geldverdienens blieb immer noch Zeit, mit Kommilitonen nicht nur in der alten Bundesrepublik, sondern in vielen europäischen Ländern auf Reisen zu gehen. Bald ging das Wort unter uns um: „Meine Heimat ist die Autobahn", denn es gab keine in

Deutschland, die wir nicht kannten. Ich gewann Freunde in Flandern und in der Schweiz. In der Nähe von Luzern lebte ich 1953 ein halbes Jahr wie auf einer Insel des Friedens. In Frankfurt/Main hatten wir gute Beziehungen zu amerikanischen Soldaten auf dem Rhein-Main-Flughafen, besonders zum amerikanischen Militärseelsorger, Father Schneider, der viel über unsere Zeit bei den Russen hören wollte. Manchmal stellte er uns sogar ein Armeefahrzeug für Ausflüge zur Verfügung.

Damals gründeten sich bereits Vertriebenenverbände, denen aber nur wenige von uns beitraten. Denn unter den „Königssteinern", wie man uns Theologiestudenten von nun an nannte, waren in erster Linie Heimkehrer und Vertriebene, die naturgemäß häufig ihre Erfahrungen untereinander austauschten. So konnte man durchaus Erlebnisberichte hören, die das Gefühl der Dankbarkeit emporkommen ließen, von solchen, noch schlimmeren Ereignissen verschont geblieben zu sein. Das gipfelte in der Erkenntnis, daß man eigentlich nur ein normales, keineswegs ein besonders hartes Nachkriegsschicksal erlitten hatte. Die Erfahrungsdichte aber, die daraus wuchs, war wesentlich größer, als eigene Erlebnisse jemals vermitteln konnten. Gewiß trug das alles zu einem nüchternen Realismus bei, der besagte, daß die Eroberung unserer ostdeutschen Heimat und damit die Vertreibung wahrscheinlich endgültig sein und nicht mehr rückgängig gemacht werden könnte. So begannen schon damals jene Tendenzen, die heute bei vielen Vertriebenen zu einer festen Haltung geworden sind: „Was soll ich dort. Ich fahre da niemals mehr hin. Für mich ist die Angelegenheit mit der sogenannten Heimat erledigt."

Als ich mich dann im Widerspruch zu meinen früheren Prinzipien zum Dienst als katholischer Priester in der SBZ (DDR) meldete, erklärten mich viele Freunde in Freiburg und in Frankfurt/Main für verrückt, was ja vielleicht auch ein bißchen stimmte. Knapp die Hälfte unseres Studienkurses hatte sich für diesen Schritt entschieden. Wir sahen uns alle im Priesterseminar Neuzelle an der Oder wieder. Doch ließen sich die meisten von uns auch ein Hintertürchen offen; so behielt auch ich meinen Reisepaß, den ich in Westberlin deponierte, meldete mich im Westen polizeilich nicht ab, denn schließlich gab es damals noch, lange vor dem Mauerbau, sogenannte Interzonenpässe, mit denen man oft über die innerdeutsche Grenze fahren konnte, manchmal sogar zur Wahl! – Doch als dann 1961 die Mauer errichtet wurde, war es damit endgültig aus. Ich bin all die Jahre niemals richtig damit fertig geworden, nun wieder auf unabsehbare Zeit eingesperrt zu sein.

Der sogenannte Ernst des Lebens trat damit für uns in eine neue, härtere Phase ein. Denn eine Diktatur wird erst dann halbwegs vollkommen, wenn sie ihren Untertanen jede Möglichkeit der Emigration verbaut; den höchsten Grad dämonischer Perfektion aber scheint sie dann zu erreichen, wenn sie einen großen Teil der Untergebenen überzeugen kann, daß ein Leben hinter Mauer und Stacheldraht besser und dem Frieden dienlicher sei als die Existenz in einer von vielen Gefährdungen bedrohten Freiheit. Daß die SED-Sozialisten diesem Ziel von Jahr zu Jahr näher kamen, gehörte zu den traurigsten Erfahrungen in diesen Jahrzehnten. Bald fand ich mich in zweifacher Weise schlimmer diskriminiert wieder, als ich das vorher ahnen konnte. Einmal als katholischer Priester, einem Vertreter der finstersten Reaktion, und zum zweiten als Heimatvertriebener, die man ja alle als Revanchisten desavouierte. Mit der Zeit lernte man auch damit sinnvoll zu leben. Natürlich verletzte man, wenn man sich nicht anpaßte, ständig sozialistische Tabus, von denen die Marxisten mit ermüdendem Wiederholungszwang ständig betonten, daß sie wissenschaftlich begründet wären.

Jahrelang traf ich mich noch mit Freunden aus dem Westen an Autobahnrastplätzen, wo ich oft große Mengen Bücher in Empfang nahm. Aber bald war auch diese letzte Möglichkeit verbaut, denn die Volkspolizei überwachte die sogenannten Transitautobahnen immer genauer. In einer dunklen Nacht im Herbst 1963, gegen 2 Uhr, verfolgten sie mich auf der Transitautobahn, hatten aber mit ihrem langsameren „Wartburg" keine Chance mich einzuholen. Für meine hintere Nummernschildbeleuchtung hatte ich mir einen Schalter unter das Armaturenbrett gebastelt. Jedenfalls konnte ich zu meinem Glück unerkannt entkommen. Daraufhin unterließen wir diese Treffs, fanden aber bald andere Kontaktmöglichkeiten.

In diesen Jahren begann ich, meine „private Stasiakte" anzulegen, das heißt, ich schrieb, gewitzt durch meine russischen und polnischen Erfahrungen, von jedem Besuch oder Verhör einen Bericht, den ich stets meinem Bischof und den betroffenen Leuten zugehen ließ. Im Laufe der Jahre kam ein Hefter mit einigem Volumen zusammen. Es handelte sich meistens um sehr belastende Gespräche; denn niemals wußte man genau, ob und wann die Staatssicherheitsoffiziere ihre immer mit ausgesuchter Höflichkeit vorgetragenen Drohungen ausführen wollten. Nur als mir 1988 ein Stasi-Offizier lächelnd sagte: „Nach dem vorliegenden Tatbestand hätte ich Sie mit Haftbefehl und Handschellen im Pfarrhaus abholen können", war ich sicher, daß er solches nicht riskieren würde und sagte ihm das auch. Darüber gäbe es freilich mehr zu berichten. Doch habe ich ja die „Private Stasiakte in meinem Schrank" schon veröffentlicht.[23]

---

23 „Die private STASI-Akte in meinem Schrank", *Gerold Schneider* in „Ost-West-Informationsdienst" des Katholischen Arbeitskreises für zeitgeschichtliche Fragen e.V., Bonn, Heft 178 und 179/ 1993.

Es war wie eine Erlösung, als dieses menschenverachtende System 1989 gewaltlos kollabierte.

Die neue Bundesrepublik ist nicht mehr die alte, die ich 1954 verließ

Nun zum zweiten Mal in meinem Leben Bundesbürger geworden, erlebte ich, wie sich aus dem Umkreis von Cottbus viele ehemalige Freystädter zusammenfanden. Ich hatte vorher gar nicht geahnt, daß bei der ersten wilden Vertreibung im Juni/Juli 1945 so viele hundert hier hängengeblieben waren. Mit Spannung nahm ich zum ersten Mal an einem Freystädtertreffen teil und ertappte ausgerechnet mich von sozialistischen Parolen beeinflußt, was ich vorher wütend abgestritten hätte: Denn ich erwartete bei den intensiven Gesprächen, daß sich endlich einer der Anwesenden zu Wort meldete, und auf die Heimkehr nach Schlesien, auf die Rückerstattung seines Familieneigentums oder auf eine rechtlich geordnete Entschädigung pochte. War doch gerade während dieser „Nach-Wende-Zeit" in den neuen Bundesländern „Rückgabe oder Entschädigung" ein heißes politisches Thema, das viele Gemüter bewegte.

Doch ich wartete vergeblich; denn alle sprachen sie nur von ihren Reisen nach Freystadt und von den Treffen mit polnischen Bürgern, von namhaften finanziellen Hilfeleistungen für den Erhalt historischer Bauten, deren Zustand sie beklagten, von früheren Nachbarn und Bekannten. Dann gab es einen fundierten Vortrag über Heimatgeschichte; doch von der jüngeren Vergangenheit wurde nur wenig gesagt. Das Ganze erlebte ich eher wie eine Kontakt- und Ideenbörse. Natürlich spielten auch die berühmten 4.000,- DM „Lastenausgleich" für die neuen Bundesbürger eine Rolle; doch fand ich sogar einen, der wie ich das Geld aus prinzipiellen Erwägungen nicht beantragt hatte.

Erst einige Zeit später wurde mir aus zahlreichen weiteren Begegnungen klar, daß diese „Aktiven" nur eine Minderheit unter den ehemals Vertriebenen bilden. Denn gerade in der Cottbuser Region, von der aus jedermann einen Sonntagnachmittagsausflug ins alte Schlesien unternehmen könnte, fand ich zahlreiche ehemalige Niederschlesier, die grundsätzlich nicht mehr in die alte Heimat fahren wollen. Sie haben bewußt den Schlußstrich unter ihr früheres Leben gezogen: „Nein, da bekommen mich keine zehn Pferde mehr hin. Die Sache ist für mich endgültig erledigt. Ich will von dieser sogenannten Heimat nichts mehr wissen!" Sie nutzen ihre neue Reisefreiheit für viele west- und außereuropäische Ziele. Freilich ist ihr Nachholbedarf nach vierzigjähriger Einmauerung sehr groß; doch sie meiden Schlesien und Osteuropa nicht nur aus zeitlichen, sondern aus prinzipiellen Gründen. Nach meinen Erfahrungen bin ich sicher, daß diese Landsleute, die mit ihrer Heimat endgültig Schluß gemacht haben, unter den Vertriebenen eine deutliche Mehrheit bilden.

Eigentlich tun sie genau das, was heute mit Nachdruck von deutschen wie von polnischen Spitzenpolitikern, von Intellektuellen, von einfachen Zeitgenossen, ja sogar von den Stammtischpolitikern der Nation immer wieder an die Adresse der Heimatvertriebenen als energische Forderung erhoben wird: Die ehemals Ostdeutschen sollten doch nach einem halben Jahrhundert endgültig einen Schlußstrich unter die Vergangenheit ziehen, den Status der „Ewig-Gestrigen" verlassen, und mit dem „Recht auf Heimat" für immer Ruhe geben. Als Begründung wird fast immer hinzugefügt: „Damit endlich die Versöhnung mit den polnischen Nachbarn vorankommen kann."

Je öfter ich solche Wünsche höre, desto mehr wundere ich mich über die Ahnungslosigkeit dieser „Politiker".

Denn durch Vertriebene, die diese resignative „Schlußstrichpolitik" auf die eben skizzierte Weise verinnerlichen und danach handeln, geschieht gar nichts mehr. Sowohl mit menschlichen Kontakten zu polnischen Schlesiern, als auch mit Gesprächen oder mit Versöhnungsbemühungen ist es dann wirklich Aus und Schluß.

Oder sollten andere Deutsche, die mit dem ehemaligen Ostdeutschland niemals etwas zu tun hatten, ihren Urlaub dafür opfern, um nach Schlesien zu fahren, und mit polnischen Menschen um der Versöhnung willen freundschaftliche Kontakte knüpfen? – Bisher habe ich in dieser Hinsicht nur verschwindend geringe Ausnahmen erlebt. – So finden also die wichtigsten Voraussetzungen für die Annäherung zu unseren polnischen Nachbarn nicht mehr statt. – Über die naive Wirklichkeitslosigkeit dieser Forderungen wundere ich mich schon lange, vor allem wenn dabei das Vorbild der Freundschaft zwischen Deutschen und Franzosen beschworen wird. Die Versöhnung mit den westlichen Nachbarn wuchs jedenfalls aus völlig anderen Voraussetzungen heran, und taugt als Vergleich für unser Verhältnis zu Polen nur wenig. Viele alte Schlesier meinen, daß die „Schlußstrichideologie"praktisch den Stillstand der notwendigen Versöhnungsbemühungen nach sich ziehen würde.

Ebenso schlimm ist ja das Tabu aller Vertriebenenthemen in deutschen Medien; es wird mit einer Genauigkeit beachtet, als sei es verabredet oder „von oben" befohlen. Sollte man all diesen Leuten politische Ignoranz unterstellen müssen? Gewiß kann man das nicht tun. – Wohl aber kann man manchen Äußerungen entnehmen, daß die deutsche Vertriebenenthematik für sie belastender und fremder geworden ist als die Probleme der bosnischen oder der palästinensischen Flüchtlinge.

Es gehört nämlich zu meinen negativen Erfahrungen, daß sich in der Bundesrepublik, wie ich sie nun ab 1990 zum zweiten Mal erlebe, das Klima zu Vertreibungsfragen seit 1954 entscheidend verändert hat. Dieses Thema ist in der alten Bundesrepublik schon ab 1970 mehr und mehr bagatellisiert, beschönigt, verschwiegen worden, und die Darstellungsweise der „westdeutschen" Medien näherte sich mehr und mehr der offiziellen DDR-Propagandalinie und Polens an.

Schon die alten Lateiner wußten, daß die „Sieger" nicht nur Lebensgewohnheiten, sondern auch Teile politischer (Un)kultur der „Besiegten" annehmen. So liest man heute in deutschen Zeitungen oberflächliche Beurteilungen bis hin zu Pauschalverurteilungen, falsche und einseitige Darstellungen ostdeutscher Geschichte, die uns ehemaligen DDR-Bürgern, wie vom SED-Politbüro verordnet, in den Ohren klingen. Dazu kommen Entsolidarisierungstendenzen, wie es sie 1954 nicht einmal in Ansätzen gab. Sicherlich ist auch das ein wichtiger Grund dafür, daß viele Schlesier den „Schlußstrich" gezogen haben; denn wer läßt sich schon gern als Heimwehtourist oder gar als Revanchist verspotten?

Den wenigen aber, die nicht aufgegeben haben und immer noch in Schlesien menschliche Kontakte pflegen, wird neuerdings in Polen, wo heute ein offeneres Klima als in Deutschland zu herrschen scheint, unter anderem die schwierige Frage nach ihrem früheren Eigentum gestellt. Auch mir wurde diese Frage schon mehrmals gestellt, und jedes Mal erstaunt es mich, daß diese Frage für die neuen Besitzer noch immer eine Rolle zu spielen scheint. Die Antworten darauf sind in der Hauptsache, wenn sie auch persönlich variieren, alle sehr ähnlich: „Gesetzt den theoretischen Fall, man würde mir den Grundbesitz meiner Familie zur Rückgabe anbieten, wir würden die Annahme ablehnen, denn meine Leute wollen nicht mehr nach Schlesien zurück, und ich auch nicht, weil ich mir in Deutschland längst eine neue Existenz aufgebaut habe. Außerdem gehören zur Heimat die Menschen, das Umfeld, die gemeinsame Kultur, nicht nur die materielle Existenzgrundlage. Und das ist ja alles nicht mehr da."

Gewiß ist auch die Unterscheidung zwischen Vertriebenen, die in ihrer Heimat zur Miete wohnten und solchen, die zum Beispiel als Bauern seit Jahrhunderten auf dem Hof ihrer Familie saßen, wichtig, weil die Intensität ihrer inneren Heimatbindung zweifellos verschieden ist. Doch letztere, vor allem ehemalige Landwirte, denken in erster Linie wirtschaftlich. Die meisten unter ihnen betonen, daß sie irgendwelche Besitzrechte niemals mehr in Anspruch nehmen würden, selbst wenn man sie ihnen kostenlos anbieten wollte; denn um den früheren Familienbesitz wieder in Ordnung zu bringen, müßten sie das unkalkulierbare Wagnis eingehen, Hunderttausende oder gar Millionensummen aufzutreiben; und das würden sie unter den heutigen landwirtschaftlichen Verhältnissen in der Europäischen Union unter keinen Umständen riskieren. – Ihre Nachkommen vertreten diesen Standpunkt in der Regel noch energischer, weil ihre ideellen Bindungen an den alten Familienbesitz naturgemäß geringer sind.

Ich kenne Vertriebene, die auf Fragen polnischer Bewohner diesen Standpunkt in Schlesien vertraten – guten Glaubens, ihren polnischen Partnern damit eine Art psychologische Sicherheit zu geben. Sie waren jedoch bestürzt, daß daraufhin das Gespräch abrupt zusammenbrach, weil ihre ökonomische Begründung von den polnischen Partnern als typisch „deutsch-arrogant" empfunden wurde; schließt sie doch den unausgesprochenen Vorwurf ein, daß die Immobilien unter den polnischen Besitzern heruntergekommen sind. Seitdem stelle ich nur eine Gegenfrage: „Warum fragen Sie mich danach? Meine Familie und meine Freunde erheben schon lange keine materiellen Ansprüche mehr. Die Angelegenheit ist längst für uns abgeschlossen." Mitunter aber kann ich den Eindruck nicht loswerden, daß mir meine Gesprächspartner nur zu gerne vertrauen würden, es aber doch nicht so richtig glauben können. Ich hingegen staune jedesmal von neuem, daß für sie die Eigentumsfrage nach so vielen Jahrzehnten noch immer virulent ist.

Die Nachkommen der vertriebenen schlesischen Bauern, die in der Cottbuser Region wohnen, haben außerdem abschreckende Beispiele anderer junger Bauern vor Augen, die nach 1990 in Brandenburg auf die Höfe ihrer Eltern zurückgekehrt sind. Die Nachkommen dieser Bauern, deren Besitz – nennen wir es beim Namen – nach dem Krieg gestohlen wurde, mußten nun als Folge der deutschen Einheit ihr Familieneigentum von der Bundesregierung zurückkaufen. Durch diese wahrhaft schamlose Methode staatlicher Bereicherung haben sie sich fast alle hoch verschuldet und schwimmen nun wirtschaftlich stets am Rande des Bankrotts. Diese abschreckenden Beispiele würde kaum einer der Vertriebenen nachexerzieren wollen.

Bleibt zu fragen, warum die von allen so sehr gewünschte Versöhnung nicht so recht vorankommen will? Wie oft schon haben Politiker das deutsch-französische Beispiel beschworen, und können doch nur Verträge machen, die dann leider nur tote Buchstaben bleiben.

Die biologische Lösung des Vertriebenenproblems funktioniert nicht

Warum also kommt das belastende Vertreibungsthema trotzdem nicht zur Ruhe? Politiker und Journalisten in Europa wundern sich darüber, daß diese immer noch „schwärende Wunde“ bei den deutschen Vertriebenen nicht heilen will – so las ich es neulich bei einem polnischen Journalisten. Nicht ohne Mißtrauen stellte er fest, daß doch die Grenzfrage endgültig geregelt sei, die Vertriebenen mehrheitlich ihre Ansprüche aufgegeben hätten und fragte offenbar ratlos nach den Ursachen dieses sozialen Vertreibungs-Traumas und der stagnierenden Versöhnungsbemühungen. Daß die Antwort auf diese bedrückende Feststellung nicht auf der materiellen Ebene liegt, sondern mit der Ehre und Würde der Vertriebenen zu tun hat, nicht zuletzt aber mit der Gleichheit aller vor Recht und Gesetz, fällt den Fragestellern kaum ein.

Dabei liegt diese Antwort auf der Hand. Man braucht nur in polnischen und neuerdings auch in deutschen Veröffentlichungen zu lesen, in denen „nachgewiesen" wird, daß Schlesien eigentlich schon immer polnisches Land gewesen, daß die Vertreibung der Deutschen nicht ohne rechtliches Fundament erfolgte, mindestens nicht ohne völkerrechtliche Begründung, daß Polen seine „Westgebiete nur wiedergewonnen" hat und so weiter – die Kette der pseudohistorischen Begründungen ist lang.

Gewiß könnte man solche Schreibereien mit einem milden Lächeln abtun. Doch leider steht immer, unausgesprochen oder nur höflich angedeutet, die ehrverletzende Unterstellung dahinter, daß die deutschen Schlesier in diesem Lande unrechtmäßig, sei es als Usurpatoren oder als Unterdrücker, gelebt hätten. Zur Kommunistenzeit wurde ja sogar das häßliche Wort von der „deutschen Besatzung" verwendet. – Das alles aber ist auch heute noch für viele alte und junge Schlesier unannehmbar und zutiefst verletzend, zumal mancher noch die Kaufurkunde seines Familienbesitzes aus dem 15. oder dem 17. Jahrhundert vorweisen kann. Auch in meiner Familie, mütterlicherseits, existiert eine Chronik, die bis ins 16. Jahrhundert zurückreicht und bis 1945 geführt wurde. Glücklicherweise wurde eine Ausfertigung in Westdeutschland aufbewahrt, denn das schlesische Exemplar ist vernichtet worden.

Diese zutiefst verletzende Argumentation haben sich offenbar auch hohe vatikanische Würdenträger zu eigen gemacht. Kurienkardinal Edouard Gagnon sagte zum Eucharistischen Weltkongreß in Breslau/Wroclaw (1997): *„Der Kongreß findet in Polen statt, in einer Stadt, die sich einer doppelten Befreiung erfreut: der vom Kommunismus, aber auch der Tatsache, daß sie, nachdem sie über Jahrhunderte unter fremder Herrschaft stand, nun die Freiheit wiedergefunden hat."* So stand es im amtlichen Blatt des Vatikans, im „Osservatore Romano"[24], und es ist wohl eindeutig, daß mit der jahrhundertelangen Fremdherrschaft die vertriebenen Schlesier gemeint und zugleich damit abgeurteilt sind. Da man einem Kurienkardinal historische Ignoranz nicht unterstellen kann, auch nicht ideologisch-lügnerische Geschichtsverdrehung, muß wohl hinter dieser Aussage eine taktisch-politische Absicht stehen. Das allein wäre schon schlimm genug. Doch schlimmer scheint mir, daß ein hochrangiger Kardinal, dessen vornehmste Aufgabe der Dienst an der Einheit und an der Versöhnung ist, Millionen deutsche Vertriebene, unter denen es ja schließlich auch einen hohen Prozentsatz Katholiken gibt, nicht nur als Unterdrücker verurteilt, sondern implizit noch immer unter die antichristliche Ideologie der Kollektivschuld stellt. Ich habe dem Herrn Kurienkardinal daraufhin einen Brief geschrieben. Eine Antwort bekam ich nicht.

---

24 L' Osservatore Romano vom 30.05.97 Nr. 22, deutsche Ausgabe. Titelseite „Eucharistischer Kongreß in Breslau ist auch Dank für die Befreiung,... in einer Stadt, die sich einer doppelten Befreiung erfreut: der vom Kommunismus, aber auch der Tatsache, daß sie, nachdem sie über Jahrhunderte unter fremder Herrschaft stand, nun die Freiheit wiedergefunden hat" Wörtliches Zitat von Kurienkardinal Edouard Gagnon, der für die Organisation der Eucharistischen Weltkongresse zuständig ist.

Beim Eucharistischen Weltkongreß in Breslau, wie bei der anschließenden Papstmesse in Liegnitz sind wirklich alle Volksgruppen, auch kleinste Gruppen, die man kaum kannte, begrüßt worden, doch die ehemaligen Schlesier wurden mit keinem Wort erwähnt, als ob dort Deutsche niemals gewohnt hätten. Viele wichtige Ereignisse aus der Geschichte dieses Landes wurden dargelegt, doch der Vertreibung der ehemaligen Bewohner des Landes wurde nicht einmal in einem Nebensatz gedacht. Als ob sie nicht existierten, und als ob es ein Unrecht gegen sie niemals gegeben hätte. Nur in Breslau hörte man eine kurze, ein bißchen wolkige Andeutung der kulturellen Leistungen früherer Bewohner, fast nebensächlich in der Geschichte dieses Landes. Viele vertriebene Schlesier waren dort, vor allem in Liegnitz. Sie fuhren tief enttäuscht nach Hause. – Von vielen unter ihnen hörte ich die zornige Reaktion: „Warum soll ich mir das bieten lassen. Das war für mich endgültig das letzte Mal."

Welch eine christliche Chance wurde damit vertan. Schließlich war es die Weltfeier der Eucharistie, die von ihrem inneren Wesen her Vergebung und Versöhnung gebietet. Es macht traurig, daß man den Vertriebenen gegenüber kein einziges Wort über die Lippen brachte, daß wiederum unchristliches Verschweigen dominierte, weil das die Probleme nur hartnäckiger macht und kein einziges lösen kann. –

Viele unter uns sind ja bereit, solche und ähnliche Vorkommnisse als unbeabsichtigte Versäumnisse großzügig zu entschuldigen, und das ehrt sie. Doch realistisch besehen, scheint es sich eher um vatikanische Kirchenpolitik zu handeln. Dafür spricht leider die 1998 von Rom ergangene Aufforderung an die Deutsche Bischofskonferenz, den Apostolischen Visitatoren für die Vertriebenen aus den ehemals ostdeutschen Bistümern Sitz und Stimme in der Bischofskonferenz zu verweigern. Der Vatikan stellte den Ausschluß der Visitatoren sogar als Bedingung für die Überarbeitung der Statuten der Deutschen Bischofskonferenz. Die deutschen Bischöfe kamen dieser Auflage gehorsamst nach und grenzten die Apostolischen Visitatoren tatsächlich aus. – Nun kann auch der gutwilligste Beobachter dieser merkwürdigen Vorkommnisse nicht mehr von unbeabsichtigten menschlichen Unzulänglichkeiten sprechen, weil man hinter all diesen Ereignissen eine sich ziemlich klar abzeichnende Linie erkennt. Man bemüht sich in Rom tatsächlich, eine Politik des Vergessens und des Verschweigens durchzusetzen. – Hat das noch irgendetwas mit christlicher Vergebung und Versöhnung zu tun? Traurig fragt man sich, welche Motive die vatikanischen Entscheidungsträger zu solchem Handeln bewegen mögen. Haben die Vertriebenen nicht oft genug ihre Bereitschaft zur Versöhnung bekundet? Hofft man wirklich auf die biologische Bereinigung dieses in Europa einmaligen Vorgangs? Oder ist es nur die konsequente Fortsetzung uralter Vorurteile, daß die Katholiken, die in den ehemaligen Ostgebieten zu Hause waren, keine echten Katholiken, weil Deutsche sind? Dieser Vorwurf, den ich mir oft – wie weiter oben schon beschrieben – anhören mußte, machte sich plötzlich wieder in meinem Gedächtnis breit. Vielleicht aber ist alles viel einfacher: Unsere bloße Existenz und die Tatsache, daß wir einst dieses Land bewohnten, daß wir nicht darüber schweigen und es heute noch manchmal unsere Heimat nennen, ist wahrscheinlich schon Vorwurf genug. – Ist es so verwunderlich, daß ab 1995 bosnische Serbenführer wiederholt auf europäische Präzedenzfälle hinwiesen, um die vermeintliche Rechtmäßigkeit ihrer brutalen „ethnischen Säuberungen" zu begründen? – Damit kann ja nur ein einziger Fall gemeint sein!

Die beschönigende Umschreibung der Vertreibung mit angenehmeren Ersatzvokabeln, wie auch ihre zahlenmäßige Reduzierung auf einen so lächerlichen Bruchteil, daß sie den sicher dokumentierten Zahlen Hohn spricht, ist in Deutschland kürzlich sogar wissenschaftlich hoch geehrt worden. Eine Dissertation an der theologischen Fakultät der Universität Augsburg wurde 1995/96 mit „summa cum laude" ausgezeichnet [25], obwohl sie mit dem hohen wissenschaftlichen Anspruch, der einer Doktorarbeit zukommt, weniger Heimatvertriebene „nachweist", als bei der Vertreibung Frauen, Kinder und alte Leute umgekommen sind.[26] Natürlich werden die Millionen Vertreibungstoten mit keinem Wort erwähnt.

Ist es wirklich so schwer zu begreifen, daß viele Schlesier solche „wissenschaftlichen" Veröffentlichungen als Verhöhnung ihrer Toten und der Davongekommenen

---

25 *Jan Siedlarz,* Kirche und Staat im kommunistischen Polen 1945–1989, Verlag Ferdinand Schöningh, Paderborn. Aufgenommen in die „Abhandlungen zur Sozialethik". Herausgeber Prof. Dr. Anton Rauscher und Prof. Dr. Lothar Roos, die vom Doktoranden gleichzeitig als Gutachter („Doktorväter") genannt werden. Im 2. Kapitel, „Die Gestaltung der Volksmacht (1944/45–1947)" findet man statistische Angaben, die der Wahrheit diametral widersprechen. Z.B. ist angeblich im Jahre 1945 kein Deutscher aus Polen „umgesiedelt" worden, nur Ukrainer, Weißrussen und Litauer. Im Jahre 1946 sind nach Siedlarz 1.632.562 Deutsche „umgesiedelt" worden. Zwar benutzt Siedlarz auch das Wort „Vertreibung": Doch insgesamt sind nach seinen „Forschungen" aus den gesamten ehemaligen deutschen Ostgebieten und jetzigen polnischen Westgebieten nur 2.213.628 Deutsche vertrieben worden. Von Vertreibungstoten ist überhaupt keine Rede. Der Autor erweckt mit dieser bis zur letzten Dezimalstelle genauen Zahl beim Leser den Eindruck, daß genau dies die Einwohnerzahl der ehemals deutschen Ostgebiete war. Und das im Namen der Wissenschaft, doch in Wahrheit waren es etwa 12 Millionen Vertriebene. Die Dissertation von Jan Siedlarz ist von der theologischen Fakultät Augsburg im Jahre 1996 mit „summa cum laude" ausgezeichnet worden! Genaue Zahlen u.a. im Archiv der Erzdiözese Breslau/Wroclaw. – Auch bei *Dr. Michael Kaps,* Tragödie Schlesiens, 1952 und 1962 in DTV Band 62. Zit. nach *Kaps,* Vom Sterben schlesischer Priester, Wienand Verl. Köln, 1990, S. 150.

26 Siehe Anmerkung 3. 1,6 Millionen Vertreibungstote nur aus den Gebieten östlich von Oder und Neiße. Zitationsangaben unter Anmerkung 3.

empfinden? Als „Doktorväter“ sind zwei in ganz Deutschland bekannte Theologieprofessoren genannt; sie scheinen sich um den akademischen Ruf ihrer Universität wenig Sorgen zu machen; und den früher in Europa allgemein üblichen wissenschaftlichen Ethos der Wahrheitsfindung haben sie offenbar bedenkenlos diffusen Vorstellungen politischen Wohlverhaltens geopfert.[27] – Dieses unglaubliche Vorkommnis aber steht hier nur als Beispiel für einen allgemeinen Trend, der sich heute in Deutschland stärker noch als in Polen breitmacht.

In Deutschland hat man – wie schon erwähnt – zum 50. Jahrestag überall der Millionen Toten des letzten Krieges gedacht, der Millionen Opfer, die von deutscher Hand in den Konzentrations- und Zwangsarbeiterlagern ermordet wurden, der Frauen und Kinder, die in den Bombennächten starben, der Millionen Gefallenen, um deren würdige Bestattung die Kriegsgräberfürsorge vorbildlich bemüht ist. Doch von den zwei Millionen Vertreibungsopfern hörte man in ganz Deutschland kaum ein Wort. Möglicherweise deshalb, weil sie erst nach dem Kriege, in Friedenszeiten elend zugrundegegangen

---

27 In der vorgenannten Dissertation von Jan Siedlarz wird die Vertreibung wenigstens genannt, wenn auch mit erstaunlich falschen Zahlen. Es gibt jedoch in Deutschland wissenschaftliche Arbeiten zum Thema, in denen die Vertreibung mit keinem Wort erwähnt wird. So zum Beispiel in „200 Tage und 1 Jahrhundert. Gewalt und Destruktivität im Spiegel des Jahres 1945“, herausgegeben vom Hamburger Institut für Sozialforschung, Hamburger Edition 1995. In den Beschreibungen, die man mit Gewinn liest, werden alle Gewaltexzesse der Jahre um 1945 mit einer Fülle von Informationen beschrieben und untersucht. Von Auschwitz über den Gulag bis nach Kambodscha, Nürnberger Prozeß, Hiroshima, Algerien etc. fehlen keine der schrecklichen Ereignisse. Doch daß es im gleichen Jahr eine Vertreibung gegeben hat, wird nicht einmal in einem Nebensatz erwähnt. Welche Gründe die federführenden Wissenschaftler des Hamburger Instituts auch immer zu dieser peinlichen historischen Selektion bewegt haben mögen, das ganze Werk gleitet dadurch von der höheren wissenschaftlichen Ebene in Richtung vordergründiger politischer Propaganda ab.

sind? Doch Zynismus ist hier unangebracht. Tatsache aber ist, daß ihre sterblichen Überreste noch immer an Straßenrändern liegen, so wie sie damals in großer Eile verscharrt werden mußten. Überlebende Angehörige haben sich später über viele Jahre bemüht, ihren Toten, die ja damals nur ganz flach vergraben wurden, eine menschenwürdige Bestattung zukommen zu lassen, die ja sogar gefallenen SS-Soldaten nicht verweigert wurde. Es ist den Angehörigen bis heute nicht gelungen. Auch von Seiten unserer Kirche werden diese Nachkriegstoten nicht erwähnt, obwohl man sich um die Neuanlage von Soldatenfriedhöfen, wie ich es kürzlich aus Oberschlesien hörte, bemüht. Wohl habe ich bischöfliche Aufrufe gelesen, in denen zur Suche und Pflege von Soldatengräbern aufgefordert wird. Doch noch nie habe ich einen Bischof über die Vertriebenengräber am Straßenrand reden hören. Wiederholt fragte ich nach den Gründen und blieb ohne Antwort.

Was ist das für ein krankhaftes Verdrängungssyndrom in Deutschland, daß man nicht nur das öffentliche Gedenken, sondern sogar die menschenwürdige Beisetzung der Millionen Kriegs- und Nachkriegstoten einer politischen Selektion unterwirft? Ich kann ja Spitzenpolitikern und Kirchenleitungen nicht unterstellen, daß sie von den Vertreibungstoten nichts wissen. Also bleiben nur Selektionsprinzipien aus politischem Wohlverhalten für dieses beschämende Schweigen übrig? Der französische Historiker Philippe Aries hat erst vor kurzem in seinem Buch „Die Geschichte des Todes“ deutlich gemacht, wie aussagekräftig es für eine Gesellschaft ist, auf welche Weise sie mit ihren Toten und mit dem Tod selbst umgeht. Wendet man seine Aussagen auf uns an, kommen wir Deutschen außerordentlich schlecht weg.

Doch jede kollektive Verdrängung funktioniert auf die Dauer nur unvollkommen, jedes Verschweigen ist auf längere Sicht vergeblich. Es sind die heute so oft zitierten „Leichen im Keller" einer Gesellschaft, die selbst dann, wenn die Zeitzeugen alle gestorben sind, noch immer mit ihrem Verwesungsgeruch das öffentliche Bewußtsein vergiften. Wenn viel später erst aus diesem verdrängten Komplex neue Fragen wuchern, dann werden sie mit hoher Wahrscheinlichkeit nur noch einen wenig sachgerechten historischen Hintergrund haben, sondern können dann affektgeladen zu gefährlichen politischen Reaktionen verführen. Dafür gibt es genügend böse Beispiele aus der europäischen Geschichte. – Mehrmals besuchte ich, wie gesagt, Yad Vashem in Jerusalem und habe dort mit Erschütterung und mit großem Respekt wahrgenommen, wie das jüdische Volk die Millionen unschuldiger Opfer der nationalsozialistischen Judenvernichtung ehrt. Der Schmerz springt einen an, wenn man an die selektive Praxis in Deutschland denkt, die andere europäische Staaten nachahmen, und die sich wiederum der Vatikan in seiner Erklärung „Wir erinnern. Eine Reflexion über die Shoah" zu eigen macht.[28]

Allerdings ist anzumerken, daß es in Polen heute ernsthaftere Bemühungen als in Deutschland gibt, mit diesem hartnäckigen Verschweigen fertigzuwerden und die ganze geschichtliche Wahrheit aufzudecken; nur sind

---

28 „Wir erinnern. Eine Reflexion über die Shoa" (16. März 1998), verantwortet von der Kommission für religiöse Beziehungen mit dem Judentum im Vatikan. – Im Artikel IV. wird jede Art des Rassismus, der Verfolgung und Gewalt gegen Volksgruppen scharf verurteilt. Unmittelbar anschließend werden Volksgruppen aufgezählt – z.B. Armenier, Ukrainer während der dreißiger Jahre – insgesamt wird eine Liste von zehn Völkern genannt, die bis in die Gegenwart ungerechter Gewalt unterworfen wurden. – Die deutschen Vertriebenen und ihre Todesopfer sind in dieser Liste wieder einmal vergessen worden, obwohl ihre Opfer manche der genannten Gruppen um ein Vielfaches übersteigen. Man kann sich des Eindrucks nicht erwehren, daß dieses offizielle Vergessen Methode hat. – Zitiert nach der „Süddeutschen Zeitung" vom 17.3.98, Nr. 63/S.13 DOKUMENTATION.

die wenigen Veröffentlichungen bisher leider kaum bekannt geworden.[29] - Doch glücklicherweise bilden diese intellektuellen Bemühungen zur Aufdeckung der Wahrheit nur einen Teil der Vergangenheitsbewältigung, vielleicht, oder sagen wir hoffentlich, sind die Mühen der kleinen Leute wichtiger.

So ist am 14. September 1996 in Freystadt etwas Wichtiges geschehen. Fünfzig Jahre lang stand am Grab unseres Pfarrers Johannes Guzy ein Kreuz, auf dessen Inschrift sein Name polonisiert und sein Todesdatum - auf höhere Weisung, wie man mir sagte - auf 1944 vordatiert war. Wiederholt sprach ich mit dem Pfarrer von Kozuchow darüber, und auch er meinte, daß man diese Entstellung endlich korrigieren müßte. Pfarrer Stachura zeigte sich über den gewaltsamen Tod seines Vorgängers genau informiert und nannte Pfarrer Guzy einen Martyrer, verglich ihn sogar mit Bernhard Lichtenberg und Karl Leisner. Wir kamen überein, ihm ein zweisprachiges Denkmal zu errichten, auf dem die Umstände seines Todes kurz beschrieben werden. Doch dazu waren weitere Zustimmungen einzuholen, auch die des Bürgermeisters, und so zog sich das Vorhaben hin. Auch war es die Sorge der meisten Verantwortlichen, ob die Einwohner der Stadt ein zweisprachiges Denkmal annehmen, und ob sie denn zur Einweihung auch kommen würden. Doch alle Sorgen verflogen, als am 14. September, ausgerechnet einem Samstag, an dem in Polen gearbeitet wurde, die Kirche zum festlichen Gottesdienst gefüllt war.

---

29 *Jerzy Holzer*, Aussiedlung-Vertreibung-Umsiedlung-Repatriierung: ein historisches Übel, aber ein Übel, Studie in „Tygodnik Powszechny", Krakau Nr. 39/1995. Übersetzung von Wolfgang Grysz in „Digest des Ostens" Nr.1/1996, Königstein. Doch auch Veröffentlichungen von Stanislaw Bogdanowicz, der sich mit großer Redlichkeit um die historische Wahrheit abmüht, und neuerdings weitere Veröffentlichungen.

Unmittelbar nachher entwickelte sich eine so große Prozession zum Friedhof, daß die Straßen für den Verkehr von der Polizei gesperrt werden mußten. Eine deutsche Ansprache übersetzte Pfarrer Stachura ins Polnische. Als besondere Versöhnungsgeste hat Pfarrer Stachura unser altes Familiengrab wiederherstellen lassen. Doch für ein mehrsprachiges Gedenken der bei der Vertreibung Umgekommenen, und für die Suche nach den flüchtig vergrabenen Toten an den Rändern der Vertreibungsstraßen nach Forst war auch nach fünfzig Jahren die Zeit noch immer nicht reif. – Die große Feier in Freystadt war zweifellos ein wichtiger Akt der Annäherung, der in den Herzen der Menschen weiterwirken wird. Und von ähnlichen ernsthaften Bemühungen hört man glücklicherweise auch aus anderen Orten Schlesiens. Natürlich muß man sich darüber klar sein, daß das alles nur erste kleine Schritte sind, und der Weg noch sehr weit ist.

Solche Begegnungen machen es auch leichter, über immer noch hartnäckig bestehende Tabus miteinander zu sprechen. So ist zum Beispiel eine bis heute besonders schmerzhafte Wunde den vertriebenen Opfern des Nationalsozialismus zugefügt worden. Ob sie im Konzentrationslager saßen, verhaftet oder mit Glück davonkamen, ob Hilfsarbeiter, Intellektuelle, evangelische oder katholische Geistliche, sie wurden allesamt pauschal als Nationalsozialisten bezeichnet, von denen „das Land gereinigt werden mußte". Jahrzehntelang, bis in die achtziger Jahre hinein, erhob man diese Kollektivbeschuldigung, auch ich mußte sie mir anhören. Sogar die Tatsache, daß die wirksamste, aber leider erfolglose Widerstandsbewegung in der Hauptsache vom ehemaligen Ostdeutschland – vom Kreisauer Kreis und von den Hitlerattentätern des 20. Juli 1944 – ausging, wurde in Polen wie in Deutschland verschwiegen. Natürlich ist es notwendig, daß diesen Leuten endlich einmal öffentlich ein Wort des Bedauerns gesagt wird. Denn man hat ihnen ein Stück ihrer Ehre abgeschnitten. Bisher habe ich zwar von polnischen Gesprächspartnern und Freunden ehrliche Worte des Bedauerns gehört, wie auch Bekenntnisse, daß ihnen dieser Aspekt der Vertreibung bisher völlig unbekannt war; in der deutschen wie in der polnischen Öffentlichkeit aber wird dieses Thema nicht nur gemieden, sondern man erwartet nicht selten auch von diesen Leuten, die während der Nazizeit ihr Leben riskierten, noch immer Schuldbekenntnisse, weil sie Deutsche sind.

Versöhnung wird nur möglich werden, wenn die Menschen in beiden Völkern sich der ganzen historischen Wahrheit stellen. Diese Grundwahrheit wird immer wieder thematisiert – nicht zuletzt vom Bundespräsidenten: „Was wir brauchen, ist Versöhnung und Verständigung, Vertrauen und gute Nachbarschaft. Das kann nur weiterwachsen und gedeihen, wenn unsere Völker sich dem Grauen ihrer jüngsten Geschichte in aller Offenheit stellen. In aller Offenheit und ohne Vorurteile. Mit dem Mut zur vollen Wahrheit. Nichts hinzufügen, aber auch nichts weglassen, nichts verschweigen und nichts aufrechnen. Im Bewußtsein, der Vergebung bedürftig zu sein, aber auch zur Vergebung bereit.“[30] Doch die öffentliche Meinung in beiden Ländern scheint von dieser Forderung noch immer sehr weit entfernt zu sein.

Ich glaube, daß die Vertriebenen erst Ruhe geben werden, wenn die bösen Nachkriegsereignisse in den Geschichtsbüchern – in Polen wie in Deutschland – wenigstens in vergleichbarer Weise dargestellt werden. Erst wenn die Geschichtsschreibung nicht nur vom entsetzli-

---

30 Aus der Ansprache von Bundespräsident Roman Herzog anläßlich des Gedenkens an den 50. Jahrestag des Warschauer Aufstandes am 1. August 1994.

chen Wüten Deutscher gegen Polen berichtet, sondern auch die schreckliche Rache an Deutschen nicht mehr beschönigt. Erst wenn beide ihr Unrecht zugeben, werden wir der Versöhnung näher kommen, weil - wie gesagt - zugeben und vergeben innerlich eng zusammenhängen.

Recht oder Unrecht

Mit der eben angedeuteten Frage der Würde und Ehre der Vertriebenen hängt die des Rechts eng zusammen. Man sollte jedoch die beiden Problemfelder auseinanderhalten, was heute eher selten geschieht. Viele Zeitgenossen neigen ja dazu, Rechtsfragen als theoretisch abzutun, weil sie das tägliche Leben nur in Grenzfällen berühren. Daß das ein Irrtum ist, wurde mir schlagartig klar, als ich vor einiger Zeit mit dem ältesten Rodewaldsohn nach Freystadt fuhr. Für ihn war es seit fünfzig Jahren das erste Wiedersehen mit seiner Heimat. Er gehörte nämlich auch zu denen, die mit der schlesischen Vergangenheit radikal abgeschlossen hatten. Nun hatte ich ihn doch noch zu dieser Reise in die Vergangenheit verführt.

Schwer geschockt über den katastrophalen Zustand des väterlichen Hofes, erinnerte er sich an viele Einzelheiten des Jahres 1945. Ständig erzählte er teilweise erschütternde Erlebnisse. Schließlich stellte er fest, wie ich es schon von vielen anderen gehört hatte: „Niemals würde ich hierher zurückgehen. Erstens übe ich einen anderen Beruf aus, und zweitens gibt es für mich absolut keine Möglichkeit, hier wieder aufzubauen.“ - Doch sein Zusatz war für mich neu: „Wann will die Politik das alles endlich einmal regeln, denn ich stehe ja noch immer im Grundbuch. Es ist ja juristisch nicht ganz ungefährlich, wenn die Löschung des Grundbucheintrages auch zukünftig nicht erfolgt. Denn plötzliche politische Umwälzungen haben wir ja genug erlebt. Wer garantiert mir denn, wenn zum Beispiel Polen der Europäischen Union beitritt, daß man mir oder meinen Kindern eines Tages für diesen sogenannten Besitz nicht in die Tasche greifen will?" – Viele werden eine solche Feststellung als formaljuristisches Scheinproblem abtun wollen. Das sollten sie nach den unvorhersehbaren politischen und wirtschaftlichen Umwälzungen unseres Jahrhunderts lieber nicht tun. –

Ein eigenes Kapitel wäre die Gleichheit aller vor dem Gesetz, was heute noch viele ehemalige Schlesier umtreibt. – Jedenfalls werden ihnen Grundrechte, die in der UN-Charta, von der Europäischen Union und vom Grundgesetz verkündet werden, weiterhin vorenthalten. Darüber ist schon so viel gesagt worden, daß ich nur ein weniger bekanntes Beispiel dafür nennen möchte, was mit einiger Wahrscheinlichkeit auf uns zukommen kann: Polen und Tschechien werden in die Europäische Union aufgenommen werden; und die meisten Vertriebenen werden das sicherlich begrüßen. Kennen sie doch die bedrückende Armut in ihrem ehemaligen Heimatland am besten, dem dann durch bedeutende Brüsseler EU-Beihilfen wirksam Einhalt geboten werden könnte. Wirtschaftsfachleute formulierten ja schon Schätzungen, wonach bis zum Jahre 2005 über 100 Milliarden an die künftigen Europapartner im Osten zu zahlen sind.

Vor Jahren schon erklärte ich polnischen Freunden anläßlich eines Vortragsabends im katholischen Intelligenzklub in Zielona Gora (Grünberg), daß Europa jedoch eine Hausordnung hat, deren vorrangiges Prinzip die Freizügigkeit seiner Bewohner ist: „Ihr werdet gewiß zustimmen, wenn zum Beispiel Franzosen, Niederländer oder Italiener in euer Land kommen und sich hier niederlassen. Doch Ihr müßtet dann auch ehemalige Schlesier akzeptieren, und wenn sie Grund und Boden erwerben wollen, müßt Ihr sie rechtlich ebenso behandeln wie polnische, französische oder andere europäische Bürger." Meine Gesprächspartner entgegneten darauf, daß man natürlich alle Europäer gleichberechtigt behandeln werde, nur eben mit den ehemaligen Schlesiern werde es Probleme geben. Ihre völlige Gleichbehandlung vor dem Gesetz werde sich in diesem einzigen Punkt des Niederlassungsrechtes vorerst politisch nicht durchsetzen lassen.

Inzwischen hört man aus Bonn und aus Brüssel, daß man für die Aufnahme Polens und Tschechiens in die Europäische Union Sonderregelungen und Übergangsbestimmungen schaffen müsse, noch hat man solche nicht benannt und formuliert. Es liegt aber auf der Hand, daß innerhalb dieser „Sonderregelungen" ein weiteres fundamentales Grundrecht der Heimatvertriebenen in Gefahr gerät und möglicherweise kassiert wird. Vielleicht sind die verantwortlichen Politiker der verächtlichen Meinung, daß sich die Vertriebenen ja immer friedlich verhalten haben und deshalb auch diese weitere Menschenrechtsverletzung tragen werden?

Wie lange werden deutsche im Verein mit polnischen Politikern diese und andere Grundrechtsfragen vor sich herschieben wollen? – Sie erweisen der dringend nötigen Versöhnung damit keinen guten Dienst, sondern häufen eher Konfliktstoff für die Zukunft auf. Man wird den Eindruck nicht los, daß unsere Regierungsspitzen wenig im Sinne deutscher Interessen verhandeln, sondern vielmehr eine devote Gefälligkeitspolitik zum Nutzen unserer Nachbarn betreiben. Natürlich haben wir Deutschen unendlich viel Leid wiedergutzumachen; doch auch wenn man weiter Milliarden um Milliarden an osteuropäische Staaten zahlt, kann man damit nur wenig Wiedergutmachung und schon gar keine Versöhnung bewirken. – Sagte mir doch ein polnischer Gesprächspartner: „Das mit dem vielen Geld steht auf einem ganz anderen Blatt."

Wenn aber Politik wirklich die Interessen des eigenen Volkes vertreten will, woran man von Fall zu Fall echt zweifeln kann, warum ist deutschen Regierungsspitzen bei den zahlreichen Verhandlungen, bei denen es oft um ungeheure Summen ging, niemals eingefallen, daß Deutschland an Polen über 105 000 Quadratkilometer Land abgegeben hat? Ein Quadratkilometer hat ja bekanntlich eine Million Quadratmeter. Und wenn man für einen Quadratmeter nur die symbolische Summe von einer Mark ansetzt, ohne die Bebauung, die Städte und Industrien zu berücksichtigen, kommt schon eine solch immense Wiedergutmachungssumme zusammen, die alles, was von Deutschland während dieses Jahrhunderts an Reparationen gezahlt wurde, in den Schatten stellt. Das aber scheinen sowohl für die Regierung als auch für die Opposition ganz fremde Gedanken zu sein.

Als der Bundeskanzler am 21. Juni 1990 die Regierungserklärung zur endgültigen deutschen Ostgrenze abgab und der Bundestag darüber abstimmte, da klatschte ein großer Teil der Bundestagsabgeordneten begeisterten Beifall. Ihre Ovation galt, ob sie wollten oder nicht, nicht nur der längst überfälligen Regelung des deutsch-polnischen Verhältnisses, sondern auch dem maßlosen Unrecht der Vertreibung mit den Millionen toten Frauen und Kindern. Kann man diese Beifallskundgebung wirklich damit entschuldigen, daß die Akteure nicht daran dachten? – Viele haben diese Beifallskundgebung als ungezogene Geschmacklosigkeit bezeichnet; Millionen Vertriebene empfanden sie als eine zynische Verhöhnung ihres Schicksals.

Versöhnung mit unseren polnischen Nachbarn ist zweifellos eine der entscheidenden christlichen und politischen Aufgaben unserer Zeit. In unserem grenznahen Bistum Görlitz gibt es viele Kontakte zu polnischen Priestern und Gemeinden. Mit vielen unter ihnen kann man, ich will es nochmals betonen, über all diese belastenden Fragen offener sprechen als mit deutschen Mitbürgern. Diese Gespräche aber erweisen stets von neuem: Das Verschweigen, das Bagatellisieren und Beschönigen bringt uns keinen einzigen Schritt weiter aufeinander zu, es birgt sogar die latente Gefahr in sich, heimtückischen Zündstoff für kommende Generationen zu legen. Über diesen Punkt bin ich mit meinen polnischen Freunden schon lange einig.

Der erwachende Rechtsradikalismus scheint ein erstes gefährliches Symptom dafür zu sein. Zwar gibt es ihn nicht nur in Deutschland, sondern auch in unseren Nachbarländern. Doch ausgerechnet in unserem Lande schreien junge Neonazis aus einem dumpfen, pathologischen Nationalismus nach dem ganzen Deutschland, nach den ehemaligen Ostgebieten, und haben doch nicht die geringste Ahnung von diesem Land, von seiner Geschichte und von den Umständen der Vertreibung. Das sollte doch Politiker, Journalisten und Pädagogen hellhörig machen. Doch selten nur scheint man darüber Rechenschaft geben zu wollen, aus welchen kollektiven Verdrängungen die giftigen Wurzeln dieses primitiven Revanchismus gewuchert sein mögen.

Ausgerechnet ein Nichteuropäer, der UN-Hochkomissar für Menschenrechte, Jose Ayala Lasso, nahm auf seine Weise am 28. Mai 1995 in der Frankfurter Paulskirche dazu Stellung. Doch entsprechend dem oben skizzierten Trend schwiegen deutsche wie polnische Medien seine Worte tot:

„Ich bin der Auffassung, hätten die Staaten seit dem Ende des Zweiten Weltkrieges mehr über die Implikationen der Flucht, der Vertreibung und der Umsiedlung der Deutschen nachgedacht, wären die heutigen demographischen Katastrophen, die vor allem (im ehemaligen Jugoslawien) als ethnische Säuberungen bezeichnet werden, vielleicht nicht in diesem Ausmaß vorgekommen."

ANHANG: Zur Anmerkung Nr. 2

Über den Untergang der Stadt Freystadt – von Andreas Gryphius (1616 – 1664)

Was soll ich noch mehr sehen? Nun grimme Pestilenzen.
Nun bleicher Hunger, Angst verwüstet deine Grenzen,
Nun der Kartaunen Blitz, nun Hauptmann und Soldat
An unserm Gut und Blut sich satt gefressen hat,
Zeucht eine Nacht noch auf voll tausendfacher Plagen,
Recht eine Nacht voll Nacht, voll Ach und Jammerplagen
Und reißt, o Freystadt, was bisher noch von dir stund
Gleich einem Cederbaum, mit Ast und Stumpf zugrund,
Eh jemand dies vermeint. Die Sonne war gewichen,
Der Himmel stund besternt und Morpheus kam geschlichen
Mit seiner Träume Schar, der Sorgen Feind, die Ruh,
Schloß der nun müden Schar die trägen Augen zu,
Als das Geschrei anging. Oh, was für Donnerschläge
Empfind ich noch in mir, wenn ich den Blick erwäge,
Den ersten Jammerblick! Die schnelle Luft ersaust,
Der Mond, er fleucht bestürzt, der Winde Wüten braust,
Und Freystadt kracht im Brand. Es steigen Dampf und Flammen
Und Funken himmelan. Dort fällt ein Haus zusammen
Und schlägt das andere ein. Was nicht von diesem schmaucht,
Ist schon Staub, Asch´und Graus. Wo jener Haufen raucht,
War vor der schönste Saal. Wo sind der Türme Spitzen,
Wo ist das Rathaus hin und wo die Richter sitzen ?
Die Kirche prasselt auch ! Soll den kein Erz noch Stein,

O Freystadt, frei an dir von seinem Sterben sein ?
Schützt keiner Mauern Kraft ? Sind keiner Retter Hände?
Ist alles Helfen aus, und geh´n die kleinen Wände
Zusamt den großen ein ? O ja, dies ist der Schluß,
Der alles, was noch stund, zu Boden werfen muß.
So wird die große Welt auf angesetzte Zeit,
Durch schwefelichte Glut des Donners abgemeit,
Verlodern und vergehen. Was seh ich dort für Haufen,
Bestürzt und tränenvoll, mit ihren Kindern laufen ?
O Kinder, die ihr kaum das Vaterland erkannt,
Schaut, wie, was euch gebaut, noch eh ihr hin, verbrannt !
Wir sehen keine Stadt. Wie ist der Ort verworren
Mit dunkelroter Glut! Die Häuser sind verschorren
In Asch' und in sich selbst. Wird auch noch jemand sein,
Der aus den Kohlen sucht ein halb verbrannt Gebein
von denen, die der Schlaf dem Feuer hat verraten ?
Wir schauen derer Not, die in den Flammen braten,
Und schauen keinen Rat. Ihr Musen, ach umsunst,
Auch euer Schatz vergeht ! Es hat die tolle Brunst
In dies, was heilig heißt, sich grimmig eingedrungen

Und mit der Blätter Rest weit über Feld geschwungen,
Und was ein weiser Sinn erforschet und gedacht,
Wodurch ein sterblich Mensch sich ewig hat gemacht,
Nimmt eine Stunde weg. Wir treten jetzt mit Füßen
Dies, was wir gestern Kunst und große Weisheit hießen !

Oh, daß mein Deutschland sich mit diesem Zunder trägt,
In den der Wetter Macht mit schnellen Funken
schlägt,er uns zu Asche brennt ! Wenn Bosheit wird verschwinden,

Denn wird, was jetzund hin, sich reicher wiederfinden,
Denn wirst du, tote Stadt, aus deiner Kohlengruft
Dein jetzt verscharrtes Haupt aufheben in die Luft,
Dann soll, wo Wolken jetzt von Rauch und Flammen ziehen,
Dein aufgesetzte Zier gleich einer Rosen blühen.
Denn wird, was jetzund bricht, durch Zutun weiser Hand
Erlangen, was man wünscht, und in recht neuen Stand
Sich breiten für und für. Es werden deine Mauern
Nicht mehr voll Jammer stehn, und wo man jetzund Trauern
Und Zeterrufen hört, wo jetzt des Höchsten Grimm
Ohn Maß und Ende tobt, da wird die Jubelstimm
Erschallen, voll von Lust. Die neugebauten Türme,
Des Hauses schöne Pracht wird Sicherheit und Schirme
Erhalten. Ja, der Spieß, das halbverrost'te Schwert
Wird in ein Beil und einen Pflug verkehrt,
Auch wird die werte Treu, die Treu, die wir verloren,
Von aller Redlichkeit stehn bei uns neugeboren!

Spurensicherung

„Zeit heilt Wunden“, sagt das bekannte Sprichwort. Bei seelischen Verletzungen aber scheint es zu versagen. Denn als die erste Auflage dieses Buches erschienen war, machte ich mich auf die Suche nach Vertriebenen aus meinem Heimatkreis und befragte sie nach ihrem Schicksal. Es lag mir daran, Spuren der Vertreibung, der Zwangsarbeit und der Lagerhaft zu erweitern und zu sichern. Ich habe einfach nicht erwartet, daß so viele es ablehnten, Auskunft zu geben Es handelte sich dabei um eine beträchtliche Mehrheit, die nicht selten schroff reagierte: „Fragen Sie nicht danach. Ich will dazu nichts sagen und nichts mehr davon wissen.“ Ähnliche Absagen erhielt ich brieflich; darunter waren einige erschütternde Selbstzeugnisse. Dieses Phänomen, nicht mehr darüber sprechen zu können, war in den Nachkriegsjahren gewiß deutlicher als heute. Doch glaubte ich, daß die verflossenen fünf Jahrzehnte die erlittenen Wunden geheilt haben würden. Im Text des Buches (S.57) sprach ich ja schon mit einiger Vorsicht von diesen negativen Erfahrungen. Ich muß sie leider bedeutend erhärten und bestätigen.

Beim mühsamen Erinnern, gemeinsam mit meinen Freunden, merkte ich selbst, daß da immer noch alte traumatische Belastungen im Untergrund der Seele Unruhe stifteten. Das war mir zwar kaum bewußt, aber dennoch wirksam. An eine Veröffentlichung meiner Aufzeichnungen dachte ich ohnehin nicht, glaubte ich doch, daß diese alten Geschichten kaum noch jemanden interessieren. Das aber erwies sich als Irrtum. Es dauerte nur ein halbes Jahr, und die erste Auflage des Buches war vergriffen. Auch den Zuhörerkreis bei öffentlichen Lesungen kalkulierte ich falsch ein. Denn an vielen Orten erschien ein hoher Prozentsatz interessierter junger Leute. Neu war für mich die Erfahrung, meine persönliche Erinnerungswelt öffentlich darzustellen, und streckenweise fühlte ich mich wie ausgezogen. Doch nun ist es einmal geschehen, und die zweite Auflage erfolgt für mich unerwartet schnell. Denn viel zu wenig Zeit blieb mir, um die alten Spuren zu sichern, Briefe zu beantworten, kritischen wie auch ergänzenden Aussagen nachzugehen.

Hannah Arendt[1] behält leider Recht, wenn sie sagt, daß sich Folterknechte über die Entdeckung ihrer Untaten keine großen Sorgen zu machen brauchen. Je brutaler und nachhaltiger sie ihren Opfern psychische und physische Verletzungen zufügen, desto zuverlässiger werden diese nachher darüber schweigen.

So ging mir trotz vieler Rückfragen nur ein einziger Augenzeugenbericht über die Erschießung von Pfarrer Johannes Guzy (siehe S.55/56) zu. Er kam aus den USA von einem damals Elfjährigen, der auch heute nach Deutschland nicht zurückkehren möchte. Er erzählte, daß sich am Abend des 15. Januar 1945 außer den katholischen Schwestern viele Menschen, vor allem Frauen und Kinder, im Saal des katholischen Kommunikandenstiftes versammelten. Sie waren an diesem schicksalsschweren Abend aus der brennenden Stadt geflohen, so auch die Eltern des Augenzeugen. Auf dem Wege in das Stift sah der Junge, wie Rotarmisten sich damit beschäftigten, weitere Häuser der Innenstadt anzuzünden. Sie warfen Pulversäckchen als Brandbeschleuniger in Kellerfenster, und die meisten Häuser begannen vom Keller aus sehr schnell zu brennen. Verzweifelte

---

1 Hannah Arendt (1906–1975) wurde durch ihre Totalitarismusforschung bekannt. Ursprünglich lebte sie in Deutschland, war Schülerin von Edmund Husserl, Martin Heidegger und Karl Jaspers. 1933 floh die Jüdin aus Deutschland, emigrierte 1949 in die Vereinigten Staaten. Nach dem großen Erfolg ihres Buches „The Origins of Totalitarism" (Elemente und Ursprünge totaler Herrschaft) lehrte Hannah Arendt an verschiedenen Universitäten der USA.

Menschen rannten über die noch gangbaren Treppenhäuser auf die Straße, andere flohen mit teilweise angesengter Kleidung aus den Kellern. Viele eilten, wie auch die „halbjüdischen" Eltern des Elfjährigen, in das Stift zu den Schwestern. – Warum hat nur einer der vielen Augenzeugen, von denen viele heute noch leben, etwas darüber erzählt? –

So fanden sich an diesem späten Abend im Kommunikandenstift viele Menschen ein. Pfarrer Johannes Guzy erschien, als die Familie des Augenzeugen gerade angekommen war. Wann genau die sowjetischen Soldaten in den Saal eindrangen, es sollen sehr viele gewesen sein, konnte er nicht mehr sagen. Mindestens ein Offizier befand sich unter ihnen. Ihre erste Maßnahme war, die wenigen anwesenden Männer in den Keller zu treiben. Da die sich aber von ihren Familien nicht trennen wollten, drohten die Rotarmisten nicht nur mit Maschinenpistolen, sondern auch mit Eierhandgranaten, die sie aus ihren Taschen zogen. Die große Mehrzahl der Anwesenden, nur Frauen mit ihren Kindern, mußten im Saal bleiben. Sofort gingen die sowjetischen Soldaten auf die Ordensschwestern und die Frauen los, um sich an ihnen zu vergreifen. Da stellte sich, wie schon berichtet, der Pfarrer schützend vor sie. Als er dann schwer angeschossen in seinem Blut auf dem Boden lag, die Kinder und Frauen in ihrer Angst schrien, fielen die angetrunkenen Soldaten zuerst über die Ordensschwestern, dann über die Frauen her und vergewaltigten alle. Die Gegenwart der verängstigten Kinder störte sie nicht dabei. – Dieser Bericht erscheint um Größenordnungen brutaler, als die Erzählung meiner Mitgefangenen am Abend danach, am 16. Januar 1945 im „Deutschen Haus", wie ich sie auf Seite 55/56 aufgeschrieben habe. Die Männer wußten es ja auch nur vom Hörensagen. Später aber schwiegen darüber fast alle, und viele haben ihr Wissen ins Grab mitgenommen. Hanna Arendt hat Recht.

Auch mir selbst stellte sich die bedrängende Frage: Warum bin ich während der vergangenen Jahrzehnte niemals nach Laband gefahren, um die Spuren des damaligen Gulags zu suchen? Warum bin ich am Folterkeller der UB im heutigen Kozuchow immer nur schnell vorbeigegangen, ohne einen Versuch zu wagen, diese Stätte zu besichtigen?

Nach Laband entführte mich nach dem Erscheinen dieses Buches im September 1998 meine älteste Schwester. Es war für mich, selbst nach so langer Zeit, ein trauriges Erlebnis. Nach dem ehemals deutschen, dann sowjetischen Lager brauchte ich nicht lange zu suchen, obwohl es natürlich nicht mehr vorhanden ist. Man hat die Spuren, so sorgfältig es eben ging, beseitigt, eine große Wiesenfläche und einen asphaltierten Parkplatz für die Arbeiter des Stahlwerkes angelegt. Nur die Rasenfläche verriet dem ehemaligen Häftling Anzeichen, die einem normalen Besucher sicher nicht aufgefallen wären: In großen Rechtecken zeigte das Gras nicht die frische grüne Farbe wie an den anderen Stellen, sondern wuchs ein wenig blasser auf. Mir wurde schnell klar, daß das die Standorte ehemaliger Baracken sein müssen, die ich auch fotografierte. Und wenn man in diesen verdächtigen Rechtecken ein wenig scharrte, stieß man schnell auf Reste alter Ziegel- oder Betonfundamente. Vor fünfzig Jahren konnte man ja vom Lager aus die große Stahlwerkshalle und das Bürohochhaus in einem bestimmten Blickwinkel sehen, und da diese Gebäude wiederaufgebaut worden sind, dienten sie mir heute zur sicheren Orientierung. Die hohe Stahlwerkshalle ist jedoch nach der Demontage ein wenig niedriger wiederaufgebaut worden. Dafür aber hat sie große und hohe Lüftungsaufbauten bekommen, die es früher nicht gab. Auch sind ihr einige neue Verwaltungsgebäude vorgelagert worden, so daß sich die Pförtnerhäuschen, auch heute noch mit mächtigen Schranken versehen, deutlich dem Platz des früheren Gulag angenähert haben.

Ich versuchte mit den Pförtnern, alle in respektable Werkschutzuniformen gekleidet, ins Gespräch zu kommen. Doch vom früheren Lager zu reden, erwies sich als ein ungeschickter Anknüpfungspunkt, denn die Wächter verstanden plötzlich kein deutsches Wort mehr. Dadurch blieb mir der Einlaß in das Werksgelände leider verwehrt.

Mit Mühe nur konnte ich die ehemaligen Lagergrenzen ausmachen, wo die hohen Stacheldrahtzäune mit den Wachtürmen gestanden haben müssen. Ein altes, dickes Abflußrohr, das man bei der Beseitigung des Gulags offenbar vergaß, diente mir als Anhaltspunkt. Jenseits dieser Geländemarke mußten die Massengräber zu finden sein. Ota Filip, der tschechische Autor des Buches „Die stillen Toten unter dem Klee" half mir dabei. Er schrieb, daß die flachen Massengräber des Todesmarsches aus Brünn heute noch durch die deutlich dichtere und reichere Flora zu erkennen wären.[2] Auch in Laband fand ich Flächen, auf denen der Pflanzenbewuchs auffällig intensiver gedieh.

Ich schrieb meine Beobachtungen dem Bischof von Oppeln mit der Bitte, daß man nach gründlicheren Untersuchungen an dieser Stelle wenigstens ein Kreuz oder einen Gedenkstein aufstellen könnte. Er antwortete mir

---

2 Ota Filip, Die stillen Toten unter dem Klee, Verlag Langen Müller 1992.
S. 168/169: „Über 1700 alte Männer, Frauen und Kinder sind an Fronleichnam 1945 auf dem Todesmarsch von Brünn und Pohrelice/ Porlitz ums Leben gekommen."
S. 171: Mai 1990 auf der Landstraße 52: „...sagte Herr Alois Horky: ‚Bleiben Sie stehen, hier ist es' ... am Straßenrand sah ich einen sterbenden Akazienbaum und dahinter ein Kleefeld. ‚Fällt Ihnen nichts auf?' fragte Herr Horky ... Ich schaute mir das Kleefeld genauer an und erkannte im hellen Grün ein dunkelgrünes Rechteck. ‚Da liegen sie', sagte Herr Horky ..." Weitere Recherchen auf den folgenden Seiten, siehe auch ab Seite 178.

umgehend handschriftlich, was mich sehr beeindruckte. Meine Hinweise hat er dem Bischof von Gleiwitz weitergeleitet, in dessen Bistum der Ort Laband liegt.

Viele Stunden verharrte ich an diesem Ort des Grauens, fand auch in einer Unkrautwüste mit typischer Trümmerflora, jenseits der Wiese in westlicher Richtung, Ziegelbrocken und Abrißreste, konnte aber nicht sicher feststellen, ob es vergessene Trümmer des Lagers sind. Doch bei der anschließenden Fahrt in Richtung des Klodnitzkanales, immer am hohen Werkzaun entlang, vermochte ich den Standort des ehemaligen Frauenlagers (siehe S. 114) ungefähr festzustellen. Doch wo die toten Frauen und Mädchen damals verscharrt wurden, erfuhren wir auch 1945 nicht.

Es war ein trostloser Tag für mich in Laband, denn auch das Andenken an die toten Frauen und Mädchen ist ebenso wie das an die toten Männer anscheinend völlig ausgelöscht. Deshalb kann ich nicht so recht darüber froh werden, wenn der Volksbund für Kriegsgräberfürsorge überall in Europa, nun sogar bei Stalingrad für etwa 40.000 gefallene Soldaten, menschenwürdige Begräbnisstätten herrichtet. Damit ich nicht mißverstanden werde: Ich habe großen Respekt vor der unendlichen Mühe des Volksbundes, und wende nicht das geringste dagegen ein, wenn den toten Soldaten, ja sogar gefallenen SS-Offizieren, unterschiedslos menschenwürdige Gräber bereitet werden. Doch um so trauriger macht es mich, daß die in den Nachkriegslagern Umgekommenen und die Millionen Vertreibungsopfer vergessen oder aus Gründen diplomatischen Wohlverhaltens einer politischen Selektion unterworfen werden.

Wir fuhren weiter nach Tost, um das Schloß zu sehen, in dem der große schlesische Dichter Joseph von Eichendorff lebte. Denn ich las einige Zeit zuvor, daß dort ein Eichendorffdenkmal mit zweisprachiger Inschrift zu sehen wäre. Leider fanden wir es nicht, und die Leute, die wir danach fragten, wußten nichts davon. Doch in einer Gaststätte am Markt kamen wir mit drei Männern ins Gespräch, und es ergab sich schnell, daß wir über das Stahlwerk und das Lager in Laband redeten. „Bei unseren Leuten ist es unvergessen", sagte einer von ihnen und erzählte uns von seinem Onkel, der im Oktober 1945 aus dem Lager entkam und kurz darauf an Entkräftung starb. Doch vor seinem Tode berichtete er – wie auch andere Entkommene – viele Einzelheiten, auch solche, die ich offenbar verdrängte oder während unserer Gefangenenzeit in Reichenbach nicht miterlebte. So soll es in Laband nicht nur die eine Selektion im Oktober 1945 gegeben haben, von der ich auf den Seiten 128 bis 130 berichte, sondern vorher schon mehrere. Jedesmal sonderte man die „dystrophen" Männer aus und transportierte sie mit unbekanntem Ziel ab. Unter ihnen befanden sich auch Oberschlesier aus der unmittelbaren Nachbarschaft und aus der näheren Umgebung von Tost, so erzählte unser Berichterstatter weiter, doch keiner dieser Männer schickte jemals eine Nachricht nach Hause. Keiner von ihnen ist, auch viele Jahre später, nach Hause zurückgekehrt. Sie gelten bis zum heutigen Tage als vermißt. Als ich ihnen sagte, daß auch ich zu den Überlebenden des Lagers gehöre, weil ich als Spezialist eingeschätzt wurde, obwohl ich keiner war, und deshalb der letzten großen Selektion entging, stellten sie mir so viele Fragen, daß ich mit dem Erzählen nur schwer ein Ende fand.

Das Stahlwerk, so berichteten sie weiter, wurde zu Beginn der fünfziger Jahre wiederaufgebaut, und viele Männer aus der näheren Umgebung arbeiteten jahrelang daran. Bald wurde es wieder zur Waffenschmiede. Bis zum Ende des sozialistischen Systems stellte man in den riesigen Hallen schweres Kriegsgerät her; einer von ihnen erzählte, daß dort sogar Panzer gebaut wurden. Was heute dort produziert wird, wußten sie nicht zu sagen.

Gleichzeitig mit dem Wiederaufbau des Werkes während der fünfziger Jahre beseitigte man mit besonderer Sorgfalt den alten Gulag. Es gab übrigens damals, so erzählte einer der Männer, Initiativen in der Bevölkerung, für die vielen Toten wenigstens ein Kreuz zu errichten. Doch alle Bemühungen erwiesen sich als ergebnislos. Auch von toten Frauen und Kindern, die bei der Vertreibung ums Leben kamen, sprachen wir. Solche Gräber am Straßenrand gäbe es nicht nur in Niederschlesien. Doch hier fanden viele der verscharrten Toten durch den mutigen Einsatz nichtvertriebener, polnisch sprechender Oberschlesier ein menschenwürdiges Grab auf einem Friedhof.

Bedrückt fuhren wir weiter. Denn ich wollte ja die Wege nach Reichenbach, die ich auf den Seiten 102 bis 108 beschrieb, wiedersehen. Es war eine schöne Fahrt durch das herrliche oberschlesische Land. Sie milderte die traurigen Eindrücke des vergangenen Tages. Gepflegte Häuser mit Blumen an den Fenstern und in den Gärten erfreuten uns. Viele Menschen sprachen uns auf deutsch an und gaben uns auch Hinweise, was besonders sehenswert wäre. Natürlich fuhren wir zum Annaberg und blieben dort lange. Am nächsten Tage gelangten wir nach Neustadt und nach Ziegenhals, das früher ein renommiertes Bad war, heute aber einen verwahrlosten Eindruck hinterläßt. Wir gingen durch das am Kriegsende zerstörte Neiße und würdigten den bescheidenen, aber gekonnten Aufbau der historischen Stätten. Schließlich erreichten wir, wie vor über fünfzig Jahren als Gefangene auf den sowjetischen Lastern, Patschkau, eine Kleinstadt, die in Schlesien durch die gut erhaltenen mittelalterlichen Befestigungsringe berühmt war. Hier fiel im zweiten Weltkrieg im Gegensatz zu Neiße kein einziger Schuß. Denn die Rote Armee besetzte dieses Gebiet erst nach Kriegsende. Die herrliche, hoch eingewölbte, fast 700 Jahre alte Wehrkirche, in der es sogar zwei tiefe Brunnen gibt, begeisterte uns. Sie machte einen sehr gepflegten Eindruck und ist mit großer Sachkunde restauriert worden.

Doch in unmittelbarer Nähe liegt der ehemals deutsche Friedhof. Sein Anblick ließ uns in trauriges Schweigen verfallen. Wir fanden keinen einzigen Grabstein mehr, auf dem die deutsche Inschrift nicht ausgemeißelt, zerstört oder sonst irgendwie beseitigt worden war. Selbst Jahrhunderte alte Epitaphe, die man früher dort wie überall in die Friedhofsmauer einsetzte, und die normalerweise unter Denkmalschutz stehen, waren mit minutiöser Gründlichkeit von allen deutschen Worten und Namen befreit. Auf einem fanden wir unübersehbar ein umgedrehtes Kreuz und die apokalyptische Zahl 666, Satanssymbole, aufgemalt. „Wenn man hier so viel radikale Gründlichkeit auch in anderen Lebensbereichen anwenden würde ...“, bemerkte mein Begleiter traurig. Zur Ehre der polnischen Stadtverwaltung aber muß gesagt werden, daß sie sogleich nach der sozialistischen Ära die ebenfalls zerstörte Friedhofskapelle als Ruine restaurieren und eine zweisprachige Steintafel an der Mauer befestigen ließ: „Zum Andenken der auf diesem Friedhof beerdigten Verstorbenen bis 1945“. Dieses bescheidene Symbol, sich vom früher geschehenen Vandalismus mit Bedauern zu distanzieren, berührte uns sehr. –

In Reichenbach fand ich die Stätten unserer Gefangenschaft nur schwer wieder. Die ehemaligen Produktionsstätten, deren Einrichtung wir damals demontieren mußten, waren irgendwann abgerissen worden. Ausgerechnet an ein verheerendes Unwetter, das Anfang Juni 1945 niederging, erinnerte ich mich dort. Es kam uns wie ein Weltuntergang vor,– und wir hätten damals kaum etwas dagegen einzuwenden gehabt. Auch konnte ich ziemlich lebendig den verwegenen Fluchtweg eines unserer jungen Kameraden nachvollziehen. Als wir Waggons mit Beute- und Demontagegut beluden, nutzte er einen unbewachten Augenblick, hastete mit seinen Holzpantinen über die Bahngleise, sprang auf einen gerade abfahrenden Personenzug auf und winkte uns sowie dem unaufmerksamen Wachposten aus einem Fenster zu.

Wir besuchten noch viele weitere Städte. Doch am stärksten beeindruckte uns Breslau. Es blieb mir freilich die belastende Suche nach unseren alten Wegen, das Erinnern und Wiederentdecken. Darüber hinaus aber zeigte sich diese Stadt wie eine frohmachende Neuentdeckung. Damals tippelten wir als arme Schlucker mit dem Handwagen unserer Begleiterin (vgl. S.142), dieses Mal reisten wir mit einem Auto und nächtigten in einer Nobelherberge. Kaum waren wir im Hotel „Panorama" angekommen, gingen wir die Straßen in umgekehrter Richtung, auf der Reinhard und ich 1945 mit Angst und Bangen durch die Stadt liefen: Die Klosterstraße bis zum Mauritiusplatz und ein Stück darüber hinaus. Wir sahen einige neue und einige wiederaufgebaute Häuser, doch auch alte, halbverfallene Gebäude, so wie es eben auch in einstmals sozialistischen Städten der ehemaligen DDR üblich war. Ich freute mich sehr, daß die Mauritiuskirche mit großer Sorgfalt wiederaufgebaut worden ist. Pfarrer Peikert harrte dort während der Belagerungszeit der Stadt bis Anfang Mai 1945 aus und schrieb sein berühmtes Tagebuch.[3] In den folgenden Tagen wanderten wir all die alten Straßen und Plätze ab, natürlich zuerst den Ring mit den ehrwürdigen Patrizierhäusern und dem alten Rathaus. Alle Häuser des Ringes und des anschließenden Blücherplatzes sind mit großem kunsthistorischen Sachverstand und mit liebevoller Detail-

3 Paul Peikert, Festung Breslau in den Berichten eines Pfarrers - 22. Januar bis 6. Mai 1945, herausgegeben von Karol Jonca und Alfred Konieczny. Unionverlag Berlin.

treue wiederaufgebaut oder restauriert worden. Wir bewunderten das Rathaus, die Elisabethkirche, die durch verheerende Brände 1975/76 so gut wie zerstört, doch hervorragend wiederaufgebaut und restauriert worden ist. Wir freuten uns an den beiden vorgelagerten Häusern, die zu deutscher Zeit Hänsel und Gretel genannt wurden, und staunten über das bunte Leben auf dem Ring, das jeden Vergleich mit anderen europäischen Großstädten aushalten würde. Allzuweit aber durfte man sich vom Ring nicht entfernen, denn da gab es noch immer Baulücken, verwahrloste Fassaden inmitten von Neubauten, die aber oft ebenso einfalls- und gesichtslos dastanden wie in der ehemaligen DDR die Plattensiedlungen. Dazwischen aber ragten hochgotisch eingewölbte Kirchen in so großer Zahl auf, daß wir unwillkürlich an die vielen historischen Kirchen Kölns dachten. Die meisten durften wir besuchen, weil man in Breslau verschlossene Kirchen kaum findet; und alle zeigten sich wunderbar restauriert, ebenso die zahlreichen barocken Zeugnisse der habsburgisch-österreichischen Geschichte, von der diese Stadt besonders geprägt worden ist.

Meine Schwester suchte das alte Ursulinenkloster auf; in dem sie als Handelsschülerin während der Jahres 1943 wohnte. Im „Studiersaal" fand sie sogar den alten Schultisch wieder, an dem sie vor sechzig Jahren ihre Schularbeiten machte. Natürlich waren sowohl die Dominsel als auch die Universität ein großes Erlebnis für uns. Schade nur, daß viele der Aushänge nicht mehrsprachig verfaßt waren. Diese europafreundliche Offenheit fanden wir immerhin auf den Speisekarten der Gaststätten. Zurück zu unserem Hotel. Es stand in unmittelbarer Nähe westlich des Stadtgrabens, also noch im Altstadtbereich, auf einem Platz, den es im alten Breslau nicht gab. Hier waren damals viele kleine Gassen und enge Straßen zwischen Neumarkt und Ohlauer Straße. Unmittelbar vor dem Eingang des Hotels „Panorama" an der gegenüberliegenden Seite der Straße, stand ein hoher, in makellosem Grün gestrichener Bauzaun, der ein großes Areal, eine früher eng bebaute Fläche mit mehreren kleinen Straßen umgrenzte; nur die Grabenstraße ist mir davon noch bekannt. Wir glaubten, daß dahinter Baumaschinen arbeiteten. Doch von den oberen Hotelgeschossen, in denen wir unsere Zimmer bezogen, sahen wir hinter dem Zaun nur Trümmer mit hohem Bewuchs und einen großen Wassertümpel.

Gewiß war die Zerstörung durch die sinnlose Verteidigung dieser Stadt verheerend. Im Tagebuch von Pfarrer Peikert findet man darüber viele genaue Angaben. Auch heute werden in Breslau dokumentarische Bildbände zu diesem traurigen Thema angeboten. Und dennoch zog ich schon im Oktober 1945 bei unserem Marsch durch die zerstörte Stadt Vergleiche mit der systematischen Vernichtung, die in westdeutschen Großstädten durch beispiellos engmaschige Bombenteppiche der alliierten Luftflotten angerichtet wurde. Manche unter ihnen, wie etwa Nürnberg, mußten zwanzig bis dreißig Großangriffe erleiden. In Nürnberg berieten ja 1946 die Stadtväter, ob der Wiederaufbau der Altstadt überhaupt möglich wäre, und ob man die Stadt nicht an anderer Stelle wiedererrichten sollte. Selbst monatelanger, schwerer Artilleriebeschuß, unter dem Breslau zu leiden hatte, konnte glücklicherweise eine solch systematische Zerstörung nicht erzeugen. So blieben wenigstens im Zentrum einige wichtige Gebäude stehen, andere wurden zwar schwer beschädigt, doch konnte man sie anschließend wiedererrichten. – Gern würde ich aus Breslau noch Vieles berichten, auch von unserem weiteren Weg durch Niederschlesien, denn die Spurensicherung ist für mich noch lange nicht abgeschlossen.

Endlich muß ich mich auch den kritischen Bemerkungen meiner Leser zuwenden. Denn ich bekam unerwartet viel Post – positive und auch negative Stimmen: Zum Beispiel den Vorwurf „aufzurechnen“, den ich schon auf der ersten Seite des Buches entkräftet zu haben glaubte. Und wiederum die Befürchtung: „Das Buch dient nicht der Versöhnung!“ – obwohl genau das mein wichtigstes Anliegen ist. Doch in diesem entscheidenden Punkt finde ich keine Kompromißmöglichkeit mit meinen Kritikern. Denn dem hohen Gut der *Versöhnung,* um das es den Kritikern und mir gemeinsam geht, muß die *Vergebung* vorausgehen. Vergeben aber ist nur dann möglich, wenn vorher *zugegeben* wird. Das gilt unter Freunden, Eheleuten, Arbeitskollegen genauso wie unter Völkern. Wenn einer der Kontrahenten behauptet: Ich habe mir nicht das geringste vorzuwerfen – ich habe Dir nichts getan, dann kann auch sein Gegner nichts vergeben. – Deshalb halte ich es für notwendig, daß nicht nur Verbrechen, die im deutschen Namen geschehen sind, berichtet werden, sondern daß auch Deutschen widerfahrenes Unrecht beim Namen genannt und nicht aus devotem Wohlverhalten verschwiegen wird. Denn eines Tages wird uns ohnehin auch dieser Teil der Geschichte einholen.

Das alte rechtsphilosophische Axiom – das Recht ist die einzige Waffe der Unterdrückten, Entrechteten und Besiegten – gilt auch heute. Zum Beispiel fordern viele Zwangsarbeiter, die während der nationalsozialistischen Herrschaft unter unmenschlichen Bedingungen in deutschen Rüstungsbetrieben zur Arbeit verurteilt waren, eine angemessene Entschädigung. Das ist rechtens, und man kann die Forderungen dieser gequälten Menschen nur mit Nachdruck unterstützen. Man stelle sich aber vor, deutsche Gulag-Zwangsarbeiter würden unter dem Motto „gleiches Recht für alle“ ebenso eine Entschädigung von ihren Ausbeutern fordern. Vermutlich ginge ein Aufschrei des Protestes durch Europa; und ganz schnell würden sie in irgendeine radikale Ecke gestellt.

Was ist das aber für ein Recht, das für die einen gilt und für andere nicht?

Mit der Aussage des Hohen Kommissars der Vereinten Nationen für Menschenrechte, Jose Ayala Lasso in der Paulskirche zu Frankfurt am 28. Mai 1995 endete die erste Auflage dieses Buches. Er sprach von den verheerenden Wirkungen des Verschweigens und Verdrängens, und von den vernichtenden Wiederholungszwängen, die er auf die jüngsten Katastrophen im ehemaligen Jugoslawien bezog (zitiert auf S. 313). Ich finde keinen besseren Abschluß dieser leider noch unvollständigen „Spurensicherungen".

17.03.1999
Gerold Schneider

Bildanhang

In eisiger Kälte erwartet diese Familie aus Oberschlesien einen Wagen, um sich mit den anderen Bewohnern dieses Ortes in Richtung Westen in Sicherheit zu bringen.

Flüchtlinge im Febuar 1945

Schon Anfang 1945 wurden im noch unzerstörten Breslau Barrikaden errichtet

Das abgebrannte Rathaus in Freystadt

oben links: *Rathausseite am „Buttermarkt“, 1958*

oben rechts: *Wohnhäuser an der Rückseite des Rathauses, 1958*

unten: *Nordöstliche Rathausseite, 1960*

Gefängnis der UB

Hinter den unteren Fensterluken befanden sich die Zellen, die heute nicht mehr benutzt werden.

Bilder von der Vertreibung, viele Monate nach Kriegsende

Foto Ullstein Bilderdienst Berlin

Ostdeutsche Flüchtlinge warten auf einem Verladebahnhof auf den Weitertransport

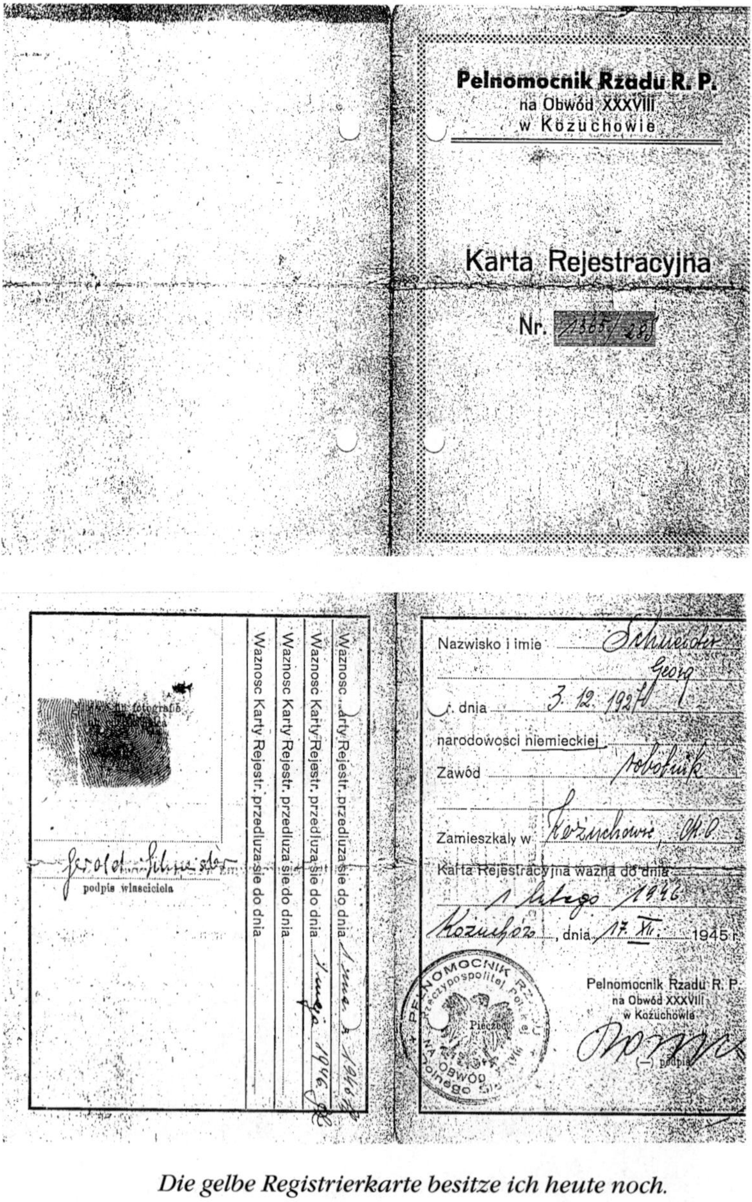
Pelnomocnik Rzadu R. P.
na Obwód XXXVIII
w Kozuchowie

Karta Rejestracyjna

Nr. 1365/28

Nazwisko i imie Schneider Georg

r. dnia 3. 12. 1927

narodowosci niemieckiej

Zawód robotnik

Zamieszkaly w Kozuchowie, Ok. O.

Karta Rejestracyjna wazna do dnia 1 lutego 1946

Kozuchów, dnia 17. XII. 1945 r.

Pelnomocnik Rzadu R. P.
na Obwód XXXVIII
w Kozuchowie
(—) podpis

Pieczeć

fotografia

Georg Schneider
podpis wlasciciela

Waznosc Karty Rejestr. przedluza sie do dnia 1 ... 1946
Waznosc Karty Rejestr. przedluza sie do dnia 1 ... 1946
Waznosc Karty Rejestr. przedluza sie do dnia
Waznosc Karty Rejestr. przedluza sie do dnia

Die gelbe Registrierkarte besitze ich heute noch.

Die Pfarrkirche St. Maria vom Wallgraben aus gesehen